U0076328

一蓑風雨
任平生

—序—

如常與如願

撰文／陳美羿

花蓮五月天。

午後。靜思精舍傳來不尋常的廣播：「請常住穿著長衫，兩點四十分，在大殿前集合，準備接駕。」

「接駕」？透露著什麼重大的訊息？「大師兄要回來了！」「慈師父要從醫院回精舍了！」有人輕輕交談著，卻沒有一絲慌亂景象。精舍靜謐如常。

表面淡定的我，內心湧起一陣陣複雜情緒，腦海裏浮現出慈師父的音容笑貌：「慈眉善目」、「如沐春風」……都不足以形容老人家給人的美好印象。

明靜和我並肩走著，不知要在何處「接駕」？「去陶慈坊？」「還是『喇叭口』？」兩人惴惴然。來到園區小徑路口，看見隨師的小林扛著攝影機在楓香樹下等候。我們也停下來，在樹蔭下。
「師姑，不要哭！」小林拍拍我，哽咽道：「您這樣，我也要哭了……」
因為眼疾開刀，遵醫囑戴著墨鏡，小林是怎麼發現我止不住的淚水？
常住師父們魚貫走出來，安靜地排著隊，我們也回到大殿前。佛號聲響起，有人開始啜泣。
「來了！來了！」救護車在前導車引領下，緩緩從山門口向陶慈坊開去。綠籬大樹掩映中的車隊裏，有大家敬愛的慈師父——他回來了！
車隊在陶慈坊暫停之後，順著菩提大道開到精舍大殿前，院長、副院長打開車門，讓慈師父再看一眼他當年做小工協助屋頂灌漿的靜思精舍。然後再繞過後面菜園進來，把慈師父請到醫務室的病床上。
明白了！這天午齋後，聽到志工說，上人在人文走廊「散步」，原來是在勘察慈師父回家的場地和動線。

這時僧眾已經集合到人文走廊，上人先進去對慈師父開示之後，常住五人一組進去和「大師兄」問訊、說話。其他人也在茶水區旁列隊，依序進去禮敬慈師父。

淚眼模糊中，我沒有看清楚慈師父的模樣。出來以後，遠遠看到陶慈坊的職工和志工，不只彎腰合十，而是匍匐下跪。

一九八七年開始，慈師父接引了不計其數的志工，有的是讓父母傷透腦筋的孩子，被慈師父「愛」回來，重塑人生。曾說慈師父「比我媽媽還媽媽」的蘇鈺珉，一走出來就痛哭失聲，無法克制。

陳貴珠、王琇珠、林麗琴……都是跟隨慈師父好幾年的貼心志工，大家哭成一團。

我進簡報室拿我的手機和錄音筆，因為前一天，《慈濟》月刊總編輯王慧萍請我協助採訪，要編寫一本慈師父的專書，陶慈坊的志工都在名單內。

怎麼？一眨眼，他們全都不見了。於是我戴了帽子就往陶慈坊走去。太陽還是耀眼。高高的麵包樹上，已經結滿纍纍的果實，它會一天天長大，然後變成餐桌上的美食；鳥鳴不停……剎那間，我停住，仰望藍天，迷惑了。

我叩問天地——靜思精舍的大弟子、人人心目中慈藹的慈師父，如今示疾在病榻上，而「你們」，卻還是如此「如常」？

含著眼淚到達陶慈坊，大家都在忙。有人在噴釉、有人為佛像底座裝燈泡、有人貼瓶口的膠帶、有人裝箱、貼標籤，準備出貨……各盡本分，生活、工作如常。

「不管慈師父在不在，我們都會認真做，更團結，守護好陶慈坊。」他們不約而同地說：「我們要讓慈師父安心、放心！」

清晨的板聲、早課、早齋、灑掃、志工早會……精舍還是精舍，常住和志工作息沒有一絲異常。

慈師父還在醫務室，被醫護團隊和法眷們悉心看護。每天兩個時段開放探視。回來的第二天，我陪著資深的花蓮師姊蔡秀梅和羅雅馨進去，看到慈師父似乎比前一天更好。

「慈師父！您要好起來喔！我再帶您去發電廠參觀。」五十多年前，任職電力公司的蔡秀梅，買了一打毛毯想要供養常住，來到精舍第一個見到的就是慈師父。後來上人把毛毯轉送給照顧戶，開啟了冬令發放傳統，成為慈濟歷史上的一段佳話。

九十歲的蔡秀梅唏噓道：「慈師父一直叫我『蔡小姐』，讓我覺得自己還很年輕。」

五月二十六日這天，是國際衛塞節，南傳佛教紀念佛陀誕生、成

道、涅槃的日子；「衛塞」也是月圓的意思。這次月圓恰有「超級月亮」和「月全蝕」，手機上大家都在傳遞月亮的動態和照片。

雖然也很想上三樓看月亮，但多日的極限工作，體力不支，和衣躺下休息，沒想到朦朦朧朧就睡著了。「鈴……」電話把我吵醒。「慈師父走了！」是明靜師姊來電。

「啊——」我大叫一聲，跳了起來。一看時鐘，晚上九點多了。

雖然不意外，但還是很難過。我梳整了頭髮，坐著默念佛號。要不要去精舍呢？現在進得去嗎？

我想師父們一定不想勞師動眾，所以我沒有去精舍。打開電腦，開始寫稿，讓慈師父的專書盡快出版。

第二天到精舍，一如往昔，大家如常做自己的工作，彷彿什麼事情都沒發生。

「昨天晚上，常住和志工主動分批來念佛。不到八小時，凌晨四點多，慈師父的大體就送達慈濟大學，將來要當模擬手術的無語良師。」聽到如此描述，我心裏的感傷，瞬間化為無比的歡喜。

記得很多年前，看到政壇名人宋楚瑜的一則新聞：夫人陳萬水癌末時，想要回家，但是宋楚瑜認為醫院才有專業人員照顧，所以沒讓夫人如願。後來夫人過世了，宋楚瑜把骨灰帶回家，後悔莫及。後悔當初沒讓妻子在生前回家，在家安詳過世，相當自責。

慈師父能在捨報前三天回到精舍，在他熟悉的環境中，周邊有相熟相知的法眷陪伴，可以聽到打板、早晚課誦、志工早會⋯⋯想必他老人家會很欣慰、很安穩。「回家」，應該是每個「人生謝幕」時最好的安排。

捨報之後，又能如願地到慈濟大學當大體老師。慈師父事事如願，當無遺憾。

大雨過後，我獨上三樓露臺，高聳的中央山脈上，白雲潔淨到令

人屏息，無盡的青天，無法形容的……原來「雨過天青雲破處，這般顏色作將來」詩句，就是眼前這般景象。

在陶慈坊，凝視著青花瓷。想著慈藹的、笑瞇瞇的慈師父，現在，您在哪兒？

三十多年前開始，慈師父埋首陶瓷泥中，屏氣凝神的拉坏，那背影，恍如入禪定的境界；一分鐘兩萬多轉的小電鑽，在薄薄的白瓷上，細心刻出法華經句，何嘗不是「守之不動」的堅定功夫？

陶慈坊有慈師父發想設計的，精美的無量心燈、竹節壺、大白牛車、宇宙大覺者……佛經經文、慈濟故事，都是他創作的題材。

一塊木頭，要經過千刀萬剮的雕琢，才得以成為一尊人人禮敬的佛像；一坨泥土，要經過捏揉、捶打，在千度以上高溫的燒煉，才能成就精美絕倫的菩薩像。一個出自偏鄉的僧人，應也是百千萬劫累積的福報，才得以在靜思精舍、上人的座下修行。

如今慈師父世緣圓滿，看到老人家能「如願」回到精舍捨報、「如願」成就大體捐贈，真是為他歡喜、為他讚歎！

靜思精舍大弟子慈師父殞落，精舍沒有一絲騷動和異常，上人慈示：一切「如常」！於是，生活作息「如常」，各盡本分也「如常」。世事多變，但是能「安住」與「如常」，不起一絲波瀾，就不至掀起巨浪。

謝謝慈師父，您的生前與身後，都給我們上了珍貴的一課。

三十五年前，我初入慈濟，那時候我們稱「大師兄」的慈師父，身上煥發的慈藹有股隱隱的吸引力，令人歡喜並與之親近。後來改口叫「慈師父」，更是喜歡人如其名的他。

大人跟他有說有笑；小孩見到他也是跟前跟後；就連小貓、小狗，都喜歡親近他。這一點，是很多人望塵莫及，甚至是羨慕不已的。

慈師父知道我在寫慈濟的故事，所以他很樂意跟我分享，甚至帶我去看第一個慈濟屋，好小好小的阿拋伯的水泥房。可惜現在已經拆掉了。

二〇二一年二月二日，在羅東聯絡處，上人對我說：「你回來花蓮住吧！」師命不可違，我就乖乖回去花蓮，每天進去精舍隨師、寫作。上人說：「慈濟人的歷史不留下來，是我失責。」又說：「你們寫作的人也有責任。」

上人很急切地要把慈濟人的故事寫下來，說：「會寫的人自己寫，不會寫的人叫別人寫。」又勉勵文字志工：「你們都受過很好的教育，又能寫文章，只當個家庭主婦太可惜。希望大家都能善盡本分，為社會做更多的事。」

我在群組發起徵稿：「寫自己」、「寫家人」、「寫最熟悉的慈濟人」……文稿紛紛寄來，我一邊讀著，一邊分類，希望能夠蒐集到品質優良且足夠的量，好結集出版。

不料四月初，發生太魯閣號火車事故。我暫停手邊的工作，召集可以來花蓮的志工一起展開採訪，文稿提供慈濟月刊及專書。「別怕！有我們在」專書在短短不到二十天問世，真是佩服人文志業中心的出版效率。

四月中，我回臺北開白內障，遵醫囑一個月內要作好術後的保養。因此也來來回回在臺北、花蓮之間。

五月十二日，我再回到花蓮，三天後，臺灣北部爆發新冠疫情，我因此不敢北上。二十二日，《慈濟》月刊總編輯王慧萍告訴我，要為德慈師父編寫一本專書，並附上初擬的大綱及預計採訪的名單，希望我能協助。

之前有聽說慈師父在花蓮慈濟醫院開刀，心裏牽掛。沒想到春節過後，在精舍看見慈師父出現，趕緊趨前問訊。慈師父看到我說：「你回來了？回來寫文章喔！」我又意外又高興，慈師父雖然消瘦很多，腦筋卻是清清楚楚的。

後來聽說慈師父再去住院。就在慧萍給我「任務」的第二天，五月二十三日下午，慈師父由救護車護送回來。二十六日晚間，在月全蝕復圓時刻捨報。

這期間疫情嚴峻，我無法請文字志工來精舍，只能帶著筆記本和錄音筆，採訪常住師父和陶慈坊的志工。後來還透過電話，採訪照顧慈師父的護理人員，然後將錄音檔寄給臺北的志工聽打、撰稿。

每一個人都對慈師父有無比的敬仰和緬懷，我也不例外。但是檔案、文稿之多，要登錄、轉寄、校對、再登錄、轉寄，我戰戰兢兢，深怕一個閃失，遺漏了受訪者或撰稿人的心血。

想到慧萍和秀花、嘉琪面對如雪片飛來的稿子，不眠不休地整理、編修，我更不敢懈怠。我們都懷著恭敬虔誠的心，為靜思精舍上人第一位大弟子德慈師父編輯這本專書，全力以赴。

我無暇撰寫三十多年來，我所認識的慈師父，但是觀察到：慈師父殞落，精舍生活步調沒有絲毫動盪和異常；而慈師父在辭世前三天，能回到他熟悉的地方，安詳捨報；助念不到八小時，又能送到慈濟大學當大體老師。

幾人能夠啊？

所以我寫了「如常」與「如願」。一方面向慈師父致敬；一方面希望引起共鳴。一個人重要的是「生前」——志節、人品、造福；而不是「身後」——治喪要多鋪張、多熱鬧。

這本專書，收錄了七十多篇文章，近十三萬字。獻給「德香遍滿，慈悲無量」，為慈濟「樹家風、立典範」的德慈師父！

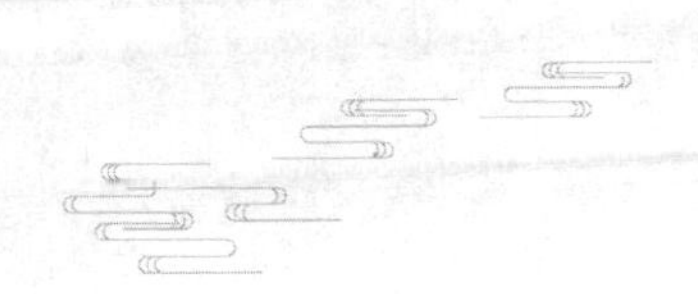

撰文／王端正（慈濟人文志業執行長）

—代序— 豈復有斯人乎？

青山下，精舍旁，
那純樸巧小的陶藝坊，
它的名字從此被人牽念。
日照青山，昏迎夕陽，
紅霞旭日看遍。

五月水中蓮，
不是凋零，只是休眠，
它是靜思精舍的永遠，
像巍峨的中央山脈，

依舊是慈濟人的典範。
那微光，千江映月依然，
抬望眼，滿天星繁，
不知哪顆是斯人的光芒，
請你眨眨眼，
讓我們看見，
那一定是最溫柔的光。

是想念，步伐放慢，
放眼畦畦菜園，
新芽點點似淚，
猶記斯人耕耘滴下汗。
是黃昏，
烈日餘溫，歸鳥樹梢亂。

貳

行到工坊前，
貓兒左右顧盼，
牠是昔日的小可憐，
無家可歸，到處流浪，
斯人慈悲收養，
成為彼此玩伴。
一如往常，臥立牆邊，
苦等斯人回返。
臉上帶著希望，
從白天到夜晚，從夜晚到白天，
希望漸漸化成悲傷，
落寞的神情，顯得孤單慵懶。
知否？斯人已逝難返，

縱有千行淚，只能無言。
尋常創作柔指處，
哪得知物力維艱。
它是泥，您是匠，
精彫細磋，
一起將它用窯燒煉；
陶的形，瓷的魂，
在書畫墨香裏流淌。
慈悲的心，輕巧的手，
畫個你，捏個我，
山水松竹，花草樹木，
將自己的生命融入。

坏體窯爐，火燒焠煉，

燒到極佳處，煉到最高點，
韻雅的作品，件件非凡，
隱約可以聞到它的德香。
這就是斯人的工藝，
獨到的天分難以言傳。

春風肯結萬山緣，
吹破濃霧見青天，
東山作，南畝田，
燈光下，衣坊間，
經歷世態炎涼，
濟世往事思量。
賢的是你，

總能把人拉離懸崖邊，
也能讓人回頭是岸。
是小人物，也是巨匠，
是庶民，也是國王，
心中自有一把悲智的尺，
偉大與渺小，
在心的一念間，
永遠不會失去方向。

追隨上人近六十年，
是大弟子，也是大師兄，
為佛教、為眾生，深植心田。
人間苦難看慣，聞聲救苦承擔，
自力「耕」一生、不作不食，

無怨無悔，至死無憾，
成了慈濟的基因薪傳。
上人拔苦予樂的宏願，
時遭世人冷眼，
形孤影單，明志致遠，
傲岸挺立，毀譽看淡。
猶如大船師駕慈航，
運載群生，渡生死河，
置安穩岸，一蓑風雨任自然。
上人的苦寒風霜，
斯人心碎了然，
願為上人時刻挑起千斤萬擔。

肆

生命是一次殊勝的奇遇，
擁有的，與年齡無關，
與地位無關，與貧富無關，
那都是虛幻，
把大愛留存人間，
才是究竟實相。

從未出生，從未死亡，
只是短暫的拜訪這個大千，
度人的舟，慈悲的帆，
來回於此岸和彼岸，
為世人留下典範，

是無價，是無量。

逝者如斯未嘗往，
盈虛如彼未消長，
天地一瞬，
來不及欣賞，已過眼雲煙。
你熬過了人間的冷暖，
抵達了一生的終點站，
我們當然神傷黯然。
但願你換了車，盡快回到人間，
濟世助人的重擔，
還要靠你的鐵肩。

人生像一本永遠讀不完的書，

時間有多慢，書就有多長，
細品慢讀，
動人的情節，就在字裏行間。
青燈下，望陶壺，
講堂裏，聽講古，
精舍裏裏外外，時時處處，
都有一個斯人的您——慈師父。
此情此景，斯人何處？
青山難隔思愁路，
想斯人也不斷回頭顧，
此時，淚眼已成迷霧。
哀哉！痛哉！
世豈復有斯人乎？

目錄

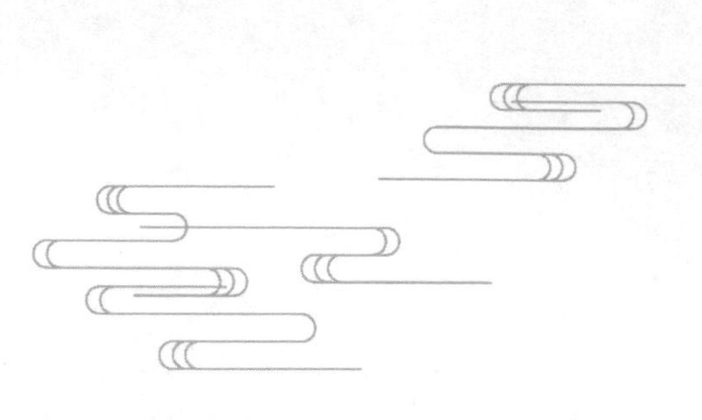

319 廣結善緣 從生活走向藝術 葉文鶯

是諸眾生安隱樂處

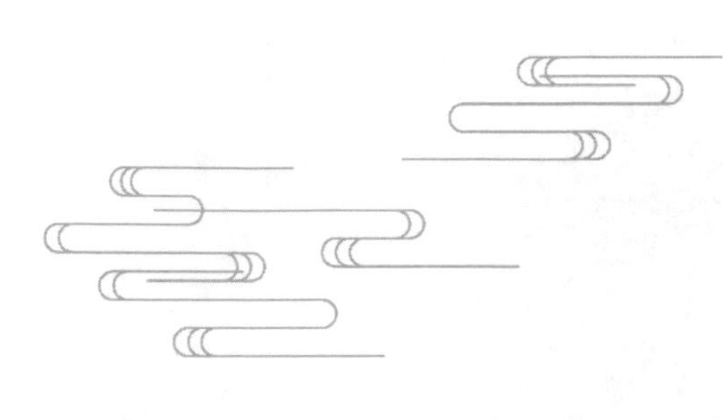

是諸眾生不請之師

救處護處大依止處

說我心中最深刻的記憶

守護家風 常住典範

——最後的叮嚀——

時間：二〇二一年五月十一日下午兩點三十五分
地點：花蓮慈濟醫院、靜思精舍

上人和德慈師父視訊通話

慈師父：求懺悔，生生世世跟隨師父，行菩薩道。

上　人：德慈，師父跟你講話，你要聽進去。我們師徒的緣很長，超過半世紀以上，將近六十年了。你是第一位跟隨師父的，陪著師父一路走過來，很辛苦啊！今天慈濟有這樣的規模，能夠幫助全世界苦難人，你，造很大的福，功德無量啊！如果沒有你們跟師父打拚，哪有辦法呢？

師父面對著慈濟志業，你，用心守護在常住，以身作則帶領這些師兄弟，是他們的好典範。你們跟著師父，開始做嬰兒鞋、黏糊紙袋，我們種番薯，你去賣番薯……（哽咽），靠這種種來維持常住的生活。精舍自力更生的家風、靜思法脈，就是這樣建立起來的。是你一路守護精舍的家規、做好常住的典範，才有今天的慈濟！

紹惟，德慈！開始時師父都叫你「紹惟」，哪怕是到現在，我也常常說：「紹惟，現在怎麼樣了？」

在師父心目中，你還是最初時的紹惟啊！五十多年來，你就是這樣維持我們的家規，所以師父很感恩你。

我們彼此慶幸——好在你這輩子跟著師父，師父也好在有你這個弟子！最重要的是，我們開了慈濟菩薩道，救濟苦難眾生。我們師徒這輩子要做的，就是利益眾生、造福人間；我們都做到了，沒有虧欠！

這是自然法則，你要安心。先走的人，趕緊鋪路，讓後面跟去的，照著這條路走。師徒，本來就是生生世世——五百年前，師度徒，五百年後，徒度師。你先去了，要開路，師父後面去，就有個方向。我們師徒間，前後來，前後去，方向、道路正確，沒有偏差，就沒有隔礙。

你跟慈濟人結的緣，比師父更深。大家來精舍都找「慈師父」，跟慈師父接近時，很自然的有說有笑；但是來到我這裏，規矩嚴肅。師父實在無法跟大家輕鬆，這是我這輩子比較遺憾的。而你呢，沒有遺憾了！你跟慈濟人、跟師兄弟，都很貼近互動，所以你比師父更有福，比師父更有貼切的眾生緣啊！

你放心，你的人緣結得很好，你為人間造福，開了這麼長的路。所以，凡事都沒有罣礙了！你如果感覺：「我還有辦法，我若恢復，就是隨師。」

就要再跟師父走近一點，這也是師父的期待。

平常你忙忙碌碌，說不定沒有很多時間聽師父講話。現在你在醫院、師父在精舍，透過視訊，你就在師父面前，師父也在你面前；師父現「神足通」，你現「天耳通」，我們距離這麼近，看得清清楚楚，也聽到了聲音。師父加強跟你說：要安心！要放下！師徒的緣是生生世世，你的心一定要顧好，要輕安自在。

師父常說，每天早上睜開眼睛，動動手、動動腳，就很感恩。我就是抱著這樣的感恩心。你跟師父都是八、九十歲人了，我們這段人生，走得很有價值，下輩子還要再延續。

放下一切牽掛，放下了，就輕安自在。紹惟，聽懂嗎？

慈師父：好，感恩上人。

上　人：懂得放下嗎？

慈師父：謝謝上人。自在，自在無罣礙。很自在！

上　人：好，這樣師父知道你聽進去了。師父虔誠為你祝福，放輕鬆、放自在。

慈師父：會的，會的，會的。

上　人：可以放下？

慈師父：謝謝師父。

上　人：好！總是要精進。知道嗎？

慈師父：祝福上人！

上　人：好，彼此祝福！要感恩很多大醫王，都很疼惜、照顧你。

慈師父：感恩。

上　人：感恩周圍照顧你的人喔！

慈師父：感恩上人，感恩大醫王。

時間：二〇二一年五月二十三日下午三點零四分
地點：慈師父從醫院回到靜思精舍

上人趕來病榻邊，王志鴻副院長說明病況：「講話還能聽得到，稍微有反應。」林欣榮院長說：「眼睛會眨。」

上　人：紹惟啊！師父在這裏。

（融師父：師父在叫你喔，你看師父。）

上　人：我們師徒的緣……千般情、萬般愛，都要放得下。要放下……

很感恩，你陪伴師父五十多年了，這條菩薩道要繼續走，一定要繼續走！記住，先走的人，要發願再回來鋪路。記住師父講過的話，我們師徒緣深，永遠不會隔礙！

好。我看到你嘴在動，師父知道你了解了。

其實，你我兩千多年前同在法會上，都曾向佛發願；所以這輩子身體力行，同行在莊嚴美麗的慈濟菩薩道上。慶幸這輩子的緣，我們開出了一條利益眾生的菩薩道——四大志業，慈善普及全球，醫療也已經在臺灣盡心力；感恩醫療志業同仁把我們的愛，鋪在我們想要疼、想要愛的病患心底。你可以安心了！

聽師父的話，千般情、萬般愛，都要看開、放下，不要煩惱，就能走得輕安自在。未來的眾生需要你，也需要我；我們師徒的緣，會一直接續下去。

聽懂了嗎？好，師父看到你眨眼睛。

師父知道你很累，你就安心、放下，輕安自在解脫。這是自然法則，未來師父一樣要去，你要先替師父鋪路，等師父去的時候，好好招呼我。記住，方向要正確，去了快回來。要發願再回來慈濟世界，做個見人就笑的歡喜菩薩，廣結眾生緣。師父為你祝福！

（仉師父：慈師父哭了。）

上　人：你要輕安自在──飄然、輕安、自在啊！你儘管安心去，師父為你祝福。

（仉師父：慈師父雙眼都流淚了……跟上人一樣，上人也哭了。）

（眾人：慈師父張開眼睛看上人了！張開一點，再張開一點，加油！）

（仉師父：慈師父已經很努力了。）

上　人：好，很努力，總是要自在解脫。要隨著因緣，歡喜緣，身心輕安，飄然自在去。記得回來我們的法華世界──莊嚴美麗的慈濟世界。

（慈師父嘴唇微微顫動。）

上　人：好。我有聽到你回答師父。你已經很盡心力了，師兄弟都在旁邊，希望你能夠放下。師父為你祝福！

時間：二〇二一年五月二十六日晚間九點零五分
地點：靜思精舍

醫師宣布慈師父晚間八點五十五分圓寂

上　人：紹惟啊！凡夫情總有盡頭，菩薩的覺有情才是永恆。幾天前告訴你，即使有千般情、萬般愛，都要放下，解脫自在；相信你已經了解了。

我們很有福，一定要知足、知福——感恩我們有緣來開創慈濟世界，守護了菩薩道。

師父講《法華經》時，提到「六瑞相」，那是個很輕安、很美的境界。相信此刻你的心、你的意念，就在六瑞相的境界。六瑞現前，你要很輕安，飄飄然自在去。記住，還要把握時間，方向分毫不偏，趕快再回來守護慈濟這條菩薩道。師父祝福你！

你和師父都很好命，我們老來不孤單。即使有病痛，大家也一直陪著你，現在很多師兄弟都在你身邊，要歡喜、要自在、要輕安。千般情、萬般愛都要放下，去了，趕快再回來，守護菩薩的慧命。師父為你祝福。

這是人生的法則，需要前後鋪路。過去是師父鋪路讓你們走，現在你先去了，記得要把路鋪平。我們在這裏開大路，你在那邊要鋪平路；將來師父也要走這條路，你把路鋪得平，我們就能接得好。

我們都很有福，我們不孤單！

師父為你祝福！一定要輕安自在，飄然解脫。

師父為你祝福！一定要再回來菩薩道，記得見人就笑，帶給大家快樂幸福。

師父祝福你！

立志出家

生生世世的約定

撰文／葉文鶯

出家，不是看破紅塵、逃避現實。

德慈師父出家近一甲子，以「信、願、行」走在上人開闢的人間菩薩道，行深般若，留下的足印最深也走得最遠。

證嚴上人跨過自己的僧鞋顧不得穿上，直奔幾公尺外的那一道門。

「上人的腳步很大，他的一步等於我的一步半！」德慈師父曾經形容上人的步幅之大又快，笑說自己以前拖著腳步，教上人聽見了便說：「聽你走路，好像很無奈的樣子！」

二〇二一年五月二十三日，慈師父從醫院回到精舍，上人快步追趕著大弟子，深怕來不及似地。這一快一慢之間，「時間」令師徒同感無奈了！

彼端，另一道門也將開啟，僅容一人；可師徒莫逆，相伴近一甲子，「千般情、萬般愛啊——」上人如是吐露心境，對弟子也似對自己，嘆道：「還是要放下！」

一個月前的四月下旬，慈師父因病住院治療。面對未知，他接受無常

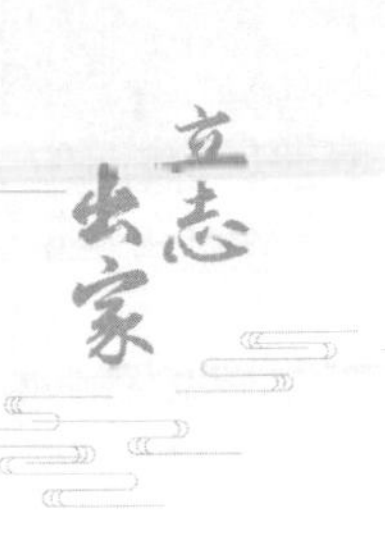

的可能，但思及十多年前印順導師圓寂，以及四師兄德恩病故捐贈大體之後，他見過上人私下紅著眼眶掉淚，「上人每天開示『要面對、要放下』，偏偏親情難捨如割腹腸。」因此，他希望還能盡孝：「我不能讓上人擔心，不能先走！」

佛教克難慈濟功德會早期，慈師父包辦所有的對外事務，他知道上人在家等待，不敢晚歸。為增加收入，騎著腳踏車到市區賣番薯，冬日的下午五點多，天就暗了，腳踏車沒有車燈，產業道路一邊是山、一邊是海，走的是「牛車路」，也沒有路燈。回程為了節省時間只好抄小路，人煙稀少，心裏實在害怕。

自從一次讓上人擔心到心臟病發，他從此留意「天色」。

遲暮之年、天色已晚，生命之燭即將熄滅前，慈師父還是從醫院趕回精舍，依舊是當年那分單純心——不要讓上人擔心！

臨終前三天，慈師父由花蓮慈濟醫院醫護團隊護送返回精舍。面對終將一別，上人急來探望而顧不得穿鞋，對大弟子的感恩與不捨，難以言喻。列隊一旁等候再見慈師父面容的常住眾和居士們，見上人揪心卻又強忍情緒，頭臉脹紅著。

在此之前的五月十一日，上人透過視訊對仍在醫院病榻上的大弟子開示。「紹惟，德慈，師父跟你講話——」看見上人的影像在前，聽見上人喚著自己的內號，「弟子求懺悔……」紹惟懺悔讓上人的擔憂添了一樁。

上人總是為天下苦難而憂，師徒之間相隔著全球如烈焰般狂捲的新冠肺炎疫情，氣候不調導致的洪澇、林火、大地震，還有人禍點燃的無情戰火……上人每天以《法華經．譬喻品》開示著五濁惡世如「三界火宅」，而世人卻如無知貪玩的頑童般，執著於種種貪欲……師徒不知多久不曾如此靠近了！把握尚能言語，紹惟發願：「生生世世追隨上人行菩薩道！」

「德慈，我們師徒的緣很長，將近六十年了！你是第一個跟師父的，陪著師父一路走過來，很辛苦啊！但也造了很大的福。慈濟今天有這樣的

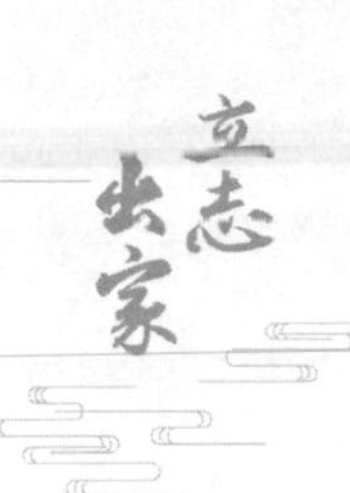

規模，能夠幫助全世界的苦難人，你，功德無量啊！」

「如果沒有你跟師父打拚，怎麼有辦法呢？你載番薯去賣……」上人哽咽。

那是一段最苦也最甜、孤獨而美好的時光。成立佛教克難慈濟功德會的前後幾年，上人身邊只有四位弟子，「貧無立錐之地」借住在普明寺，沒得吃用，連到市區的兩塊半車錢都沒有。借來土地和牛隻耕種番薯、花生，生產雜糧以果腹，並挑選賣相好一點的載到市區賣，換了錢才能買點米和油，滋潤澀癟的腸胃。

「既然出家，發心修行，就要精進『為佛教』。要守住本分，靠雙手自力更生；有能力一天吃三餐，沒辦法就一天吃一餐。要忍得苦、耐得勞，磨練自己不怕勞苦，將來才能進一步『為眾生』付出。」慈師父謹記上人給予的心理建設，第一代弟子宛如鐵了心徹底犧牲。師徒開山拓荒的日子刻骨銘心，上人都明白。「師父面對著人間、慈濟的志業；你，用心守護在常住，師兄弟就是你在帶，你做了好典範！」

五十五年來，上人致力於慈濟志業的推動，弘法利生、救拔苦難；靜思精舍僧眾的修行與生活，仰賴弟子自我管理、自力更生。常住眾口中的「大師兄」慈師父，領眾勤耕勞作，以維持僧團生活所需；以身作則代替上人持家、顧家，備受敬重，也獲得了上人的肯定。

「就是你這樣守護著精舍的家規、做好常住的典範，建立了自力更生的家風，才有今天的慈濟。師父很感恩你！」上人肯定這位大弟子五十多年來，道心始終如一，此生無愧也無憾。「在師父心目中，你還是最初時的紹惟！我們師徒這輩子要做的，就是救濟苦難眾生、造福人間，我們都做到了，沒有虧欠！」

「第一次見到上人，我說我是花蓮人，沒有師父，是自己剃度的……我不是看破紅塵，而是立志出家，要為眾生付出。」

時光倒回五十七年前，一九六四年，師徒相遇在花蓮慈善院（今慈善寺）。

三十歲的慈師父剛捨棄俗家姓名、自行落了髮，渴望朝出家之路邁進。然而還需要一點時間圓滿孝道，因此仍住在俗家，他設定出家後先去念佛學院，藉以累積佛法基礎。儘管尚未能如願，聽說住家附近的慈善院有位年輕法師來講經，時間在晚上。希望多聞佛法的他下午就去了，看見那位法師坐在寺院後方的柴房裏看經書，一身淺灰，身形清瘦、相貌莊嚴。

難掩第一眼見到上人所生起的敬仰，既想親近卻又不敢單獨與之談話。倒是上人先與他話家常，問他打哪裏來。

「我是花蓮人，我沒有師父，是自己剃度的。」慈師父一語帶過，不敢多談為了出家所引發的家庭風波尚未平息，而他正在尋找可依止的師父。

上人在慈善院講了四個月《地藏經》，接續再講《阿彌陀經》，那年五月十九日、農曆四月八日佛誕日，上人講經圓滿，慈師父和兩位女孩一起皈依。彷彿因緣注定，原本不收弟子的上人，在慈善院講經七個月期間，結下五顆厚實的種子，第一、二、三、四、五位弟子：德慈（紹惟）、德昭（紹旭）、德融（紹雯）、德恩（紹恩）、德仰（紹惺）都是花蓮人，都得自慈善院講經因緣。

「我不是看破紅塵，而是立志出家，要為眾生付出！」十五歲立志、三十歲出家，慈師父用一倍的時間做著出家的準備。他說：「只要堅持，佛菩薩會幫助你出家成功！」

那小小的發心，源自於東淨寺。

十五歲那年，慈師父久咳不癒，母親囑她到寺院禮佛。「看見大殿三尊佛像，我的心好像空掉了！」被莊嚴的佛像震攝，一時忘卻身在何處，從此嚮往佛門清淨地。日後在路上看見出家人，她都仔細打量，若身上有錢必歡喜供養，暗地發願將來也穿上那套僧服。

幾年後，與理想衝突的是「女大當嫁」的傳統觀念，母親老是拿著一堆照片催促她從中挑選，也安排過相親。「我請求媽媽讓我出家，不要把我嫁出去。我說我若是出嫁，也不會在你身邊，你要靠兒子和媳婦……」

二十九歲那年，她覺得出家之事不能再蹉跎，唯一的弟弟已經訂婚，只要等他當兵退伍回來成家，媽媽身邊有了兒子、媳婦孝敬，她就能放心去出家。奈何母親無視於女兒出家的想法，一再催逼之下，她只好翹家了！由於母親不同意，唯一認識的法師也不敢為之剃度，她當下取來剪刀自行落髮，以表決心。

現了出家相之後重返俗家，只為圓滿孝道。儘管親情的拉扯還在繼續，「頭髮絕對不能再留長，這是佛教的形象！」就這樣在等待弟弟退伍期間，與短暫來到慈善院講經的上人，因緣際會。

「借住在普明寺，上人要我們自力更生，靠雙手打拚；有能力一天吃三餐，沒辦法就一天吃一餐。要忍得苦、耐得勞。」

皈依上人兩天後，上人就到基隆海會寺結夏安居。三個月解夏後時近中秋，無處安居的上人，履行出家前的承諾，回豐原俗家為母親祝壽。

憂心上人回來花蓮沒地方住，紹惟與當時仍帶髮修行的紹雯、紹恩，知道上人喜歡美崙的環境，一有空就到那附近詢問有沒有土地出售？期待能有塊地蓋個草屋，讓師徒遮風蔽雨，可惜一找再問，都沒有結果。

上人回花蓮後受邀到東淨寺講《阿彌陀經》，已現出家相的紹惟隨師掛單。之後，師徒四人被迫分居兩處，上人兩邊牽掛；不得已，終於在一九六四年農曆十月底帶著慈師父重回普明寺，借住寺旁的日式木板房。幾個月後，紹雯、紹恩陸續來了，師徒就此展開刻苦修行之路。

「我們借住在普明寺，生活是獨立的，上人要我們靠雙手打拚！」慈師父提到當年為了生活，師徒種薯種豆也種稻；一年多後的一九六六年，成立佛教克難慈濟功德會，為了濟貧，更做起嬰兒鞋、棉紗手套等手工。

每月濟貧發放隨著個案戶數增加，從米糧、衣物、醫藥到安居等各項費用，幾位善女人捐款、募款，也響應每天在竹筒存入五毛錢；僧團不斷增加做務，每天的作息一如上人常講的「分秒不空過」！

不捨眾生苦，為了做慈善，不但上人放棄了赴日本佛教大學面授的機會，慈師父念佛學院的夢想也打消了！「環境就是這樣，我們跟師父實際去利益眾生、親手救拔眾生。」

雖然早晚種田、做手工，上人很重視修行的功課，在早、晚課之外，還為弟子講授《論語》、《梁皇寶懺》等，讓他們從中學習做人的道理、了解佛法的深意。生活上也許不一定能吃上三餐，讀書時段卻有早、中、晚，上人還要求背誦，在複講時必須用自己的話語表達，代表真正融會貫通，同時訓練說話的能力。

「念書可以明白道理，學佛更要用心體會，藉人與事去磨練。沒有經過人事的磨練，無法真正體會道理。」慈師父雖然沒念佛學院，卻將上人對眾開示的內容都當作是針對自己所講，仔細思惟與檢視內心。

昔日在家，父母的管教「是非、對錯、賞罰」皆分明，慈師父乖巧認分，一向順服；然而上人對於弟子的心性，有時故意用「激將法」暗中觀察反應。慈師父一向直心，初期曾經困惑甚至內心反抗。

「上人是要破我們的執著。」他說。

此外，上人更重視弟子的威儀。夜間安板後，他起身巡視弟子是否「臥如弓」；在大殿靜坐時也拿著一把尺貼準弟子的脊梁，要求打直「坐如鐘」。德昭師父有一回手腕無力，移動桌上的茶杯並未端起，教上人聽見聲響，那目光——大概就像慈師父所形容的：「有時師父看我一下，我心裏好像在地震！」

上人由外而內修正弟子的習氣，建立僧格，無論是身教或言教，都為

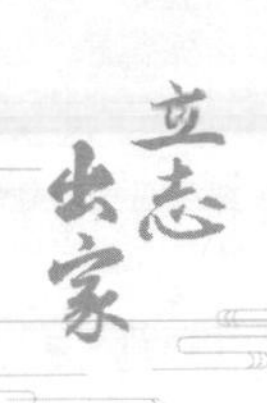

弟子扎下厚實的基礎。僧團雖然為了維持生活而鎮日忙碌，卻沒有忘失修行者的本分要事，在工作中藉事練心。

「早期精舍才幾個人，上人有時間調教弟子。一直到做了慈善，上人開始忙了，籌備蓋醫院時更加忙碌，沒有時間把我們調督得很緊。否則後來出家的人也會被『電甲金金』（閩南語，意為：修理得很慘）！」慈師父笑過之後正色道：「上人對弟子很嚴格，有心修行的人要能吃苦耐勞。」

「起腔一定要百分之百上人教的音，如〈爐香讚〉的『爐——』，剛開始好像有個半圓形捲起來，先高再低再拉平，不能平平地唱。我一直都維持這樣起腔，沒有變！」

出家人必須學會「三刀六槌」——剃刀、菜刀、剪刀，以及鐘、鼓、磬槌等。慈師父的梵唄由上人親自教授，「若學不會，上人是不會放你走的！」正因如此，慈師父唱誦的「爐香讚」得自上人真傳，光聽開頭「爐」字的韻調就不容易學，堪稱絕響。

「起腔一定要百分之百上人教的音，爐——，剛開始好像有個半圓形捲起來，先高再低再拉平，不能平平地唱。我一直都維持這樣起腔，沒有變！」慈師父說，上人重視梵唄，曾經在書房聽見弟子的唱讚，問：「現在是誰在唱？」他還要求音控室將鐘鼓的聲音也放出來。

慈師父在家僅會一般的裁縫，操作過縫紉機。早期有人拿來一塊布，他想替上人做一件僧服，請教東淨寺的法師如何裁剪，正式車縫前還針對幾個重要的部分以碎布試作幾次，後來領口還是做得不夠服貼，修改了幾次仍無法改善。

「沒辦法，還是讓上人穿。」一九六六年上人訪視貧戶的照片，那套僧服就是他做的，慈師父想到就一直懺悔。幸好那年專業裁縫師出身的仰師父跟隨上人出家，成為第五位弟子，從此僧服就有專人縫製。

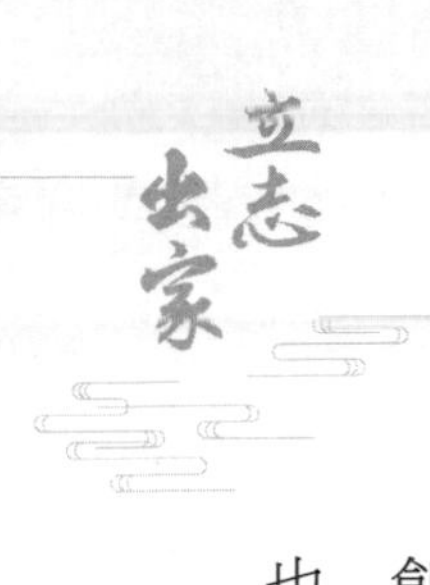

克難時代，為了省錢一切自己來。慈師父請教了建築師傅，找來檳榔木、廢棄木板，搭起了棉紗手套工作間；又以木板在兩個牆面夾角釘了木架擺放衣物，慈師父笑說那像一對「蟑螂翅膀」。慈師父幾乎無所不能，但只要發現人才，他就會承讓；沒人做事時，他硬著頭皮承擔；再沒辦法，盡力就好。

慈師父小學五年級時，逢二次世界大戰結束，隨著日本人戰敗，原本念的日文書改成學習國語注音。戰後物質生活艱難，他經常一大早協助母親外出撿柴、摘野菜再去上學，幾乎沒學到什麼就畢業了。

上人結束慈善院講經北上結夏安居那段時間，幾位弟子約好給上人寫信，慈師父形容要他提筆為文簡直「頭昏腦脹」！一九六七《慈濟》月刊創刊，刊物的撰文、校對及打包寄送等，在在需要人手，連做慣粗活的他也被上人分派寫一篇嘉許某人善行的小故事，另外畫一張毒蛇的插圖。

他思索了兩三天，文章交不出來，蛇倒是很快畫好。「上人會看一個人的個性和能力，他說文章已經請其他人寫好了。我畫的蛇，上人認為不夠『猛』！」慈師父笑著模仿上人比畫蛇形，「後來也是刊登出來。」

很難想像慈師父不擅長文字記事，早年跟著上人訪視貧戶，一個人背著相機、攝影機做影像記錄。那臺八厘米攝影機必須視距離和動作，自行調整焦距、光圈，慈師父未出家前喜歡看電影，加上做衣服習慣丈量，目測就知道距離。光憑這樣的經驗，他也為早年慈善工作留下許多珍貴的影像紀錄。

「只要是上人要做的事，大師兄和我們都使命必達！」德融師父說。僧團需要各種人才，尤其上人創辦慈濟功德會，需要不同專業的人參與。慈師父為人如其法號，待人慈悲、平等，總是真誠招呼、關心他人，廣結善緣的結果，讓更多人樂意幫助上人增添一分力量。

一九八二年，自稱「小妮子」的德宣師父開始隨師行腳。「宣師父年輕，能寫又會講。我跟上人說，不如讓宣師父隨師，我和昭師父就留在精

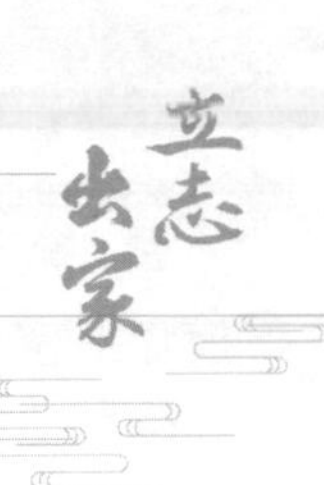

舍顧家。」慈師父一向有雅量成就他人，樂見「很會辦事」的人跟在上人身邊，他與昭師父負責照顧精舍這個「家」和大眾，讓上人無後顧之憂地專心處理慈濟志業的大事，精舍則成為所有慈濟人的後盾。

「上人為了功德會的志業，忙到沒有時間，所以我要擔起對內的責任，照顧好常住每個人，才能對上人有所交代。」

慈師父是靜思精舍「講古第一」，過去許多的會眾參訪、慈濟營隊以及志工、職工培訓課程，都少不了「慈師父講古」這堂課，相當於慈濟歷史的溯源。

事實上，慈師父個性內向，不敢在人前講話，後來能夠不斷講述慈濟的故事，是為了替上人分憂解勞。

在「慈師父講古」，他說過一段有趣的往事。有一天，他隨上人外出辦事，三位師弟和一位女孩看見有人走進精舍，兩個人躲在大殿的佛龕下，另外兩人躲進菜園。還沒等到上人回來，客人已經走了。

上人得知後說，既然他人有心參訪，應該讓他們了解慈濟所做的事，弟子們只要「說我所做」，相信不會讓人空手而回，特別是不辜負已經在護持慈濟的會眾。

「我不會寫也不會講大道理，講古是因為早期親身去做，體驗過去的生活如何辛苦走過來。」慈師父再次硬著頭皮承擔原本不敢做的事，「主要是讓更多人知道，上人實踐佛陀的精神，在人間救助苦難眾生。」

比起上人肩上的千斤萬擔，弟子所能承擔的不足掛齒。慈師父佩服上人蓋醫院的勇氣。為了蓋醫院，五年內申請的多筆土地一再出現波折，甚至官員都來動土了，最後還是被收回，上人一度受不了打擊而心臟病發！

「上人壓力很大，有時沒睡，夢見自己一直在找土地。」慈師父還記得有一筆土地，對方代表來到精舍，很不高興地說：「那塊地不會給你

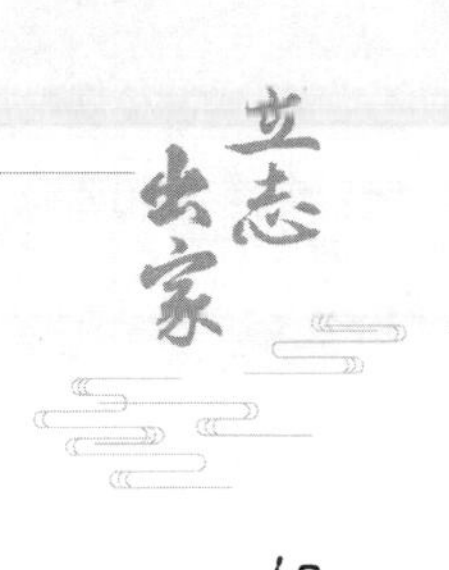

們！」面無表情地講不到兩句話，慈師父進去倒茶出來，人已經走了，「讓上人很傷心！」慈師父心疼著上人，卻更加佩服他的毅力，幸好最終土地覓得，終於成功了！

上人剛開始做慈善濟貧，曾被誤會是藉「慈善」募款在「化緣」，心裏很難過；創辦慈濟醫院的過程面臨了更多人事的考驗，慈師父發現自從醫院建好，「無論遇到再大的挫折阻礙，上人還是努力向前走。」

隨著醫院的設立，上人著手辦教育，還經常到全臺各地行腳和演講，上人已經屬於廣大群眾。「上人很忙、沒有時間，所以對內這個責任我要擔起來，照顧好常住每個人，這樣才能對上人有所交代。」慈師父說。

「上人很人性化，不會設太多規矩來管人，他每天講經，就是在教育弟子。如果來到僧團是為了修行、真心要奉獻給佛教，就會做好自我管理。」

二〇二〇年十一月五日，農曆九月十九日觀音菩薩出家日這天，上人為五位近住女、九位清修士舉行圓頂、授證典禮。

距離上一次的披剃大典已經兩年多，歷來都是慈師父領眾迎請上人來到大殿主持。不過，在典禮前夕，一向當仁不讓的「大師兄」第一次猶豫，希望由其他師兄弟代表。

原因是某日在一扇玻璃門的倒影上看見自己，「咦？我怎麼走路肩膀一高一低？」慈師父形容自己嚇了一大跳！

雙腳先後接受不同手術，由於不等長，走路無法保持平正。自認有失威儀，他希望能夠辭讓；師兄弟們自是不肯，這麼重要的典禮，非要「大師兄」領眾不可。

「帶頭的人方向要正確、不能偏差，否則差之毫釐、失之千里。」上人經常如此開示。慈師父自知步態有些歪斜，唯一能讓自己走直線的方法是邁開大步走，因此他在典禮綵排時特別提醒師弟們「緊跟」在後，以免

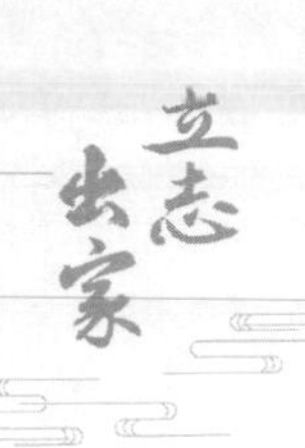

脫隊而顯得不整齊。

「守住威儀，做出典範。」慈師父不曾忘記上人交代弟子們的話。

「上人期許靜思精舍能成為一個比丘尼的模範道場。」某日，慈師父收看大愛電視「高僧傳」節目，其中歌子戲團演出《佛遺教經》中佛陀入滅的故事。

「大迦葉尊者帶領佛陀的弟子結集經藏，好像六神無主……」慈師父看著電視畫面，想像未來靜思精舍也將面臨同樣的場景，帶著憂心默默流淚。

「上人說，他沒有愧對大家，因為他每天講經，就是在教育弟子。」慈師父說，上人很人性化，不會設太多規矩來管人。「如果來到僧團是為了修行、真心要奉獻給佛教，就會做好自我管理。」他希望師兄弟們把握上人還在，好好修行。「修行，就是修『心』而已。遇到境界，要像上人說的『手畫虛空』，事情過了不留痕跡。人我是非來到你這裏就沒事了。

不要生氣，也不要傳是非，才不會結下惡緣。」

一般人的習氣：看到不喜歡的就生氣、看到喜歡的就高興。慈師父表情嚴肅地說：「如果這樣放縱自己，無論在家或出家都不會快樂。既然出家了，就要下定決心改變習氣、學習智慧。即使無法利益眾生，至少也要修養自己，否則愧對三寶！」深信因果的慈師父說，在家人對出家人的恭敬，也是供養。「如果我們不用道心去回饋，如何消受得起？」身為上人大弟子，期待僧團不負上人期許，慈師父說得語重心長。

「早期什麼都沒有，都是苦出來的；好在年輕時身體健康能拚命做，現在有個安定的地方，感覺很幸福也很滿足。」

去年底開刀後，慈師父健康每況愈下，一度病危。五月十一日師徒的視訊通話，上人叮嚀：「你先去鋪路。把路鋪平了，等著師父日後到來，

就可以接上。」承師命，這又是一個任重道遠的拓荒使命。

五月二十六日，慈師父啟程遠行的那個夜晚，皓月當空，適逢月全食，農曆四月十五日是佛教的「衛塞節」，紀念佛陀誕生、成道、入滅的日子，也是「結夏安居」的開始。

回首一九六四年，上人解夏歸來，師徒還找不到落腳處，弟子們望月發愁！五十七年後，同樣的一輪明月，從夜半到黎明，靜靜地映照在靜思精舍上空，散發無比溫柔的光芒，宛如慈師父慈藹的面容，靜靜守護著家園。

「南無本師釋迦牟尼佛」的佛號徹夜在精舍低迴，早課時分，精舍大殿屋頂上雲伴月，不捨落下的慈暉猶似等待著太陽升起，師兄弟和慈師父的俗家眷屬，護送大師兄到慈濟大學捐贈大體。

直到生命最後，慈師父仍在以身示教——付出所有、盡無保留，真正做到了「徹底犧牲」！

「跟隨上人五十多年，早期什麼都沒有，都是苦出來的。好在年輕時身體健康能拚命做，現在有個安定的地方，感覺很幸福也很滿足。」慈師父言猶在耳。

上人立慈濟宗門，慈師父也是傳承靜思法脈的人，無私奉獻所有直到生命最後一刻；等待他乘願再來，已然不必擔心沒有修行道場，因為有他曾經的努力在其中，靜思精舍一切具足！

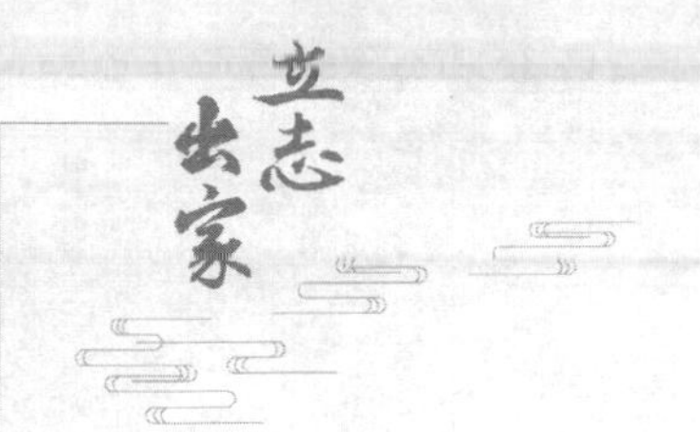
立志出家

天下為公

（圖片／真容提供）

立志出家

德慈師父俗名呂阿月，一九三四年出生於花蓮縣新城鄉，幼時出養給住在花蓮市仁愛街的姑媽黃阿乃，從養父姓氏，改姓呂。

「我不是看破紅塵，而是立志出家，要為眾生付出！」十五歲立志、三十歲出家，慈師父為了兼顧孝道，用一倍的時間做著出家的準備。

上圖為幼時與養父母及弟弟合影，下圖為出家後與生母合影。

師徒因緣

一九六四年，慈師父自行落髮現出家相，正在尋找可依止的師父。聽聞有位年輕法師在慈善院講經，前往聆聽，因此得遇上人，並於該年的農曆四月初八佛誕日，與同去聽經的女眾一同皈依，上人賜予法號「紹惟」。兩天後，上人前往基隆海會寺結夏安居。等待師父解夏歸來的三個月中，慈師父與紹雯（右頁圖：前排左，今德融師父）、紹恩（後排左二，德恩師父）等弟子，想找個地方讓上人回來帶領修行，無奈不得其所。那年中秋夜，思及師徒將被迫分散，不禁悲從中來，去照相館拍了這張合照，聊以慰藉。

共住修行

一九六四年五月，慈師父（中）與紹雯（上圖左二）、紹恩（上圖右一）皈依上人；年底，慈師父與上人先借住普明寺，幾個月後，紹雯與紹恩陸續來跟隨修行。一九六九年靜思精舍啟用後，帶髮修行五年多的紹雯與紹恩圓頂出家，法號德融（下圖左一）、德恩（下圖右二）。右一為德仰師父，右三為德昭師父、左二為德慈師父。

右頁圖為師徒攝於花蓮天祥。

自力「耕」生

師徒借住在普明寺，經常採野菜果腹，不得已向寺方借地，嘗試耕種番薯、花生藉以維生。慈師父挑選好看、大一點的番薯載到市區賣，才有錢買一些米糧和日用品，生活相當辛苦。從耕作開始，一九六四年到一九九一年，精舍常住做過二十一種手工，只要聽到什麼可以改善精舍生活、可以支持慈濟志業，無論多困難、多辛苦，慈師父一定想辦法做做看。上圖為一九六七年冬日，慈師父正要插秧苗，陳貞如師姊伸手拉緊，以免師父跌入水田中。

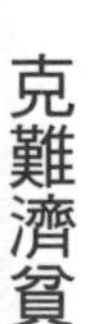

克難濟貧

一九六六年五月十四日，農曆閏三月二十四日，上人在借住的普明寺進行藥師法會，宣告「佛教克難慈濟功德會」成立。儘管自身還難以溫飽，不忍見貧病之苦，克服萬難展開濟貧工作。

左頁上圖：前排左二為慈師父，前排右二為昭師父，後排左一及左二，為帶髮的恩師父及融師父。

左頁下圖：維持常住生活並推動慈善救濟，在在都需要錢，除了做嬰兒鞋、種稻，第二年又增加織棉紗手套。慈師父用檳榔樹幹搭起一間簡陋小屋當工作間，前面空地種植日常所需蔬菜。生活刻苦卻難行能行。

立志
出家

為眾生，放下自我

一九七〇年七月，慈師父（前右四）陪同惟勵法師（前排左二戴眼鏡者）到鳳林「六階鼻」訪視蝸居在草厝裏的一對祖孫。

類似這樣老弱貧病的家庭，在偏僻的後山花蓮比比皆是。為了拔苦予樂，不但上人放棄了赴日本佛教大學面授的機會，慈師父也打消了念佛學院的夢想。

訪貧慰苦

只要聽聞慈濟法親遭逢無常意外，慈師父總是不計遠近盡量去安慰與協助，代替上人致意。

右圖為二〇二〇年七月，慈師父赴宜蘭關懷法親的木材工廠遭祝融之災。

左圖為一九九〇年八月，慈師父和志工到花蓮壽豐鄉關懷照顧戶。

（攝影／李世清）

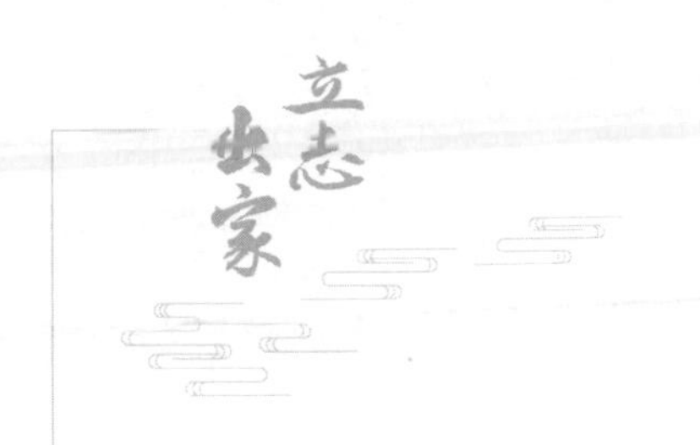
立志出家

是諸眾生　真善知識

親恩師恩重如山

撰文／陳美羿

「感恩師父給我的教導，這無形的財富，讓我一生受用無窮！」

「師父」，是靜思精舍的德慈師父；「我」，是現年六十五歲的真容。

「真容」，是她的法號；「呂丹桂」，是她的本名；

她，是慈師父在俗家時領養的女兒，

從小跟著住進普明寺和靜思精舍，

是在慈濟長大的孩子。

慈師父出生在一九三四年，是花蓮新城鄉黃家的第二個女兒，取名阿月。從小出養給姑姑黃阿乃，改姓呂。養父呂農得當年是臺灣合會（今臺

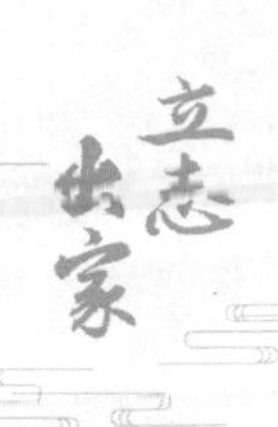

企銀）花蓮地區的經理。沒有生育的養父母之後再收養一個男孩，從母姓叫黃坤山，成為阿月的弟弟。

當時臺灣是日本殖民地，阿月讀的是日本書；一九四五年二次世界大戰結束，國民政府接收臺灣，阿月又讀國民學校，所以懂日文也懂中文。

或許是宿世因緣吧！十五歲時，阿月就立志要出家；年紀漸長，養母一再催婚，阿月矢志不從。到了二十八歲，一心想出家又擔心母親無人陪伴，阿月收養了一個七歲女孩，取名「呂丹桂」，希望將來可以和母親作伴。

呂丹桂在原生家庭五個孩子中排行老三。她說：「之所以乖乖被帶到呂家，是有個前奏曲的……」

阿月看到可愛的丹桂時，立刻「要定」了。雙方大人先談妥，幫小丹桂做幾件漂亮的新衣服，然後跟著阿月搭飛機到臺北玩。當時阿月的養父呂農得生病在臺北住院，他們先去醫院探病。丹桂回憶說：「探完病，我們去了動物園、兒童樂園……」阿月還買了新書包給即將上小學的她，後來那個漂亮的書包常常引起同學羨慕的眼光。

花蓮鄉下的孩子到臺北玩得開心，所以當阿月正式來領養時，丹桂高高興興地跟家人揮手再見，開開心心地跟著阿月「回家」了。當時家裏只有三個人：一個嚴格的阿嬤、一個想出家的阿月，一個七歲的小丹桂。至於阿月的弟弟黃坤山，當時就讀臺中中興大學住校。

「阿嬤受過私塾教育，非常規矩，梳頭時一定披一條白披巾，掉在地上的頭髮要一根根撿起來；就算是一把剪刀放在桌上，底下也要墊一塊美美的布。阿嬤用餐時，旁邊還要準備小盤子，上面放一條潔白的小毛巾，用來擦嘴、擦手。」呂丹桂記得，那時阿嬤常常拿照片給養母看，催著去相親。「後來『媽媽』就翹家不見了！」

原來，阿月跑到花蓮長春祠旁的禪光寺，請住持師父為她落髮。師父知道她母親不同意，不敢為她剃度，她乾脆拿起剪刀，自行落髮。後來得

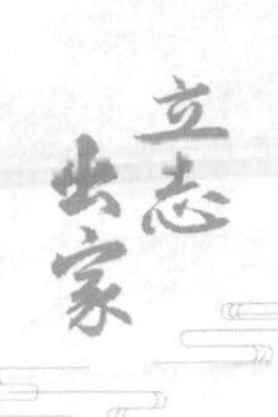

知生養兩邊家庭都急得到處找她，已經報警協尋，她只得回家。「回來後就被阿嬤禁足！」呂丹桂說。

即使勉強回到家，阿月出家的想法仍舊沒有動搖。聽說有位法師來住家附近的慈善院講經，阿月苦苦徵得養母同意，天天去聽經。那時證嚴法師已經講完《地藏經》，續講《阿彌陀經》。阿月看到這位法師比自己年輕三歲，但是威儀具足，十分敬仰。

佛誕日那天法師講經圓滿，阿月和蓮友劉秀蓮、阿蘭，同時請求皈依。因緣殊勝，法師破例為他們皈依。自行落髮的阿月終於正式入佛門，法師給予法號「紹惟」。

黃阿乃看著女兒出家心意如此堅定，不得不死心了。阿月跟丹桂說，此後不可叫「媽媽」，要改口叫「師父」。「本來師父住在家裏，有天突然拎著一個小包袱去普明寺住。家裏只剩我和阿嬤兩個人。」

丹桂記憶中的「有天」，是一九六四年冬月，「紹惟」依師父指示住進普明寺，之後師父和另外兩位皈依弟子紹雯（德融）、紹恩（德恩）陸續來住。師徒四人借住在普明寺，過著勤苦的修行生活，但大家甘之如飴。

採野菜的記憶

「有一天大師兄出去辦事，天快黑了還沒回來，大家都很擔心。」德融師父回憶，左盼右盼，終於回來了，「門一打開，大師兄帶著一個小女孩出現。」懸念的心放下了，門內、門外的人都哭成一團。就讀小學三年級的呂丹桂，從此在寺院中和出家尼眾同住，也有了法號「真容」。

才八、九歲的真容，天天跟著大眾凌晨三點多起床，生火燒開水、打掃庭院和屋內、洗衣服、晾衣服。當年洗衣服還要上漿，晾的時候穿在竹篙上，要把衣領、袖子、衣襟都拉得平平整整，才不會皺巴巴。

「我個子小，大灶很高，要踩著矮凳才能把開水裝到水壺中。有一次，

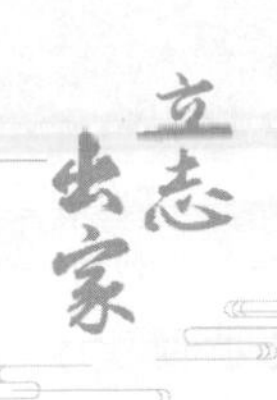

不小心打翻熱水，兩條腿都燙傷了。」那年代花蓮偏鄉醫療極度匱乏，只能用民間療法。真容說：「沖過冷水後，師公（證嚴上人）用糨糊厚敷在我腿上，然後撒上鹽。沒多久，傷口就痊癒了，連疤痕都沒有！」

生活的訓練，讓真容十分能幹。「我曾跟著師父們去採野菜。夏天有一種野生的莧菜，梗子上都是刺，要先把刺去掉，撕掉外皮後就可以煮來吃。」真容說，上人早年在鹿野時，就常採刺莧佐餐，「所以我們又稱它為『修行菜』。」

師父們大清早起來做早課，白天務農，晚上還要讀經、寫字，小小年紀的真容都看在眼裏，等到年紀稍微大一點，她就負責煮早、晚兩餐。「如果碰到學校考試時，融師父會煮，讓我可以好好讀書，準備考試。」

融師父和恩師父很疼真容，稱讚她很乖，又肯上進。「融師父和恩師父是我的『偶像』，我從小就崇拜他們。」真容說：「對師公，我很敬畏。而慈師父對我很嚴格，但是我能感受他的愛。」

「巡田水」的夜晚

一九六九年五月，靜思精舍落成了，「一家人」搬到自己的「家」了。「小小的精舍，一邊是師公的寮房和知客室；另一邊兩個房間，分別住著老菩薩和師公的弟弟；中間是佛堂，佛堂後面是通鋪，我跟師父們就睡在這裏。」

當時精舍有了自己的田地，半夜都要去「巡田水」。常住都是女眾，每天輪流一組兩個人去，他們都會叫真容一起作伴。「我那時讀國中，半夜常常被叫起來，和師父們走在田埂上，望著滿天星斗，有時還有月亮，耳邊聽著青蛙呱呱叫。現在回憶起來，真懷念！」

國中畢業後，真容考上花蓮商校，因為路途較遠，必須搭公共汽車通勤，車費也是不小的負擔，更別提學費和雜費了。「每每要繳錢都不敢講，忍到最後一刻，才跟師父開口。」

當年有髮禁，高中女生要理「西瓜皮」。真容說，有一次慈師父把她理得很短，說這樣才不必經常理，但是後腦勺一片青，「好難看啊！」融師父還記得：「真容讀高中懂得愛美了，那時嘴巴翹得老高。」

真容高二時，阿嬤黃阿乃把仁愛街的家提供出來，當作慈濟的「貧民施醫義診所」。每個星期兩次，利用中午十二點半到兩點，由發心的醫師和護士義務服務。星期六中午放學後，真容就到義診所幫忙，協助包藥，也順便探視阿嬤和舅舅一家人。

商校畢業後，真容去木材廠當會計，下班後還是回到精舍。一九七五年底，真容結婚了，夫婦倆在臺北生活了幾年，一九七九年搬回花蓮。先生彭進富在中學教書，兩個女兒陸續出生，真容相夫教女，把家庭打理得整潔安穩。

「孩子大了以後，我就出來當醫院志工，慈濟的大活動也不缺席。每年慈師父生日、母親節，我都會回去精舍看師父。」真容說：「我是在精舍長大的孩子，慈濟就是我的家。」

真容夫婦退休時，慈師父已經年過八十了。打電話問候時，慈師父會說：「聽到聲音就好了，我要去忙了……」有時開車回精舍，慈師父也說：「看到人就好了，我要去忙了……」

二〇二〇年底，慈師父住院開刀，真容去探視。她在病床前對師父說：「我有幸可以成為您的女兒和弟子，您給我的教導，是再多錢都買不到的；這無形的財富，讓我一生受用無窮！」

想不到慈師父跟她說：「對你很虧欠，過去對你太嚴厲了。」

真容流下眼淚，對師父表達感恩：「您對我恩重如山，無以回報！」

二〇二一年五月下旬，慈師父從醫院回到精舍那三天，真容夫婦天天

探望、陪伴。慈師父捨報那晚，真容夫婦和舅媽吳月桂三位俗家親人，隨侍身旁念佛。次日清晨，大體送往慈濟大學，圓滿慈師父成為無語良師的心願。

「我很慶幸在普明寺和靜思精舍成長，身邊都是修行人，沒有壞人。」真容說：「跟慈師父的因緣很深、很奇妙，感恩他的教誨，這分恩情生生世世難以報答。」

一心想出家又擔心母親無人陪伴，慈師父出家前收養了一個七歲女孩，取名「呂丹桂」。出家後，養女也跟著住進普明寺和靜思精舍，法號「真容」（下圖小女孩）。乖巧的她融入常住生活，是師父們的小幫手。

出家前圓滿孝道，出家後慈師父依然孝敬母親，也照顧養女長大成人。

左頁下圖為真容夫婦及女兒與慈師父合影。

左頁上圖：二〇一九年慈師父八十五歲生日，真容與慈師父俗家親弟弟來陶慈坊祝壽。

（圖片／真容提供）

法華因緣生生世世

撰文／靜思精舍常住眾

慈師父一生的修行，為慈濟世界寫下了動人的大藏經，也是靜思精舍篳路藍縷，從一念悲願到愛灑全球的見證。

德慈師父一九六四年皈依上人，是上人座下的大弟子，僧臘、戒臘在精舍兩百多位出家眾中為第一。曾有人問：「師父，什麼是修行？」慈師父回答：「修行最簡單的講法，就是修掉不好習氣、修掉不好的行為，專心奉獻給大眾。」一句「專心奉獻」，道出了慈師父一生守志奉道，堅定跟隨上人「為佛教、為眾生」的大願。

道風德香，樹立靜思典範

上人早年就曾跟慈師父等弟子們說，「第一代的弟子都是要徹底犧牲。」這話不只沒有讓這群弟子起煩惱，反而讓他們更加精進投入慈濟菩薩道，為這廣大的人間佛教道場，與全球慈濟人的善心善行奠定了根基。

慈師父曾經分享早年跟隨上人修行時的點滴，憶及上人告誡他們：「我們有能力時吃三餐，沒有能力時就吃一餐。而且不能回家要東西，這會讓你們起依賴心。我們修行就是要自力更生……但是要幫助貧病人的事是不能停的……」所以身為大弟子的慈師父，就開始想著靜思精舍該如何自力更生，同時還要與師兄弟們掙出錢來投入濟貧。於是，大家開始了織毛衣、種番薯、做嬰兒鞋、做高週波嬰兒尿褲、製造手工蠟燭……等手工。這分「一日不作、一日不食」，克己、克勤、克儉、克難的精神，奠定了綿延流長的靜思家風。

師徒情深，法華會上因緣綿長

五月十一日，上人與住院中的德慈師父視訊通話時，師徒間的真摯情誼令人動容。

慈師父說話雖然十分吃力，仍勉力表白：「生生世世求懺悔，生生世世追隨上人行菩薩道。」

上人讚歎慈師父：「你守護精舍的家規，做好常住的典範。我們師徒緣深近六十年了，雖然一路辛苦陪著師父走過來，不過也造很大的福，今天的慈濟才有如此規模，可以幫助全球的苦難人。你功德無量！」

上人復叮嚀：「五百年前師度徒、五百年後徒度師；你先去開路，師父後面再去就有一個方向。這輩子能有師徒緣分，要相互慶幸。你與慈濟人、與師兄弟都很貼切互動，可見你比師父更有福，也更有貼切的眾生緣。師徒之緣是生生世世，你一定要顧好這念心，輕安自在，這段人生走得很

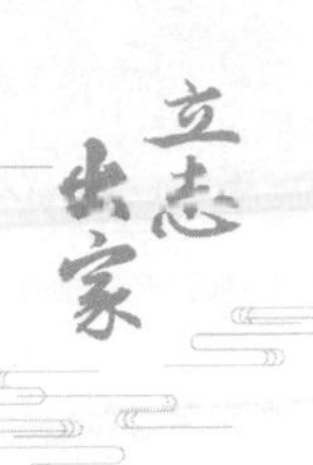

有價值。一切的牽掛都要放下。」

慈師父當時雖然身體虛弱，但心志依然堅定，對上人說：「謝謝上人，現在無罣礙，很自在。」

五月二十三日下午，當專車將慈師父從醫院送回到了精舍，上人也來探視這位老弟子。「紹惟啊！師父在這裏。」上人趨近床前，俯身開示道：「就算千般情，萬般愛，我們都要放下。很感恩你陪伴師父五十多年了，這條菩薩道一定要繼續向前行。要記得，先走的人要發願再回來鋪路，你我師徒情深，永遠不會隔礙。」

上人叮嚀慈師父，隨著自然法則，千般情、萬般愛，都要看開、放下，才能走得輕安自在，要趕快再回來莊嚴美麗的慈濟世界。「其實你我兩千多年前，都已在法華會上，向佛發願；我們現在就在身體力行菩薩道。要安心，我們師徒的緣，會一直延續下去。」

永懷慈師，言教身教示現菩薩行

慈師父安詳辭世，他的修行典範與慈濟足跡，是留給所有靜思弟子最珍貴的道風德香。

輕安自在，專心一意。如同投入陶藝創作的他曾說：「上人告訴我們要藉事練心。陶瓷是一種藝術，我們不是專業，雕刻一個瓷器要花很久的時間，曾經燒七個才一個成功；把工廠當做道場，這不只讓我們的內心能夠發光發亮，也是藉外境來修自己的心。」慈師父的身教、言教，也落實了無處不修行的行者風範。

近年來，慈師父為了要讓更多慈濟志工認識慈濟的故事，也開始了「慈師父講古」的分享，透過演講、影片，一遍又一遍細數早期追隨上人修行的往事，信手捻來，一磚一瓦都是故事。雖然現在聽來親切有趣，但背後血淚辛勞實在難以形容。

慈師父還讓後輩了解到僧眾們在刻苦生活中，承蒙上人親自授讀《論語》，師兄弟們比賽背書的趣事；還有為了籌出精舍生活費，他騎腳踏車獨自載地瓜到市場賣，負荷太重摔到溝裏的慘況；以及追隨上人踏遍臺灣偏鄉，膚慰孤獨患病的長者……點滴回憶，都是慈濟的大歷史，沒有前人鋪路，豈有後輩慈濟人的康莊大道。

在靜思精舍，身為大師兄的慈師父，帶領所有常住眾，跟著上人一步一腳印，開展四大志業八大法印。他對後來陸續加入常住的修行人從不曾疾言厲色，遇到修行考驗和個人難題，他總是好言勸慰開導，從未說出一句重話，這也讓眾人更尊敬這位「大師兄」，發心自省改過。

而晚年投入陶藝創作期間，慈師父因為長期接觸泥坏與粉塵，導致皮膚過敏患疾，雙膝也因年邁與過度勞損，必須置換人工關節。但他的修行日常依舊，秉持上人的教誨，一日不作、一日不食，還是駕著他的電動代步車，每天到陶慈坊報到，與團隊研究設計新產品。分秒不空過，從日出到日落，就著天光為泥坏一筆一筆畫出與眾生結下的好因緣。

慈師父一生的修行，為慈濟世界寫下了動人的大藏經，也是靜思精舍篳路藍縷，從一念悲願到愛灑全球的見證。他的身影已經深深刻印在靜思精舍的各個角落，他的付出、他的開導、他的創作，專心奉獻如春露暖陽，也滋養照亮著每一位慈濟家人。

立志
出家

勤字下功夫

撰文／釋德澡

慈師父在南傳佛教衛塞節這天安詳捨報了，他永恆不退的修行初心、身行合一的慈悲典範，分分秒秒轉動著智慧法輪，向永恆的慧命搖籃邁進。

每年五月的月圓日（農曆四月十五日），是南傳佛教衛塞節，紀念釋迦牟尼佛誕生、成道、入滅的節日。今年的這一天我們的大師兄德慈師父，於晚間八點五十五分捨報，世壽八十七歲。他選擇這個特別的日子跟大家道別，來去自如。

三天前的下午兩點，精舍總機師父透過廣播，緩緩道出訊息：「各位常住師父，請著長衫，兩點四十五分到大殿前接駕、祝福。」精舍兩百多位師父及同仁、志工，保持社交距離，在大殿前合掌唱誦「南無本師釋迦牟尼佛」聖號，迎接慈師父回家。

安頓好後，佛號聲瀰漫在慈師父周圍，上人於第一時間探視，叮嚀要專注念佛。「要顧好一念心，要輕安、自在。」常住眾也以五人一組，分批探視。慈師父真的很貼心、很慈悲，這三天讓常住眾有充裕的時間去探視他、跟他互動，圓滿大家的心願。

在常住一天，就要為常住付出

三年前，上人提出「壽量寶藏」——把人生前五十年寄存在「壽量寶藏」裏，用年輕的精神繼續投入付出的人生。時年八十四的慈師父對我說的一席話，言猶在耳：「三十四歲，是我正勇健、正拚、是我正『做』的時候。」

大師兄將上人「第一代弟子就是要徹底犧牲、徹底奉獻」的教示，拳拳服膺五十多年。雖然已屆高齡，每天仍努力不懈地將靜思法脈的精神注入在他的陶瓷作品中，最令人感佩的是，他將「勤行道」的精神發揮得淋漓盡致：「在精舍一天，就要為常住付出一天。」

早期精舍，常常吃了這一餐不知下一餐在哪裏。初期慈師父做手拉坏，只是單純一念心：「為了還債，以減輕常住的負擔。」漸漸地，在製作的過程中，激盪出他的藝術天分和興趣，並與團隊研發了「宇宙大覺者」等具法脈精神的「法品」。

剛開始研發鏤空的陶燈（無量心燈）時，一天做不到一個，因為力道還拿捏不準。下手太重，作品很容易破掉；力道不夠，又刻不出燈中精舍模型的精神。慈師父說：「這與菩薩行『中道』一樣，才能體會路上的風光。」

在陶慈坊的一個小角落，慈師父專注雕刻「宇宙大覺者」的面容，心似乎與佛相通，對周邊的境界完全置身事外。因為甘願和堅持，慈師父天天以初發心的願力，將克己、克勤、克儉、克難的精神灌注在「陶瓷法品」中。上人曾經讚歎慈師父的一念堅持：「他這樣用心地捏啊捏，也讓他捏出了一片天地。」

一念心，堅持做對的事；一念心，難行能行。永保初發那念為常住付出的心，慈師父感恩有這樣的因緣：「雖然體力有時不能作主，但初發的精神永遠不退。」這不可思議的因緣，讓慈師父在生命中有源源不絕的「壽量寶藏」。

慈師父雖離開我們了，但覺性無量、慧命無窮無盡的「壽量寶藏」精神，已入他的八識田中，帶到來生來世。就如慈師父曾說：「我們跟上人有約。好像收音機的頻率一樣，頻率接上了，就碰到上人，就很有緣。」

相信慈師父已接上了種種好緣，踏上另一段旅程——乘願再度與佛結緣、與上人結師徒之緣、與師兄弟們結法緣、與眾生結善緣。

慈悲如名，使命必達

靜思精舍是慈悲道場。「大師兄」德慈師父人如其名，非常慈悲，是人人學習的對象。有一次，慈師父與我回寮房途中，看見一盆梅花的枝椏突出桌外，他隨即將花盆轉了個方向。他說：「如果不小心，很容易刺傷人。」還有一次，與他走在文化走廊上，他看到有張海報一角脫落，心疼地說：「要愛護常住物如護眼中珠，像愛護自己一樣。」慈師父的慈悲、惜福愛物、愛護常住的行動，落實在日常生活中。他輕輕的一句話，身行典範深深烙印在我心中，也讓我在修行路上受用無窮。

慈師父是如此慈悲、惜福愛物，更何況是對待人。陶慈坊同仁吳紹民

眼中泛淚說：「慈師父對所有人都是平等心，不會因為我曾入囹圄而有差別待遇。」志工陳貴珠也說，對有心改過的更生人，慈師父是來者不拒，讓他們在陶慈坊學習，「師父非常疼惜他們，常常私下幫助他們。」

我曾經住在慈師父隔壁寮房六年多，有時候會幫他做一些生活小事。這些微不足道的芝麻綠豆事，他都耿耿於懷，總說：「真的很不好意思，老是請你幫忙。」只要有好東西一定想到我。慈師父這種「受人點滴之恩，當須湧泉以報」的心懷，陳貴珠也有同感：「只要受到一點點幫忙，慈師父一定會想盡辦法回報人家。」

陶慈坊去年底的尾牙宴，因慈師父住院開刀而取消，他老人家心中一直記掛這件事；出院回到精舍，體力稍微恢復，就補辦尾牙。陳貴珠說：「慈師父不斷交代，要將某某人、某某人都叫來，因為他們平常少有這種聚會。」在病中的慈師父，心心念念想到還是需要幫助的人、還是曾幫助他的人。這念處處為人著想的心，讓所有常住師父、同仁與志工都感動，更感到不捨。

「慈師父的個性、為人，與他的法號是一致的。」與慈師父同住的德穎師父說，如果有人需要任何幫忙，慈師父一定二話不說，使命必達。「他就像精舍的『沒問題師父』！」

慈師父的孝心，更令穎師父動容：「他不忍上人說太多話傷神，總是勇於承擔分享。」儘管緊張依舊、儘管近九十高齡，慈師父還是如常承擔。「還是要拚拚看！」年紀這麼大了，為何慈師父生重病後，還要備受煎熬、接受這麼多治療？「若比上人先走，真的很不孝。」這念至誠之孝，令人震撼泫然！

謹記上人教誡

編纂處洪靜原老師團隊在與精舍師父討論「靜思法脈．慈濟宗門」綱要時，對於上人何時提出「做事要有獅子的勇猛、駱駝的耐力、赤子之心」，確切的年份一直無法定案。在一次逐條綱要討論中，慈師父斬釘截鐵地說：「就在一九六四年。」雖事隔五十多年，他對上人的教誡依然記憶鮮明、謹記在心。

「上人受戒回來的隔年，就教誡幾位弟子：『我們人窮，但志不能窮。一個人能吃多少呢？我們不需要接受供養。』」慈師父說，上人自一九六四年立下「自力更生」的修行清規，就期勉三位弟子，「要有『赤子之心、駱駝的耐心、獅子的勇猛心』，當一位有志氣的修行人。第一代弟子要徹底犧牲：我們什麼都沒有，要靠自己的勞力、靠雙手自力更生。」

上人還告誡弟子：「即使沒有錢、沒有油、沒有米、沒東西吃，日子過得再苦，都不能回俗家拿錢。人家不能吃的苦，我們要能吃；人家不能忍的，我們要能忍。」上人期許大家要忍人所不能忍，「有本事，一天吃三餐；沒本事，一天吃一餐。」

慈師父娓娓道出，一日不作，一日不食，克己、克勤、克儉、克難的「靜思家風」，就在大家一點一滴的付出中建立。從克難、窮困的年代直至今日，不曾動搖。

正念與堅毅

慈師父年紀大了，走路較不平穩，我們有時想扶他，他總說不要，「如果被上人看到，就不會讓我出門了。」也是這分堅毅的精神，讓他一直走得挺直。幾年前，他雙腳置換人工關節，一回來就忍著痛向上人頂禮，上人讚歎：「我也要學學他的毅力。」

每逢農曆初一、十五，都看到慈師父全程做早課、禮拜，禮佛祖、頂禮上人；雖然動作慢了，仍是如規如儀。即使病重，他依舊著海青、袈裟，步履蹣跚到主堂，所有禮節如常。

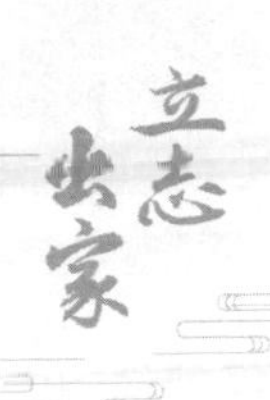

老了、病了，只要還能做，慈師父都不麻煩別人，他總說：「每個人都各有執事。」儘管病得嚴重，他也永遠保持正念、正能量，「將心交給佛菩薩、將身體交給醫師，聽醫師的話就對了。」

因此，他總是很配合，永遠只有一句話「好」。就連要捨報離去，也是選擇在晚上不算晚的時間，就是不願麻煩人。在大家念佛的當下，上人叮嚀：「一切作息正常。」

「勤」一字下功夫

除了藝術天分，慈師父執持各項法器，也出類拔萃，唱誦嗓音渾厚，悠揚遍法界。他曾勉勵我：「學任何東西都一樣，唯有一個『勤』字。勤練、勤練、勤練，是學會法器的不二法門。」

大型活動如入經藏、浴佛大典等開頭的〈爐香讚〉，就是由慈師父起腔，帶領常住眾唱誦預錄的。從二〇一一年「水懺」經藏演繹開始，慈師父莊嚴具道風法味的聲音，攝受無數海內外慈濟人、會眾的心，影響深遠。

而精舍大殿的鐘、鼓，是懸吊在天花板上，所以打鼓需要真功夫。慈師父說出讓鼓聲迴盪虛空法界的要領：「要用內力，聲音才會清脆悠揚，有節奏感；三陣打下來，也不覺得吃力。」這就是上人說的「軟實力」。而他也曾個別指導我唱誦，我因資質之故，沒有得到要領；但因勤能補拙，各種法器都已學成，也有所心得、有所承擔。

我自己動作較慢，有一次洗衣服時，慈師父忍不住說：「我通常會這樣做——用最後清洗的襪子，洗一洗臉盆四周，就不必再用刷子重複一次動作。」看他做事一氣呵成，我學起來了。還有，他知道我「抹香末」的速度慢，也專程到大殿教我訣竅。慈師父說：「這裏省一點時間，那裏省一點時間，就可以省下許多時間做別的事，如自修、讀書。」

去年五月十九日，在精舍「靜思法髓讀書會」中，慈師父特別鼓勵大家道心要堅固，遇事要常警惕、起慚愧心。「修身、修心、修習氣，才不會業障、魔障纏身。凡事要善解、包容，藉境練心，隨順因緣，不計較；更要精進付出，福報才能現前。」語末，他更語重心長地叮嚀大家：「要用心精進了解上人的法，吸收入心，才能有好的基因，再會遇佛法、上人。遇事能用法運行，自能圓滿。」

這一路走來，不論是生活、修行的養成，慈師父不只是我的大師兄而已，更像我的另一位良師，在無形中、有形上，都是我修行路上最珍貴的善知識。

開大道，鋪平路

「若比上人先走，真的很不孝。」慈師父這念心，上人也感到不捨！在他圓寂後的次日志工早會上，上人提及，自己聲聲跟慈師父說：今生無悔。「千般情、萬般愛，總是要解脫，才能輕安自在。」

慈師父安詳離去幾分鐘後，上人見他最後一面。「你老來不孤單，要輕安、要自在。」上人鼓勵他：「你先到那裏去鋪路，將路鋪平、開大道，等師父去時就有方向。」

「一期一期的壽命，就像開道鋪路一樣。」二〇一七年九月二十二日，上人在〈如來壽量品〉中開示，身是載道器，道成長我們的慧命，我們要利用這個身來載道，生生世世與道同行。

慈師父此生，真是善用這「載道器」，應當「無悔」！因為他廣結天下善緣，有志工還發願要當「社區的慈師父」，這就是一種無上身教、言教的精神典範。慈師父今生得遇明師，跟隨上人修行近六十年，寸寸步步就是為常住付出，減輕常住負擔；心心念念就是服膺上人，「為佛教，為眾生」；心心念念就是把握時間，利用生命，成長慧命。

「過去所發的菩提心，一歷識田，永為道種。」永恆不退的修行初心、

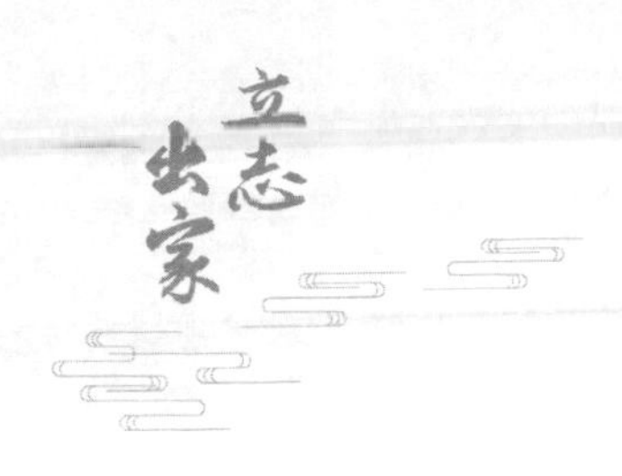

身行合一的慈悲典範，讓慈師父分分秒秒轉動著智慧法輪，使生命的價值發光發亮，向永恆的慧命搖籃邁進。

有情在人間，虔誠祝福我永遠的大師兄。

「輔弼」第一

撰文／釋德檷

《無量義經》：「智慧日月，方便時節，扶疏增長大乘事業。」正是慈師父一生的寫照，一輩子修行功夫，完全用在「扶疏增長」上人創建慈濟大乘事業。

德慈師父出生於一九三四年十二月二十三日，農曆十一月十七日阿彌陀佛聖誕。一九六四年農曆四月初八佛誕日，依止上人，法名悟雲，字德慈，號紹惟。二〇二一年五月二十六日，農曆四月十五日南傳佛教衛塞節，圓寂於靜思精舍，世壽八十七，僧臘五十七載，戒臘五十五載（註一）。

上人出家弟子中，德慈師父堪稱「輔弼」第一。

今年五月 COVID-19 疫情嚴峻時，慈師父最後一次入院，病榻中，五月十一日上人與他視訊通話，當眾讚許，今天慈濟有這樣的規模，能夠幫助世界苦難人，慈師父功德無量。「師父面對著人間（苦難），做慈濟的志業，是你，用心守護在常住！我們精舍自力更生的家風、靜思法脈，就是這樣建立起來的……」

《無量義經》：「智慧日月，方便時節，扶疏增長大乘事業。」正是慈師父一生的寫照，一輩子修行功夫，完全用在「扶疏增長」上人創建慈濟大乘事業。

慈師父一生中，重要的日子都與佛教節日有巧妙的因緣。正如他常說的：「上人不是普通人！我能跟隨上人，是有因緣、有福報！」而在上人的心目中，我們的大師兄不但有福報、有因緣，而且在慈濟史上，也佔有非常重要的地位。佛陀座下有許多傑出第一的弟子，上人座下兩百多位出家弟子中，位居「輔弼」第一，非慈師父莫屬！

不可思議的師徒緣

上人決定出家修行時，曾立下「不收弟子」的原則；卻在不可思議的因緣中，收下了我們的大師兄，這因緣不可思議，是開啟靜思法脈源頭的門閂。二〇一八年我因為撰寫論文之故，得知慈師父皈依上人那日，其實才認識上人一個多月。謹記下這段奇特的因緣：

「那天，我來慈善院聽上人講經，剛好遇到當天有人要皈依上人。當時我想，皈依的儀式時間都會很久，因為要誦讚文、讀疏文。那時，我已

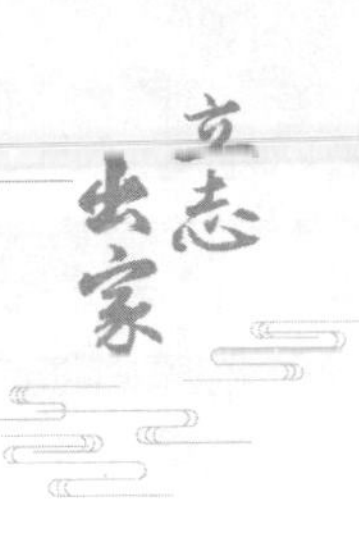

自行落髮現出家相了，不好意思在大殿的現場，就在外面的角落靜待儀式完成。等了好一會兒，心想怎麼都沒有聽到唱誦聲？好安靜。

我好奇走進大殿裏面，想要一探究竟。只見她們兩位（劉秀蓮及阿蘭）正在禮佛三拜。我問了現場的人：『不是在舉辦皈依嗎？怎麼沒有聽到唱誦〈爐香讚〉？』當時，有人悄悄回答我：『這個師父的皈依儀式很簡單，只要在佛前三拜，再向皈依師父頂禮三拜就可以了，說是了解真正皈依意義比較重要！』我心想：『原來，皈依儀式這麼簡單！原來，師父也肯收弟子。那我也要皈依！』心中大喜，未經上人同意，就提起勇氣把握機會，當下就跪了下去，隨著德融師父（劉秀蓮）她們的動作，一起向上人頂禮。起身時，上人就問：『怎麼多了一位？』感恩上人給我面子，不忍心拒絕我皈依，還當場賜給我法號『紹惟』。皈依結束後，我才去補禮佛三拜。我把握那因緣皈依上人，因緣實在很奇妙，我和上人真的很有緣。」（註二）

在慈濟史上，那是具有重要指標的一天，因為靜思法脈的傳承，此時已然靜靜地開啟序幕。

五十七年後的五月十一日，慈師父大病中，師徒兩人視訊通話，上人喚著大師兄皈依時的名號「紹惟」，叮嚀生生世世再來人間行菩薩道：「我們師徒的緣很長，將近六十年了，你是第一位跟隨師父的，陪著師父一路走過來，很辛苦……我們師徒這輩子來人間，為的就是利益眾生，我們都做到了，沒有虧欠……」

上人對「紹惟」的叫喚囑咐，「紹惟」對上人的守護陪伴，師徒共同的修行方向就是利益眾生，樹立靜思僧團家風典範。

慈師父作為上人出家弟子，恪守本分，顧護常住樹立靜思家風，協助上人創建慈濟志業，挑起大師兄的重責！

說好「陪上人一起做慈濟」

慈師父與融師父同一天皈依上人，師兄弟兩人，原本就為上人自力更生的修行志節所折服。在上人成立慈濟之後，又見上人為濟度苦難眾生，終日辛勞奔波，於是師兄弟間，相互約定一個祕密。此祕密直到慈師父住院期間，上人又行腳在外，向來沉默的融師父，天天電話問候，才讓我們知道。

有一天藥石時間，如常的電話又響起，融師父從高雄打電話來問候慈師父。

慈師父開口第一句話便問：「上人好嗎？」

融師父說：「目前為止，上人法體還算不錯。就是每天都很辛苦、很辛苦……」

融師父又與慈師父相互勉勵：「我們有發願喔，要陪上人一起做慈濟，所以您的身體要趕快好起來……要記得，我們是來報恩的，要記得我們的發願！」

聽到大師兄與三師兄的對話，讓在旁的師弟們感動不已……（註三）

融師父默默守護「陪上人一起做慈濟」之約，擔負隨侍上人執事，夙興夜寐，無微不至，近一甲子。慈師父病了，融師父電話中不忘提起兩人之間的約定。

大師兄與我的二三事

慈師父挑起大師兄的重擔，總是盡責照顧守護僧團家風；常住大大小小事務，處處都有他代替上人教導後輩的身影。

一九九八年十一月，我蒙上人慈允，成為常住近住女。初入精舍，對很多常住事務充滿好奇，連出坡戴著斗笠，對我來說都是很新鮮的體驗，經常一面走路一面拿下斗笠在手中轉或是搧風。有一天，慈師父大老遠快步走來，對我說：「麗雲，修行就是從頭到手到腳，都要如規如儀；上人

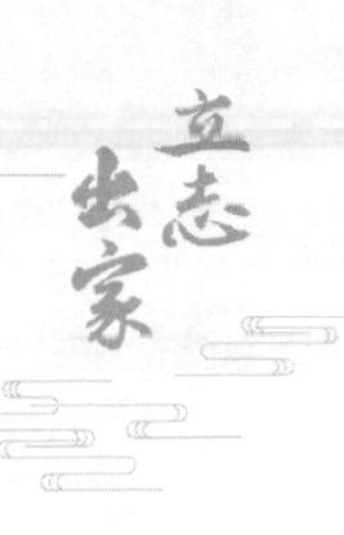

是這麼教我們的。你這樣如果被上人看見了，不行喔……」當年慈師父才六十四歲，膝關節已經常常不舒服了，卻不惜腳力追著我們，盡他所能的承擔起大師兄的重任，耐心調教後輩。

二〇〇三年十月，蒙上人恩准，我們共二十人在上人座下剃度出家。慈師父在靜思僧團之僧序是一號，是我們的大師兄，我則已是編號第一百四十多號了。上人賜予我們這一梯次法號的部首是「木」字邊（註四），記得那一年，上人常開示「菩提林立同根生」，我明白上人總會在命名之中，寄予對弟子的期許，因此人人都非常珍惜自己的法號。

一天晚上，總機廣播著：「木雨楄，楄師父，請與總機聯絡。」過了不久，一位師父來找我，笑著說：「剛才慈師父聽到廣播後，一臉認真地問我：『這麼晚了，還在找木魚，是有什麼事？』」當時大家笑成一團。我卻從此了解，大師兄縱然聽力已漸退化，還是盡心力從生活點滴中，時時刻刻負起大師兄的責任，協助上人照料僧團日常事務。

二〇一八年盛暑，精舍田園裏的黃豆，終於可以收成了，因為種植面積不大，所以採割下來的全株黃豆莢，就近曬滿在「陶慈坊」旁連鎖磚道路上。那年採收量不多不少，正好鋪滿整條路，只留下腳踏車過得去的通道。那陣子常有午後雷陣雨，每天就是收、曬，曬、收，宛如佛經所云「黃金鋪地」，好不美麗！

這一年，慈師父八十四歲，膝蓋完全退化了，開刀後仍有疼痛的問題，電動車漸漸成為代步工具。慈師父每天從寮房到陶慈坊，總是騎著代步車小心翼翼穿過鋪滿黃豆的路；還常下車示範，怎麼鋪曬才會又快又整齊。望著大師兄俐落的身影，我知道他是強忍著膝疼，教導我做事的方法。

精舍不用農藥，所以黃豆採收的品質不一，有青有黃。全株黃豆曬了幾天後，開始挑選曬得乾透的黃豆莢。為了減少耗損量，我堅持用手工慢慢剝殼，慈師父見狀，對我說：「黃豆這樣剝太慢了！明天早上你全部鋪在路上，我剝給你看！」

這一條路，是慈師父晚年每天必經之路。隔天一早，果見慈師父騎著代步車準時出現，然後，用那部電動代步車一路從黃豆上面輾壓過去……我著急豆子會因此受損、汙染，嚇得大叫：「慈師父，這些黃豆磨成豆漿，上人也會喝到啊……這樣輾過去，對上人不禮貌啊！」慈師父忍受我的無禮，優哉游哉地說：「黃豆要去豆莢，除了用機器，也可以用車子輾壓。等一下我叫阿嘉開貨車，來回輾它個四、五次，就差不多可以全部去殼完。這樣做事情才有效率，黃豆沒有人像你這樣慢慢剝的啦！事情趕快做一做，你才有更多時間去寫論文。」

看著慈師父用代步車輾過後，蹦出完好飽滿的黃豆，我這才明白，自己是多麼的幼稚與頑固；細心的慈師父，教導我做事方法，還不忘叮嚀課業，令我感動莫名。

從慈師父身上，我看見上人的教育成果。慈師父人如其名，我真正從他身上看到了智慧與慈悲。

慈師父直心照顧守護靜思家風，一半來自上人親身教導，一半來自他對上人身行典範的觀察。

慈師父術後不久，寒流來襲，醫院的空調擋不住冷氣團，護理部主管們建議他：「戴上帽子，比較溫暖。」慈師父卻道：「不用戴帽。因為我的頭早已被我訓練得不怕冷了！」見大家投以好奇的眼光，慈師父詳細解釋：「我觀察到上人從不戴帽子，我想一定有道理在。後來我想到，我們的『臉』不用包起來，也不覺得冷，所以『頭』一定也可以！而且，我也擔心，一旦習慣戴帽子了，從此就拿不下來了……」我想，慈師父早已證得「妙觀察智」了。

望著慈師父的慈悲身影，我常常忍不住說：「您是我們永遠的大師兄！」他總是回答：「我只有大師兄的名，沒有大師兄的實。」謙虛、誠

懇，是他對我們的身教，把靜思家風落實在日常生活中，點滴傳承給我們後輩。如果沒有他們前面幾位師兄的承先啟後，上人會更辛苦！

有回，大醫王讚歎慈師父輔助上人功勞有加。慈師父卻回答：「我一生當中，沒能力為慈濟做什麼事。上人早期為建院找土地非常辛苦，我看見上人這麼忙，卻沒有辦法分擔，很自責……我自己帶來的福報、因緣如此，就只能盡本分，盡量做好幕後工作，不讓上人操心而已！」（註五）

不愧是大師兄！總是做最多，卻是最縮小，又是最孝順！

慈師父曾告訴我，他心中有一個未了的心願：「如果這次的病，能夠好起來的話，我要在上人身邊好好隨師！」因為，慈師父謹記著上人曾經交代他：「來我身邊隨師，可以幫忙『講古』，讓大家不忘來時路，不忘初心！」先前慈師父自認為：「身體已老邁不堪，無法勝任上人的期許。」所以只能把上人的交付，重重擱放在心頭。

然而，在生命盡頭之際，大師兄回歸一念初心，念念不忘「陪上人一起做慈濟」的約定！相信「輔弼」上人第一的慈師父，為報師恩、守承諾，一定很快又乘願再來了！

註一：一九六六年十二月十三日，德慈師父在臺北臨濟寺受三壇大戒。

註二：節錄自：《慈濟靜思僧團體現大愛精神之探討》，二〇二〇年，慈濟大學宗教與人文研究所碩士論文，頁25。

註三：取自：「慈師父壺腹癌手術住院日誌——用照片寫日記」，二〇二一年一月八日：大師兄與三師兄的對話。

註四：上人自一九八四年之後（德宣師父出家那一年），因為追隨出家者漸增，慈濟志業漸忙，從此出家者名號，每一梯次皆同一部首，賦予期望於名號之中。

註五：取自：「慈師父壺腹癌手術住院日誌——用照片寫日記」，二〇二一年一月七日：慈師父講古。

立志
出家

靜思精舍永遠的大師兄

撰文／釋德宣

風很輕，心很靜，句句佛號聲，送慈師父慢走。
一切因緣生、因緣聚，也隨順因緣滅。
不滅的是，他將成為大體老師，活在更多人心中……

此時此刻，內心不由得又喊了一聲「慈師父！」現在的你在哪兒？是帶著堅定的佛心師志，捨此投彼，已安身在積善的慈濟家庭中，成為阿嬤手中歡喜搖啊搖的金孫？還是帶著今生此世在精舍、在慈濟，幾十年來所種下福德與智慧的清淨因，正在等待下一站的定位？

追隨上人並認識慈師父，從一九八二年五月迄今整整四十年。一分因緣驅使，生平第一次在同學建議下，帶著滾滾紅塵的習氣，跟著慈濟師姊搭火車東來，踏上靜思精舍土地。大都會長大的我，精舍中一切見聞都很新奇，甚至不知道菠菜長在地上是什麼樣？因為看不到紅紅的頭。當時的精舍中午和午夜一樣安靜，安板躺下後，常可聽到遠處傳來的海浪聲。

一天，在精舍不遠處的農地上，看到只有小指頭般大的迷你苦瓜，一排排掛在人字形瓜棚下，好新奇！我驚喜地告訴慈師父，他淡淡說，等收成了，去跟他們要苦瓜根。不久，就喝到去年存下來、可降火解暑，特苦的苦瓜根熬湯。

一個黃昏，在曬衣場晾衣服，昏黃燈光下，看到腳邊有一坨東西，低頭一看，居然是一隻死老鼠！生平第一次這麼近距離看見老鼠，我嚇得四處喊「大師兄！」聞聲現身的慈師父看了看說：「喔！死老鼠，掃掉就好了。」就轉頭走了。他的言談、身教，就是「老實修行」，是「務實」

二字；從此遇到任何事，我自然不敢說：我不敢、我不會。而且，我再也不敢叫太大聲了，因為慈師父說上人心臟不好，太大聲會嚇到上人。

一九六四年追隨上人的慈師父，是上人座下首位出家弟子，人稱大師兄，自然承擔當時共修共住常住眾的帶領帶動與對外溝通。常住沒油沒米，大師兄硬著頭皮向借住的普明寺借。爾後，向普明寺借後方的旱地種菜、種地瓜。地瓜採收了，自然也是大師兄騎一個多小時的腳踏車載去花蓮市賣。聽慈師父說，當時年輕有力，有時載上百斤出門，有一次載太重，腳踏車重心不穩摔在石頭路上，扶不起來，一直等到有人經過幫忙，才拉起來，無奈地瓜摔破、摔斷很多。慈師父載著這些破碎的地瓜到店家門口，不敢說要多少錢，放下地瓜趕緊走了。

天黑了，如果還沒看到慈師父，上人就會站在普明寺路口，一直等到慈師父踩著腳踏車歸來。克難生活的年代，洋溢濃濃師徒之情。

常住生活來源一直不穩定，大師兄努力想方設法。有一次去五金行買

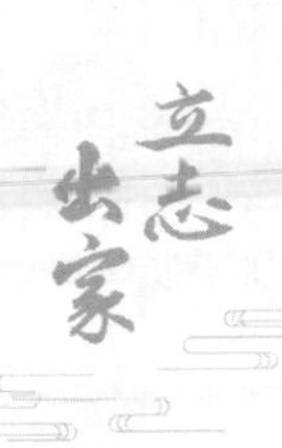

鐵釘，看著裝鐵釘的紙袋，那是手工黏糊的，他想，建築工地上不要的水泥袋很多，於是拿回來加工。水泥袋內外共三層，中間乾淨那層裁成四張，糊成小紙袋，賣給飼料行裝飼料；外層有印字和底層沾到水泥的擦乾淨，一樣糊成紙袋，賣給五金行裝鐵釘。這也是一項收入，但一整天做下來，滿頭滿臉都是灰，因為粉塵太多對身體不好，上人喊停。融師父說，那幾年只要大師兄帶工作回來，他們就全力以赴。有一次接到有人訂三百斤地瓜葉，這種機會不多啊！當天上人和慈師父外出辦事，他和四師兄恩師父一早就到田裏埋頭一直採、一直採，直到郵差來了，他們抬頭，才知道已經下午三點了！午餐自然也沒吃。

提到恩師父，不由得想到二〇〇三年往生、大家心目中幽默、可親的四師兄，相信您已經乘願再來歸隊了！好希望我們再會有期。

前面二十多年，常住做過的二十一種手工，都是上人與大師兄用盡心思找來的，辛苦可想而知。常住每天日作夜讀，那分堅持與堅定，人人直心是道場、深心是道場，一直到上人創立慈濟，更是菩提心是道場——這分精進與合心、道風與道氣，讓我非常羨慕；他們數十年如一日的長遠心，更讓我無限景仰。

我初來精舍，出家眾才九個人，彼此不多話，除了兩堂課誦、三餐飯聚眾外，大部分時間都聚在當時稱為「機器間仔」的工作間，做外銷嬰兒尿褲。從一片塑膠片到完工成型，要經過九個人，如生產線一般，這是當時常住僅有的生活來源。高週波機器有大小不同的鋁板模子，套上褲頭、褲腳後踩踏板，瞬間加熱到攝氏一千度，把塑膠部位黏合。開水是一百度，而高週波是一千度，一不小心就會燙傷。「有時做著做著，就傳出『烤肉味』。」慈師父說被燙到時，皮膚會燒焦、凹陷，痛徹心扉而眼淚直流。有一回上人雙手抖了一下，有師父馬上送上燙傷藥，但上人手還是不停、繼續工作。「上人被燙到一聲不吭。我們燙到擦了藥，也繼續做。」相信當時有做的包括上人在內，雙手食指迄今都留有不少疤痕，這份工作對我

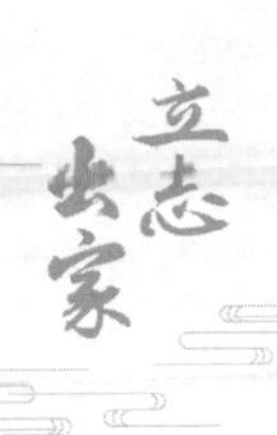

而言，也是修行道上殊勝的磨練。

上人叮囑常住眾每天工作到晚餐時間就停止，晚上要自修。為了籌建醫院，上人每個月要北上開建築會議，恩師父、融師父兩人輪流和我一起隨師行腳，每次五到十天不等。好久好久以後我才知道，只要上人出門，慈師父就帶著十多位常住二眾，每天都做到晚上九點半、十點，直到敲鐘安板止息了，機器才停；第二天清晨三點五十分板聲一響，照常起床上殿、做早課。當時安師父常提醒我，精舍為了接引十方大德，增建第二期工程，負債百餘萬，這是常住的帳，和慈濟的帳是分開的，所以常住必須努力工作還債。

上無片瓦、下無寸地要建醫院，實在很辛苦，必須廣招來眾。上人天天為建院奔波，不停地說、不停地走；而慈師父帶領常住二眾辛勤勞作，是上人與慈濟最堅實的後盾。猶記得，當時上人常開示：入我門不貧，出我門不富。只要我們真心為佛作事，相信佛菩薩不會辜負我們的。

一九九二年，慈濟首次辦兒童學佛營，上人正名是「學佛營」不是佛學營，要我們學習佛菩薩的精神，而不是把佛法當學問來研究。繼而有慈濟大專青年、教師聯誼會等各種營隊，甚至每年定期辦委員精進、培訓委員尋根……每個營隊都有固定一堂課「慈師父講古」。慈師父上臺一站，就是無聲的說法，聽講者時而為當時的鄉土趣事笑到滿堂采，時而為當時的苦修，心疼到頻頻拭淚。上人教導常住：工廠即道場，心淨即土淨，處處好修行。常住眾每天的心態與生態，就如現在上人所說：心寬念純，做就對了！

五十多年的慈濟史，就是上人的慧命史，應該也是慈師父的慧命史。慈師父在講古中常會激動地說：我們的上人不是人，不是人，是菩薩化身！

近年來，慈師父頻頻示現各種病狀。今年以來進出醫院多次，而慈院醫護團隊從西醫到中醫，每天都到病床旁，用心呵護著大家景仰的慈師父。出院後只要慈師父體力可以，就看到他騎小小的電動代步車，到他一

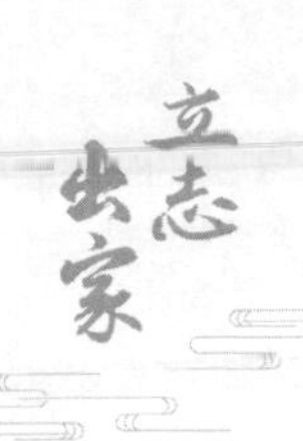

手創立的電窯燒陶藝坊看看。慈師父有興趣也有藝術天分，陶藝坊是訪客參訪精舍必經之站，多年來的產品有讓上人送禮，也有透過靜思人文流通。二〇一六年三月十七日，慈師父將陶藝坊正名為「陶慈坊」，流通的陶藝作品都落款為陶慈坊，感念有慈濟讓他的作品與眾人結好緣。

今年四月一日，在三樓養病的慈師父覺得體力比較好，每天中午下樓到齋堂，與上人及大眾一起用餐了二十多天。步履蹣跚的慈師父瘦很多，也看不到笑容，隨行都有兩三位僧眾陪著、扶著。四月二十六日他再度住院，準備化療。一天我在大寮，聽到輪值為慈師父煮元氣餐的師父說，他被告知明天開始，只要送稀飯和青菜；他又說，慈師父不能自己起身了。

打聽到精舍要送東西去醫院給慈師父，我和蹇師父匆匆趕到醫院。在病床旁，拉著慈師父的手，在他耳邊輕聲說：「慈師父，我是德宣。」當天老人家肝指數高了，心念清清楚楚，但說話聽不清楚。透過一旁純賢師父解讀，老人家慈祥叮嚀：「你要把身體照顧好，幫助上人。」蹇師父也俯身告訴慈師父：「常住每個人都好關心您，您有什麼話要跟常住說？」透過解讀，慈師父說了兩次：「要精進，要精進。」幾秒鐘後，又用力地說：「要合和互協！」

老人家心繫常住，殷殷叮嚀。

五月十一日，上人在精舍與慈師父視訊通話，殷切叮嚀：紹惟，德慈，要放下，輕安自在解脫。慈師父用力、斷斷續續回應：生生世世追隨上人，行菩薩道！

一九六四年迄今，近一甲子的師徒情。上人開示：五百年前師度徒，五百年後徒度師；先去的要鋪路，等後去的……

五月二十三日上午，慈院王志鴻副院長進精舍，向上人報告慈師父現況，問讓慈師父回來好嗎？上人點頭說好。

午後，上人繞了精舍一圈，走到醫療室交代：「讓他回來這裏。」全體總動員打理。

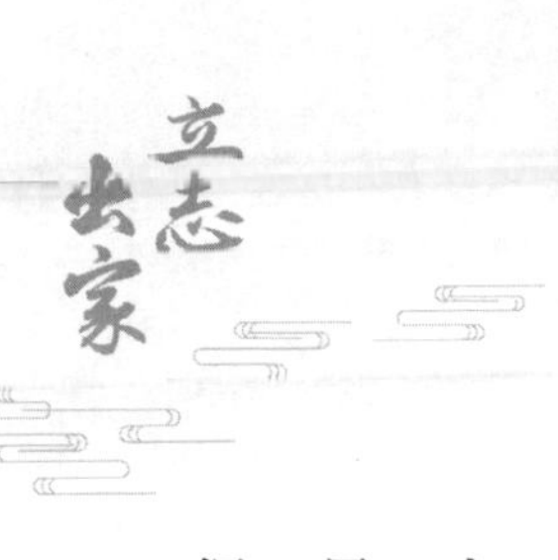

下午三點多，有空的常住僧眾都穿上長衫，列隊接駕，從大殿前綿延到朝山步道。二師兄昭師父拄著兩支拐杖、五師兄仰師父被人用輪椅推到大殿前，兩位逾八十歲的老人，靜靜看著前方。救護車緩緩抵達，慈濟醫院林欣榮院長、何宗融副院長等醫護團隊，陪著慈師父回到精舍了。車停在大殿前，讓慈師父再看一次，從一九六九年靜思精舍落成起，天天早晚課誦禮佛的佛菩薩。昭師父滿臉淚水，被扶到車子後門，看著靜靜躺著的老兄弟。

慈師父，回來了。

常住二眾、慈濟基金會同仁、志工師兄、師姊，輪流進醫療室，探望大家的慈師父。上人交代進去的人，要向慈師父說自己的名字。一直到五月二十六日，這三天想看慈師父的都看到了，而慈師父耳邊聽到的，都是很熟悉的名字。三師兄融師父來了，說了很久；慈師父放在腹部的手掌，三個指頭動了兩下。旁邊陪伴的年輕師父問我，融師父說了三次：「阿尼ㄎㄧ」是什麼意思？這是老兄弟間，五十年來工作中的暱稱（編按：あにき，日語中對「兄長」的稱呼）。

五月二十六日晚上八點五十五分，慈師父如睡眠般，安詳止息了。

融師父扶著上人進去，看著慈師父，再度開示，叮嚀心中要時時存著法華的六瑞相。扶上人回寮房後，融師父又出來跟大家一起念佛到子夜。正如上人說：「千般情，萬般愛」，三師兄的佛號聲中，應有著五十多年濃濃的法親情誼。

常住僧眾輪流念佛。沒有排班，能來的靜靜坐下，莊嚴和齊的佛號聲彌漫空間。要離開的，靜靜起身問訊而去，把位置留給在外面等候的師父。九點多，慈濟大學劉怡均校長靜靜來了，坐在外面庭園的椅子，跟著念佛。十點多，教育執行長王本榮、李六秀師姊賢伉儷也來了，他們親近慈師父也二、三十年了。風很輕，心很靜，句句佛號聲，送慈師父慢走。

靜思法脈二眾弟子心心相繫，念念相隨。

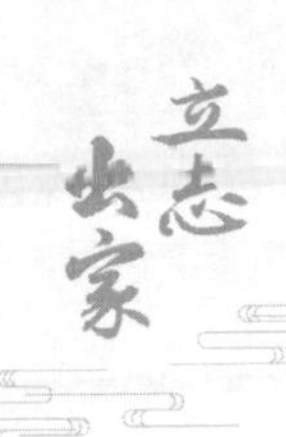

凌晨三點半，在場二眾一起回向。幾位師父們代表，送慈師父到慈濟大學解剖學科追思堂，成為大體老師。

一切因緣生、因緣聚，也隨順因緣滅。

感恩慈師父！靜思精舍數十年來，寸寸泥土中，都有您無數的汗水與足跡。幾十年來您帶我們、牽我們，不只是說，還手把手耐心教我們，一次次包容我們、成就我們。相信幾年後，當一個可愛的小小孩跑過來牽著我們的手，笑嘻嘻地看著我們，那就是我們的慈師父回來了。

靜思法脈上人的第一位弟子，結束了今生的法緣，帶著傳承的使命走了。靜思法脈、慈濟宗門，在一念念堅定的佛心師志中，念念相續；生生不息，源遠流長。

而慈師父親近上人將近六十年，隨著一個階段、一個階段的時節因緣，從當年四、五位共住，到現在僧團兩百多位，慈師父留下的言教、身教，是精舍常住二眾心目中，永遠的大師兄！

（攝影／羅明道）

「輔弼第一」大師兄

《無量義經》：「智慧日月，方便時節，扶疏增長大乘事業。」正是慈師父一生寫照。作為上人大弟子，慈師父恪守本分、顧護常住，樹立靜思家風，一輩子修行功夫，完全用在「扶疏增長」上人創建慈濟大乘志業。

靜思精舍常住師父年年引領會眾在花蓮靜思堂參與浴佛大典，德慈師父（前排左）領眾前行，「帶頭的人方向要正確、不能偏差，否則差之毫釐、失之千里。」五十多年來謹守上人教誨，每一步都「守住威儀、做出典範。」

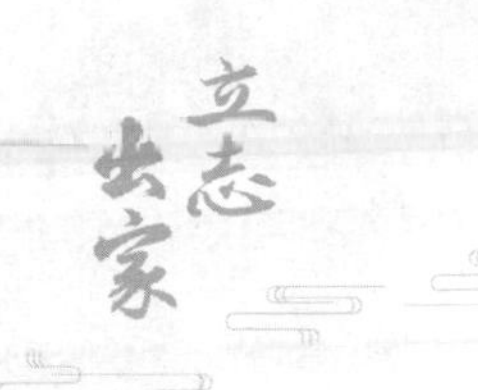

（攝影／卓甫裕）

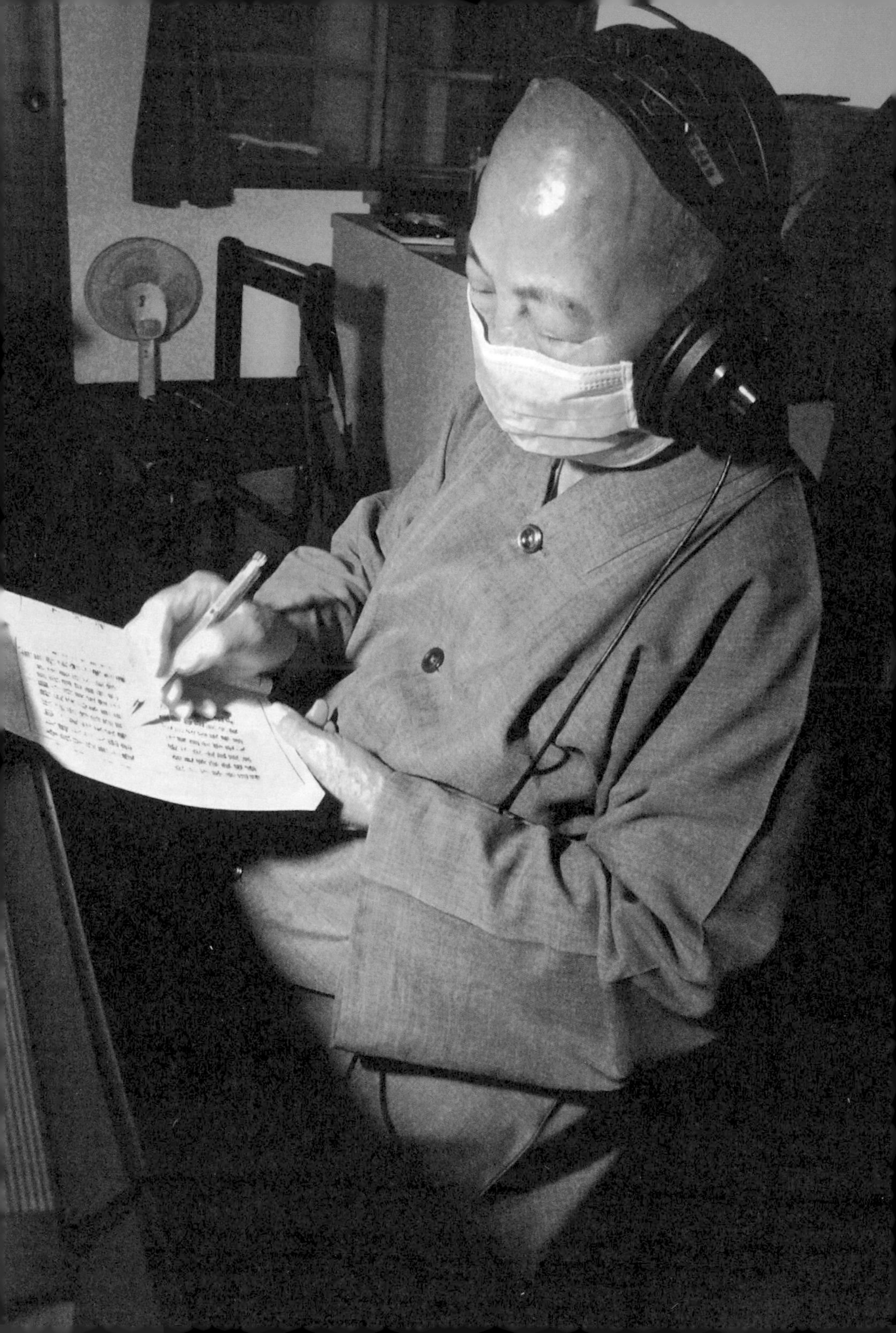

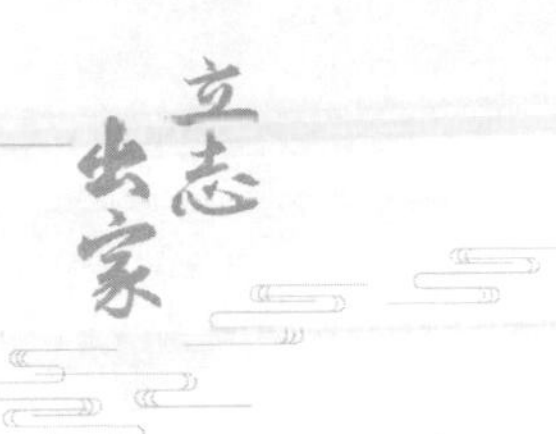

（攝影／阮義忠）

梵唄得自上人真傳

慈師父的梵唄由上人親自教授，從二〇一一年「水懺」經藏演繹開始，其莊嚴具道風法味的聲音，攝受無數海內外慈濟人的心。大型活動如入經藏、浴佛大典等開頭的〈爐香讚〉，均播放由慈師父起腔，帶領常住眾唱誦的預錄。

鐘鼓音聲迴盪虛空

精舍大殿的鐘、鼓懸吊在天花板上，打鼓需要真功夫。慈師父讓鼓聲迴盪虛空法界的要領是「用內力，聲音才會清脆悠揚，有節奏感；三陣打下來，也不覺得吃力」。這就是上人說的「軟實力」。

（攝影／黃筱哲）

克勤克儉　樹立家風

「在常住一天，就要為常住付出。」慈師父恆持不懈走過將近一甲子。五十多年來，僧團自力更生、自食其力，從早年的翻土耕作，到晚年做手拉坏、陶藝，慈師父代替上人持家，心心念念維護常住。

剛開始研發鏤空的陶燈（福慧燈）時，一天做不到一個，因為力道還拿捏不準。下手太重，作品容易破掉；力道不夠，又刻不出燈中精舍模型的精神。慈師父說：「這與菩薩行『中道』一樣。」

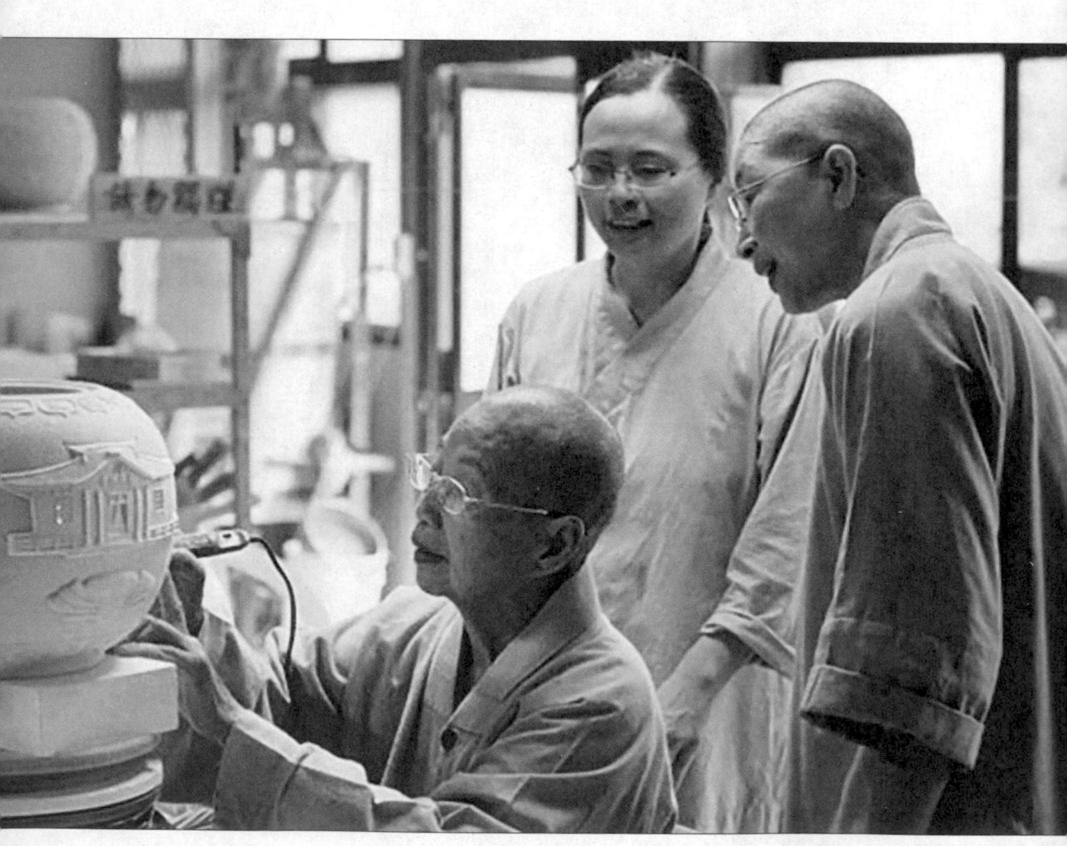

（攝影／黃筱哲）

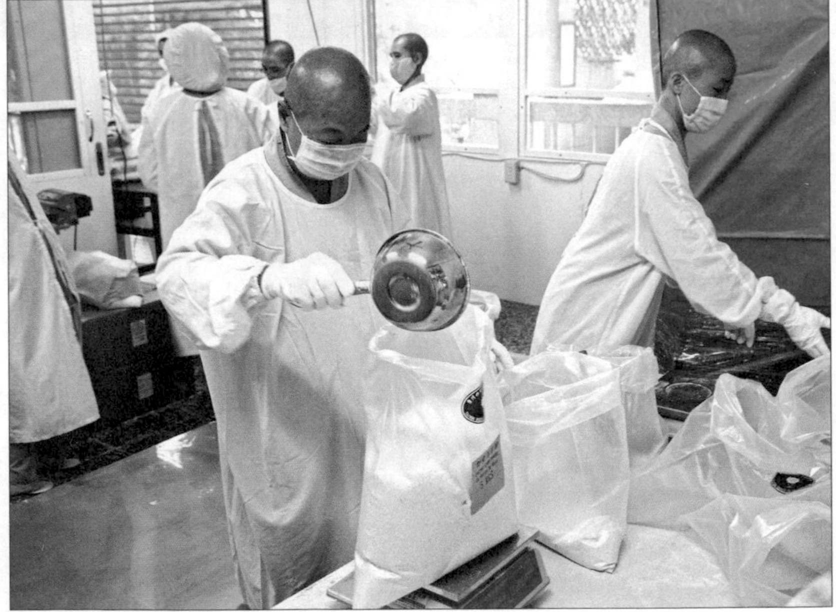
（攝影／許榮輝）

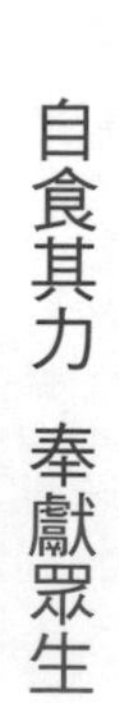

自食其力　奉獻眾生

從早年的嬰兒鞋、蠟燭，到現今的穀粉、淨皂、陶藝、香積飯等，靜思精舍五十多年來，維持自食其力、奉獻眾生的家風，常住做每件事就是「用心」；各項執事充滿對萬物的慈悲、對大地友善的祝福。

（攝影／黃筱哲）

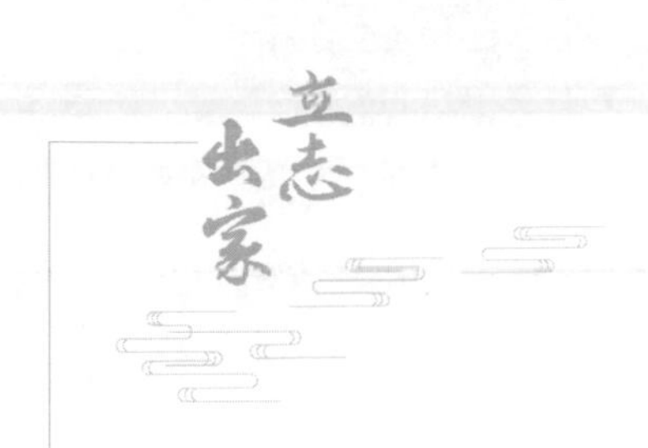
立志出家

說我所做，做我所說

慈師父出家前希望念佛學院、弘法利生；跟隨上人出家後雖無緣進修，卻能傳法——他「講古」皆是「說我所做」，畢生弘揚慈濟的「人間菩薩道」。「慈師父講古」顯現其真誠質樸、親切隨和的個性，也廣結好緣。

（攝影／林昭雄）

作志業堅實後盾

上無片瓦、下無寸地要建醫院，必須廣招來眾。上人天天為建院奔波，慈師父帶領常住二眾辛勤勞作，是上人與慈濟最堅實的後盾。左上圖為陪伴上人在國福里建院預定地討論相關事宜。

左頁下圖：最早期皈依上人的六位弟子，左起依序為德恩師父、德慈師父、德仰師父、德融師父、德昭師父、紹良師父。

（攝影／黃錦益）

一九九一年十二月二十五日在臺灣大學舉辦的「用愛心擋嚴冬」——大陸賑災義賣園遊會，慈師父率先敲響愛心鑼。超過十五萬人湧進會場，寫下臺灣公益活動新紀錄。之後慈師父也親往災區發放。

（攝影／黃錦益）

立志出家

每件事都做好、做實

撰文／釋德悅

年過八十的他常自嘲：「出門在外如一條龍，瑞氣千條；回來則是一條蟲，無氣無力，駐守大平林……」但只要有因有緣，總見他奮勇而為，任重而道遠。

猶記得二十五歲那年，在家人護持下，解離了俗世的一切，帶著輕安愉悅的步伐奔向心靈的故鄉——靜思精舍。

早期精舍出坡職務的大班長是慈師父，但凡任何庶務，總是一馬當先，以身作則帶頭做，今日事今日畢，是不變的準則。不論事情多困難，

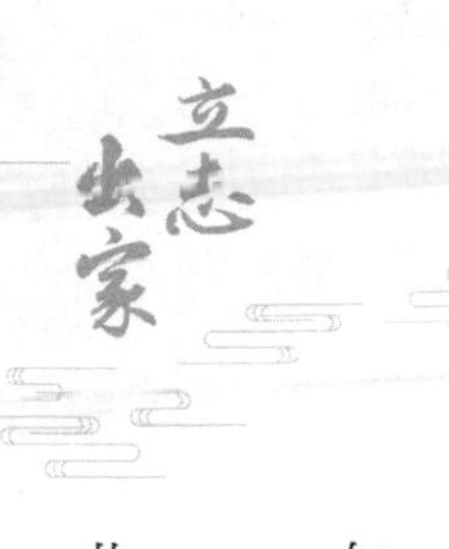

靜思家風樹立典範。

慈悲有智慧的慈師父，總能想出對應解決的方法，完成不可能的任務，為

在慈濟各種營隊或精進課程中，「慈師父講古」是廣受歡迎的一堂課。有一回，慈師父身體微恙，我臨時受任前往分享。深知自己「談古」仍不夠資歷，「說今」又不合主題，如何是好呢？唯有半古——不新不舊，或可稱為「中古」吧！結果，叫好卻不叫座，一次即告終結。印證「講古」之最佳人選，非慈師父莫屬！

陶慈坊是集善之處。菩薩心如清涼月，創設者慈師父以菩薩心聚善緣、納百川，廣邀天下有緣人。不論一天的志工，或是一月、一年，年年復年年，但凡有心、有願者，皆能為之，造就了老少皆歡喜的菩薩雲來集。在慈師父的慈心悲願接引下，個個不畏天寒地熱，心中自有清涼地。

第一次全臺社區歲末祝福，是慈師父親自領隊投入。記得有一年在臺北，二十多位常住師父齊聚分會安單，次日早晨大家等著慈師父現身即可用餐，卻遲遲未見。原來，他正一間間檢閱棉被折疊合格否。接著，有不少位被點名回房重新折疊；待全數過關後，才開動齊用早齋。這就是大師兄的典範，凡事從小處著手，做好、做實，即便出門在外也不能馬虎，這是修身養性的基本功。

近十年來，有因緣隨著慈師父到各地法親關懷，更深刻感受到他的言教與身教。慈師父所到之處，總是圓滿眾人的願，盡可能排憂解惑、善導人心，作眾生的「救處、護處、大依止處」。雖然他常自嘲：「出門在外如一條龍，瑞氣千條；回來則是一條蟲，無氣無力，駐守大平林……」但只要有因有緣，總見他奮勇而為，任重而道遠。

印象最深的有兩回。一天午齋過後，聽聞慈濟小學護理師的父親，因為救護一隻狗，被疾駛而來的車子撞上往生，慈師父隨即要我開車載他前往臺東知本悼念。來回五、六個小時車程，只為給人需要、給人關懷；慈師父用行動教導我——愛與關懷要及時、要到位。

還有一次，陪慈師父到瑞穗探望來此靜養的臺北資深委員林雅美師姊。兩人述說以往共同經歷的足跡──為了大陸賑災在臺北辦的義賣園遊會，由慈師父敲響第一聲鑼。歷史照片中，雅美師姊站在隊伍最前，歡喜鼓掌；兩人也同行參與大愛村啟用……事隔三十年，菩薩身影依稀現前。兩人相約，慈濟菩薩道上，恆持精進永不懈怠。回程月已高掛，但駐足人心的美善，已永恆深植。

二〇一五年全球四合一精進研習，「慈師父講古」這堂課首次在蘇州園區登場。那年慈師父已經八十一歲，獲上人同意出遠門，他歡喜雀躍；臨行前，融師父特別叮嚀，行程要用心安排妥當。然而，慈師父老當益壯，在緊湊的研習課程上，每當上課音樂響起時，他早已端坐課堂，是早到晚退的精進代表。圓緣時，工作團隊特別為這位全勤獎得主，獻上一面大大的扇子，感恩他為大家立典範！

記得在上海靜思書軒的溫馨座談，有位志工很緊張的表達是第一次來、第一次發言……慈師父幽默地說，自己今天也是第一次來到這、第一次和大家分享……同理順應，讓當晚志工們如沐春風，歡喜自在，獲益良多。

自蘇州圓滿歸來不久，我前往加拿大、美國，參加四合一精進研習。適逢我俗家母親也是慈濟委員，從大林慈濟醫院心蓮病房轉回花蓮，最後的心願是成為醫學生的無語良師。慈師父告訴我：「你的母親就是常住的母親，安心出遠門，如果有什麼變化，我們都在，不用擔心。」

感恩慈師父帶著師兄弟時時探望，安定了母親臨終的過程，更圓滿了她的心願。身處遠方的我，每每想起這一刻，總熱淚盈眶、銘感肺腑；雖未能親送母親最後一程，卻有更甚血親的法親道侶相送。

二〇一八年歲末時節，深圳第一顆種子葉碧峰師姊的同修涂金山師兄，在一日間病發往生。慈師父聞訊，在圓滿北區的法親關懷後，接續搭機趕往深圳。這是慈師父最後一次出遠門，事情來得突然又急切，慈師父

當天辦妥護照，晚上就趕抵深圳。八十四歲的老人家，帶著上人的祝福與膚慰，安穩了碧峰師姊和志工們的心。

體念無常，覺知因緣可貴；是慈師父給我最深的教誨。

平行線的短暫交集

兩條平行線，因為十九天的互動有了交集，也讓我得到修行道上最珍貴的禮物。

撰文／釋德傳

雖然同師同志同道，同在靜思精舍修行，慈師父與我就如兩條平行線。這兩條平行線在我圓頂一年後，父母來訪而有了第一次的接觸；而在慈師父從醫院回到精舍靜養之後，是唯一一次也是最後一次真正的互動。

第一次接觸，感受到慈師父長兄如父般的慈悲。精舍有兩百多位出家眾，慈師父是大師兄，而我當時是受戒師父中最資淺的六位之一。對於我

到精舍出家，父母從一開始強烈反彈，到尊重我的選擇，但實際上內心並沒有真正的接受。一年後父母來探視，我帶他們到陶慈坊，巧遇慈師父，慈師父泡茶接待我的家人。得知我父母在鄉下務農，慈師父便分享早年跟著上人耕作的點滴，讓我家人對於精舍自力更生、老實修行的生活，有了粗略概念並留下好印象。後來他們愈來愈能夠接受我出家，且給我很大的祝福。這都要感恩慈師父的慈悲，化解了我父母對出家人舊有的印象。

真正和慈師父互動，是在他回精舍靜養的那幾個月，我照顧他共十九天。每天早上四點二十分左右，我會進到他的寮房，通常他還在休息，我就備好體重機、血糖機、血壓計和溫度計，等慈師父起身後，在早餐前完成所有醫師交代的紀錄。

有幾次慈師父提早起來，看到我就說：「你這麼早就來了，這樣麻煩大家，實在很不好意思。」慈師父德高望重，卻在日常生活中隨時保持著謙遜的態度，即使生病期間，仍不改其志；這就是他得到全球慈濟人敬重和愛戴的原因。

他每天都有固定時間吃中藥、西藥，還有吃點心補充營養。即使慈師父已經熟睡，只要走到床邊輕輕提醒，慈師父就會睜開眼睛，二話不說馬上起床，配合吃藥或點心。照顧慈師父的師兄弟都知道，他的聽力不好，但是我總覺得奇怪，明明只是輕輕的提醒，為何慈師父總是聽得見？我想，那是因為他有一顆體貼照護者的心，希望減少照護者的麻煩，所以總是隨順著我的提醒。

剛開始，我不知道怎麼和慈師父互動。有一次他在運動時，我想到以前在營隊聽過慈師父講古，就請問他一些早期精舍的事情。慈師父邊做運動邊說，說得很歡喜，說著說著，運動時間就結束了。晚上回到寮房，我就把簡單記錄下來的慈師父講古，好好整理完整，隔天念給慈師父聽。

或許是因為我積極的態度，後來慈師父會說：「今天要先講古。」或者問我：「昨天的內容整理了沒有？」要我念給他聽。現在回想起來，這

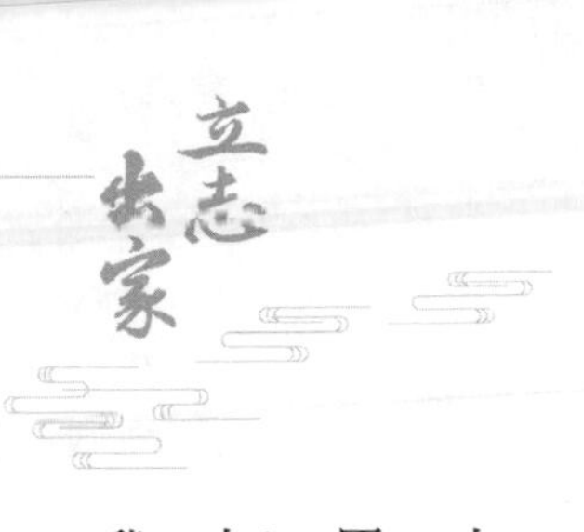

是慈師父對我的慈悲，因為他知道我對於修行、對於早期精舍生活了解得不夠，他透過講古教我認識真正的修行，以及身處僧團該有的生活態度。

慈師父說，剛開始跟著上人生活，什麼都沒有，從零開始。自己種菜，沒有菜就拔野菜過生活，那段日子最辛苦，過年只有三條蘿蔔和一塊豆腐，有豆腐吃已是難得的享受了。和精舍目前的生活對照，惜福的家風依舊；但是，偶爾會聽到：這樣煮不夠好吃、這道菜色不好看、豆料不夠……慈師父的分享警惕我，修行就是要安貧樂道，要時時心懷戒慎，珍惜一切。

上人想做的事，慈師父從未說不，「依教奉行」是他認定的本分事。上人說要自力更生，四個沒有耕田經驗的人（慈師父、昭師父、融師父、恩師父）要耕種三甲地已經不容易，還要去訪貧……「回想起來，不知當初是如何熬過來的。人少事多，天天做到喘不過氣來……」聽慈師父講古，我心想著，上人早就預測到，跟隨自己修行的弟子必須要吃人所不能吃的苦、忍人所不能忍，要徹底犧牲，才有辦法成就慈濟志業。幸好有慈師父帶領著師兄弟扛起精舍生活重擔，讓上人安心走入人群，實踐為佛教、為眾生的理想。

曾經因為施肥過量，稻子整片敗栽，所有的希望都沒了，慈師父站在田邊哭泣……聽著慈師父的回憶，我似乎能感受到當時龐大的負債，壓在他那瘦弱的肩膀上。那時候的心酸無奈走過了，現在的慈師父依然瘦弱，沒有債務的壓力，卻有病痛的折磨。但是，病痛的折磨絲毫沒有摧毀他的心志，每天早上起床依然禮佛，輕安自在過每一天。我想是來自早年的訓練、來自早年的磨練。

慈師父對上人的孝順，也令人印象深刻。早年一個人騎腳踏車到市區賣地瓜，回程怕晚歸讓上人擔心，他抄捷徑騎在杳無人煙、一片黑漆漆的路上，一心想著要趕快回去讓上人安心。「讓上人安心」，是慈師父很在意的事；半世紀過後，八十多歲的他依然如此。靜養期間，每逢農曆初

一、十五，慈師父總會穿戴整齊做早課，並且堅持到新講堂頂禮上人，除了表達孝心，也要讓上人看看自己，讓上人安心。

聽了慈師父的分享，我深感慚愧，反省自己來到僧團，是否真正用心修行，讓上人安心？是否全心護持志業，讓上人安心？對照慈師父心寬念純、全心盡孝守護上人的那分長情大愛，自己真的還有很大努力空間。

慈師父提到早期和師兄弟之間的合和互協，也令我感動不已。大殿屋頂灌水泥時，要一次做完，工人把水泥拌好，上人和慈師父、昭師父、融師父、恩師父就要自己當小工提水泥，做到半夜十二點。當時只有少少幾個人，但很團結，有事大家一起做、休息大家一起休息；四個人又要做田裏的事，又要推動慈善工作，如果不是道心堅固，很難熬過來。

這讓我體會到身為大師兄的慈師父，以身作則凡事親力親為，帶動師兄弟真正做到同甘共苦，彼此凝聚出愛的力量。我想這也是為什麼早期人不多，卻能夠成為慈濟志業後盾的原因。

慈師父總是謙稱，自己年紀大又最早跟著上人修行，所以成為大師兄；對於現在僧團的師兄弟不像早期那樣團結，一再懺悔自己沒有能力領導，心中有愧。慈師父也勉勵我，在僧團中要用心投入，不要浪費時間在人我是非上。

兩條平行線，因為這次的互動而有了交集。在照顧慈師父的過程中，見證到他的慈悲，見證到他依教奉行的道心，見證到他的謙卑柔軟，見證到他的堅毅不拔，見證到他的孝心……我何其有幸，能得到慈師父的教導，是我修行道上難得的珍貴禮物。

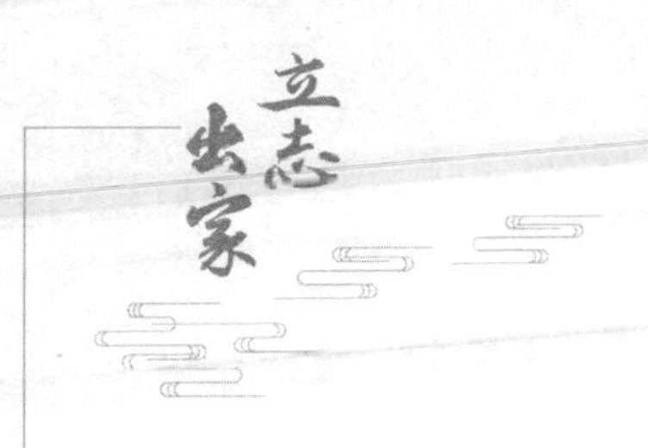
立志
出家

華嚴心 法華行

撰文／陳依欣

華嚴九心，是親近善知識應具備的心態——孝子心、金剛心、大地心、輪圍山心、僕使心、除穢人心、乘心、犬心、船心。在靜思家風中徹底實踐。

慈師父人如其名，「德高望重，慈祥藹藹」。二十多年來每當大愛電視要製作「靜思法脈、慈濟宗門」相關主題，慈師父一直是我們最大後盾，接受我們一訪再訪；他的仁愛與溫暖，始終讓我們感念在心。

二〇二一年五月，經歷數次病危通知，慈師父於二十三日從慈濟醫

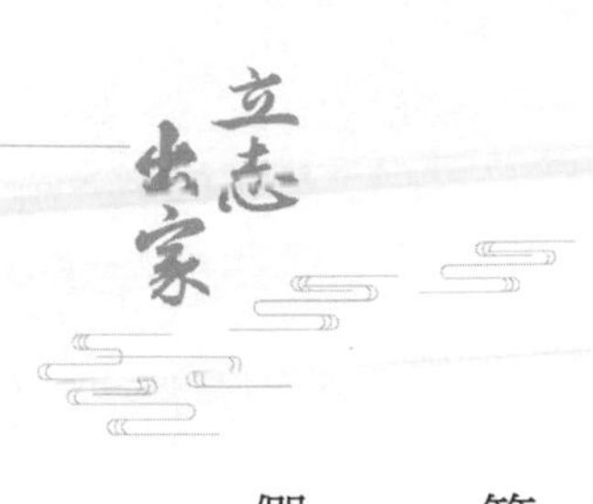

院回到精舍靜養，上人迫不及待探視弟子給予開示。上人提及，遠在兩千五百多年前佛陀的法華會上，彼此早已一同發願弘法行經。然在上人心中，師徒因緣實要回溯到更久遠的塵點劫前，大通智勝佛的十六王子以沙彌身行菩薩道、弘揚《法華經》之時，大家正是在座同學。起因深遠，非一朝一夕。

慈師父自一九六四年跟隨上人至今，持戒清淨、嚴守僧律，僧伽法臘五十七載。其一生功德尤可見於兩大方面：一是與上人的師徒情誼，充分體現「華嚴九心」的精神；另一方面，是在靜思精舍常住眾中以身作則，殷殷教導後輩，身體力行法華精神，樹立起靜思家風，身教與言教皆是典範。深心是道場，慈師父的一生，處處可見平凡中的不平凡！

《華嚴經》中，佛陀以善財童子向五十三位老師參學的過程，教導我們親近善知識應具備二十一種心態。為便於後學記憶，印度寂天菩薩在《集學論》中，將之歸納成九種，稱「華嚴九心」，亦即——孝子心、金剛心、大地心、輪圍山心、僕使心、除穢人心、乘心、犬心、船心。

慈師父與昭師父、融師父、恩師父等四位，是上人最初的出家弟子，互敬互愛的相處模式，奠定「敬師兄、愛師弟」，克己克勤、克儉克難的靜思家風，也是「華嚴九心」的具體實踐。

如孝子心——

如孝子侍奉雙親般敬事善知識，
捨棄自己的自在，行動也由善師安排。

「我們要自力更生，靠自己的勞力維持生活。既然出家，就要不怕苦、不怕勞，吃人家不能吃的苦、忍人所不能忍的，將來遇到困難才可以承受。第一代要徹底犧牲！」慈師父每次講古，總會提及早年借住普明寺時，上人告誡弟子的這番話。為了維持生活，他們想方設法種田、打毛線衣、糊

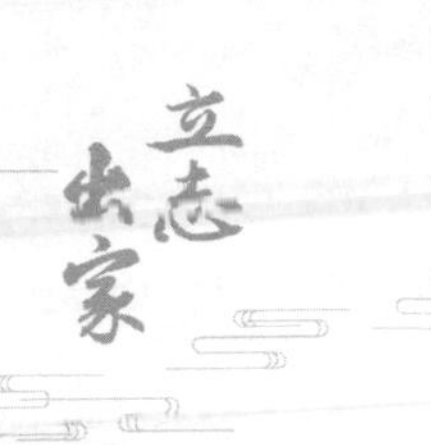

水泥紙袋、做嬰兒鞋等。長期處於入不敷出、勉強餬口的狀態下，不時得向普明寺借米、借油。

即使生活捉襟見肘，弟子們跟隨上人做慈善，每人每天多做一雙嬰兒鞋捐助濟貧。花蓮委員送給常住眾的毛毯，上人沒接受，甚至增添費用購買足量的毛毯，當作致贈照顧戶的冬令物資。慈濟每年歲末冬令發放暨圍爐的溫馨美事，由此而來。

上人普度濟眾、體恤孤寡，每到發放日便準備米粥招待照顧戶。若是來的人多而米卻不夠，便再加水煮成清粥。於普明寺戶外煮粥一景，上人見青山直映在米粥清水之上，日後於一九九一年賑濟大陸華東水患災民時，上人以此經驗同理了災民的苦境。廣大災黎如何能救？「一粒米中藏日月，半升鍋裏煮山河。」是上人當時的經典開示，以無私大愛突破荊棘，堅定走出賑災之路。

做慈善兩年多後，貸款蓋精舍，終於擁有自己的道場，每個月卻在負債與打拚還債中度過。直到二十多年後做了第十九種手工——爆豆元粉，生活才逐漸穩定下來。「第一代要徹底犧牲！」身為大弟子的慈師父銜命奉行、畢生無違，才能傳承上人所樹立的清規，建立起靜思僧團的家風。

儘管常住工作繁忙，但上人對弟子的教育不曾鬆懈。早期每晚都教導《論語》與《梁皇寶懺》、《法華經》等，並且要求弟子背誦。「上人說，背起來才是自己的，隨時可以運用。」慈師父曾回憶當時的學習——

「師父教我們是很嚴格的。那時白天工作很累，晚上實在沒體力了，有時累到睡著，眼睛都不敢閉上；但呆滯的眼神還是被上人看出來！有一次他點名我：『我說什麼，你複誦。』我只好坦白說：『師父，我聽不懂……』上人說：『都說得很詳細了，為什麼聽不懂？』我說，以前從來沒看過、沒聽過《梁皇寶懺》、《法華經》，太深了……上人開示：『我跟你說深的，你如果用心去體會，以後淺的不用我教，你自然就會。』上人對我們的教育，就是用深奧的讓你腦力激盪、用心去體會。他說：『體會

得出來才是你的。』早期就是這樣教我們。」

多年之後，上人曾在開示中回憶起那段時光，光是《法華經》經題的「妙法」二字，就講了將近四個月；經文開頭的「如是我聞」也講了四多個月。「『如是』兩個字，包含了整個宇宙有形、無形的道理，真空妙有。以佛法來說，真的很深很深。但是，說了那麼多，他們聽懂了嗎？他們回答：聽懂了，但說不出來。所以，佛法若由一人來說、眾人來聽，是沒有用的；反而是我來做，你們和我一起做，我的感受你們也感受得到。所以我常說：做，就對了！」

也因此，上人將法華精神落實在慈濟宗門裏，開展出四大志業八大法印，讓每一位參與其中的人，都能做中學、做中覺；而常住眾也在克己克勤、克儉克難的生活中，在慈悲濟世、付出無所求的行動中，「悟」、「入」佛菩薩的境界。

如金剛心——

對善知識的信心堅固無比，

任憑一切天魔、外道、惡友等障緣，都無法破壞。

「出家乃大丈夫事，非將相所能為。」大丈夫應具備什麼樣的威儀呢？在上人座下的出家人，行、住、坐、臥必須有形有象，早期弟子都由上人親自調教，舉手投足都能攝心。

慈師父回憶早年若是勞務稍得空閒，上人便要他們打坐。夏日午后天氣燠熱，全身汗水淋漓，上人還要求必須坐好、坐挺，甚至拿出長尺貼在他們後背，若沒有坐挺，就會敲一下，命令：「坐好！」對於上人的「嚴」，慈師父如此形容：「表面上是教育很嚴格，其實上人內心是很疼我們、很照顧我們的。他這麼辛苦調教，真正是為了成就我們。」

面對這麼嚴格的師父，弟子如何感受被疼愛、被照顧呢？慈師父永遠

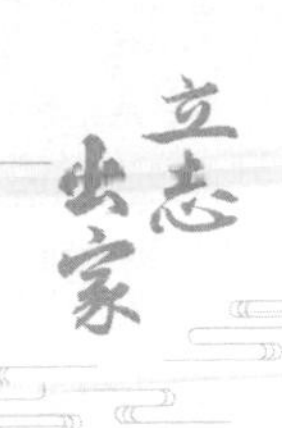

記得那一件圍巾和肚兜的由來。

某日，慈師父到花蓮市區辦事，回程天色已暗且飄著細雨，許聽敏老居士的夫人拿出一條小圍巾圍在他脖子上。但沿路騎車冷風襲來，他還是直發抖。回到精舍，他趕緊向上人解釋為何會有這條圍巾。「比較不冷！」不經意說出的這句話，上人聽入心裏，後來請融師父織一條足以當作披肩的圍巾，加上一個肚兜，讓慈師父外出時保暖。

「這是師父交代要織給你的。」融師父將兩樣東西交給慈師父時，「我心裏好酸，快要哭出來！師父擔心我會冷，花那麼多錢去買這些毛線讓融師父織給我，真的非常感動！」慈師父說，師徒相依為命的艱苦歲月，彼此疼惜的情感蘊藏在生活的點點滴滴中。

「那時候我們人少工作多，大家都相互體貼、照顧，工作搶著做。彼此合和互協做到好，才一起休息，不會放著讓別人去收尾。」早期種稻米，晚上要出去巡田水——看放水灌溉是否正常。為了安全，上人希望每次至少兩個人一起去，並且要穿雨鞋。然而，白天大家工作都很累，深夜如果兩個人去巡田水，就會多一個人少睡好幾個鐘頭。

「融師父、恩師父、昭師父，都覺得我比較重眠，所以他們都搶先出去。」慈師父曾分享一段溫馨往事：「有一次，我十一點就醒了，想說趕快去巡田水。我把雨鞋拿去外面穿，走路才不會有聲音吵醒他們。結果走到半路遇到融師父，他已經巡好回來了。我說：『我想今天不睡覺，讓我來，沒想到你比我更早！』兩個人都笑了！我們早期就是這樣，相互照顧、相互體貼。」

誠如《無量義經．德行品》經文：「其心禪寂常在三昧，恬安澹泊無為無欲，顛倒亂想不復得入。」雖然過著捉襟見肘、負債還債的日子，慈師父總是笑著回憶：「身體是很辛苦的，但內心是很歡喜的。覺得能夠親近上人是很有福報的。師徒相依為命的生活，啊！真的是平凡中的不平凡！」

如大地心——

像大地承載萬物般，

弟子也應荷擔起善知識的一切事業，無有疲厭。

「上人很少管常住的事，尤其建醫院以後，整個常住的事，上人都會說：去問你們大師兄。」德宣師父回憶，慈師父一直代替上人領眾，「倫理上是兄友弟恭，我們對慈師父說的話信受奉行。他都是帶著大家做，並不是『你們去做』。即使年紀大了也還是帶著大家做，一直做到工作完成了才一起休息。」

身為上人的弟子，無論出家或在家，師訓就是「以佛心為己心，以師志為己志」。靜思精舍出家眾，不僅無所求地全心接待世界各地慈濟人回到心靈故鄉的食宿，並且從最早期縫製嬰兒鞋維生開始，就會固定將手工所得的一部分捐到慈濟慈善基金。

慈濟草創之初，慈善訪視及全省個案複查，慈師父都跟隨上人投入。上人發起成立義診所時，場地就是由慈師父俗家母親所提供。慈師父曾經感慨地說：「早期我們也經歷過貧窮的生活，建立了克己克勤、克儉克難的家風。所以出去訪視看到艱苦人，可以體會他們的辛苦。」

一九七二年，慈師父首度拿起相機，還有八厘米攝影機，展開記錄歷史的工作；早期慈善全臺複查的珍貴影像，就是慈師父拍攝的。他曾分享一九七六年，跟著上人行腳到全臺複查照顧戶：「那時候的相機，焦距、光圈、快門都是手調的，手腳要很快，不然搶不到好鏡頭。底片有黑白的、彩色的，還有幻燈片。黑白照片用來製作照顧戶資料，彩色照片貼在相簿給人家看。外賓來訪要介紹時，就播放幻燈片。」後來還有一臺八厘米攝影機，也是慈師父學會拍攝，來記錄慈濟歷史足跡。

靜思精舍僧團的建立，是為了支持上人的理想，將法華無量義的菩薩精神實踐在人間。精舍常住以出世之心，行入世之事，在三界火宅的娑婆

世界，擁抱天下蒼生如至親。當天災人禍發生時，他們也傾全力支援賑災。例如九二一大地震，師父們紛紛捐贈物品參與義賣，二〇〇五年印度洋大海嘯，慈師父也捐出數十幅畫作義賣。

精舍師父常態性備有一定數量的倉儲物資，因應緊急災難所需。二〇一八年二月的花蓮大地震，常住師父們第一時間準備熱食，在又溼又冷的寒冬夜晚，讓救災人員和災民補充體力。二〇二〇年起，新冠疫情蔓延全球，精舍常住也持續提供紓困的安心生活箱、安心祝福包，送到海內外各地最需要的人手上。二〇二一年四月臺鐵太魯閣號列車事故，常住師父們也即時動員製作便當，讓志工送往事故現場支援救災。

雖然近年的賑濟行動，慈師父因年邁難以親身參與，但早在一九六九年的臺東大南村大火、一九七三年的娜拉風災，慈師父陪伴上人走過勘災、賑災之路，已奠立靜思僧團的典範。《無量義經．德行品》經文：「是諸眾生不請之師，是諸眾生安隱樂處，救處護處大依止處，處處為眾生大導師。」在常住師父們身上，都能看到活生生的實踐。

一九六八年精舍啟建，慈師父帶頭與師兄弟投入工程，大殿屋頂灌漿工程必須一次完成，師兄弟忙到半夜十二點多，凌晨三點四十分照樣起身做早課。四十年後，二〇〇九年精舍主堂擴建，接著協力工廠也動工，兩大工程並進，常住生活頓時吃緊。當時年已七十五的慈師父，每天一早到陶慈坊，工作到晚上九點接近安板時間才回寮房。常住眾的生計，一直是他關切的，那段時期他密切注意陶慈坊進帳，擔心僧眾生活乏少。

「他為了生活，什麼都可以做。不只會畫圖，也學會捏陶、手拉坏，實在很佩服他！」上人對這位代他「持家」、守護精舍常住的大弟子，多所讚歎！

慈師父不僅是安定精舍常住的中流砥柱，對於上人創辦的慈濟功德會，從慈善、醫療、教育、人文志業到骨髓捐贈、國際賑災等，無不與師兄弟盡全力護持。常住眾延續著這樣的精神，形成靜思法脈獨特的宗風。

如輪圍山心——

像圍繞著小千世界鹹海外的鐵圍山，

即使波濤洶湧拍打，仍巍然不動。

比喻依止善知識的心，任憑一切苦惱皆不能動搖。

自出家受戒以來，每天清晨三點五十分打板即起，晚間九點四十分安板就寢，日常生活與工作，時時持守戒律、注重威儀，分分秒秒做中學、做中覺；這是維繫佛法傳承在世間的僧寶常住生活應有的內涵與樣貌。也因此，戒臘愈久的僧伽，理當由於勤修戒定慧三無漏學，而令道心愈堅固、信心愈清淨、習氣愈減少、功德愈增長。慈師父五十七年來的久修梵行，就在彌留之際，展現了這分戒臘的深厚功夫。

德倩師父指出，大師兄回到精舍後，因處於肝昏迷狀態，時睡時醒；然而，當聽見早課唱誦的梵唄，他睜開眼睛、炯炯有神地聽完全場。其中，維那有一段起腔的音調稍低，慈師父微蹙著眉，應是擔心大眾不易跟隨唱誦。

晚間七點四十五分左右，倩師父於大師兄耳畔以手機播放大愛電視「人間菩提」節目，看似沉睡的慈師父聽見上人聲音那一剎那，竟然睜開眼睛，全程聆聽開示。足見其對上人的依止心，儘管當下承受病苦，心安然不動，對法水的渴求直到臨終前，都不曾或忘。

如僕使心——

如同世間僕使般，照顧恩師生活起居，再累再髒，也不嫌棄和猶豫。

早年常住的出坡與冬令物資發放打包等工作，上人也時常參與。精舍大殿前方有座臺灣造型的水池，是上人設計，與常住眾一同用雙手挖掘、

堆砌而成。慈師父回憶起這段往事，記憶猶新。

「上人說我們住在臺灣，他愛臺灣，要做一個臺灣形狀的魚池。所以我們跟著上人一起挖土，挖成臺灣的形狀，再用一顆顆石頭疊好，旁邊灌入水泥，填塞住石頭縫才不會漏水。當時我們直接用手攪拌水泥，沒想到一個小時後，我們的手都被侵蝕破皮了！擦了火油（花生油）之後，才比較不痛！」

更早之前，常住師父們也試著種田。剛開始因為沒有牛可犁田，慈師父竟然扛起犁頭，打算自己來犁！後來發現實在沒辦法，才去商借水牛。

慈師父如獅子般的勇猛心，由此可見一斑！

如除穢人心——

就像清潔工，以謙卑的心安於底層工作。

侍奉善知識需有謙虛心態，盡斷一切慢及過慢。

佛門中人最忌心懷驕慢，無論是「七慢」中的哪一種，都會障礙善法的學習與實踐。

《法華經．方便品》中，經過三請三止，佛陀終於答應舍利弗開演大法。但就在此時，在座五千人起身作禮而退。佛陀不僅未加阻止，反而說：「我今此眾，無復枝葉，純有貞實。」佛陀告訴舍利弗：「如是增上慢人，退亦佳矣。」

佛弟子應成為堪能容納大法、勝法、妙法的器皿，慢心卻如陳年髒垢般，令身為容器的我們無法盛裝佛菩薩與善知識的教導。因此，對於精勤修行者來說，必欲除之而後快。

慈師父身為眾所崇敬的「上人大弟子」、「大師兄」，他從來不倚老賣老，更不會對人頤指氣使，反而以謙和、慈祥但充滿堅定的態度，以身作則教導後輩。

有一回，慈師父到慈濟醫院看病，和其他病患排排坐，約莫等候了一、

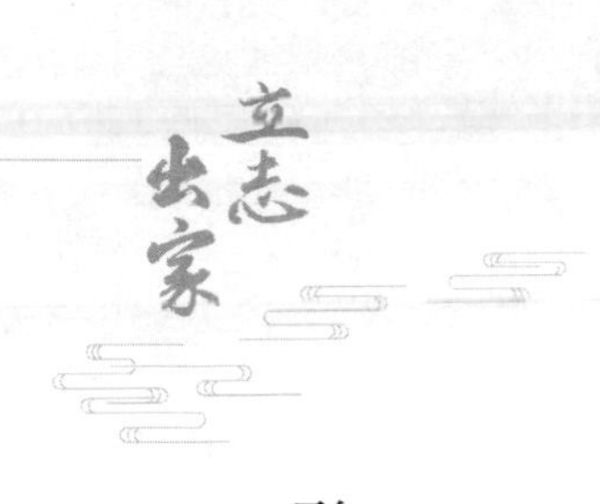

兩個小時。一位志工看見，主動請求護士讓慈師父優先就診。慈師父連忙婉拒：「不行不行，我這樣回去會被上人罵！」上人聽聞此事，在一場開示中讚歎大弟子：「就是要這樣！我對弟子很嚴格，絕對不能有特權。」

如乘心——

就像車乘裝載沉重貨物，
路途即使艱難亦必能達。
弟子對於恩師的志業，無論如何困難，
也勇悍歡喜承擔，毫不推卻。

上人曾說，從一個人種出來的菜圃，可以看出內心的修持。修於內、形於外，如果能把菜圃種得又直又漂亮，表示內心正正當當、老老實實。

早期，精舍前面有一塊三角形的畸零地。慈師父想：如果能種一片菊花，不但可以美化環境，過年拿去賣，也可以增加常住的收入。花圃通常是圓形或方形，慈師父用心思考，將三角形的地規畫成半圓形，像一面扇子，依扇面、扇柄等分成三塊園圃，只剩最前面的尖端是三角形。整體搭配起來，菊花盛開時就相當美觀。

一回，修道法師來到精舍，看見整齊的菜圃，他臉上讚歎的表情，讓慈師父每每談到這一段都不禁笑了起來：「就是要用心啦！只要用心，就不困難了！」

一九八七年吳毓棠教授來精舍，送給上人一組自製的杯子，上人遂請教授指導陶藝。慈師父用心學習、認真實做，不怕失敗，即使窯燒七個只成功一個，而且還有些許瑕疵，他還是咬緊牙根堅持做出成品來。後來慈師父成立陶慈坊，將佛法的精神融入作品，取自《無量義經》和《法華經》中大白牛車等各種譬喻故事，都成為值得收藏的藝術創作。

如犬心——

如同忠犬，無論主人打罵，始終不肯離開且毫無怨恨。
真正的弟子亦如是，
雖然受到善知識毀罵也不離不棄，沒有絲毫忿恨之心。

在精舍常住之中，流傳著早年慈師父與上人師徒間一則感人的故事。精舍的午休時間到一點半，有一次，慈師父頭暈不舒服，時間到了仍無法起身。上人一點半叫他，兩點又再叫一次，到了兩點半，慈師父還是起不來。三點時，上人進來喝斥：「你不是我的徒弟！你給我出去！」並取下牆上的衣服往外丟！

慈師父這才向上人說明自己身體不適。「生病了，為什麼不去看醫師？躺在床上睡覺會好嗎？」慈師父低頭不敢回話。「現在是怎麼樣？」看到他沒有行動，上人幾乎快發脾氣了，慈師父這才勉強說出沒有錢。

「沒錢，借也要去看病！」慈師父記得那次向護持上人的平老太太借錢去看了醫師。經過那次事件，他告訴融師父、恩師父：「就算被從前門趕出去，也要拾起包袱，從後門再回來。」上人偶然聽見這句話，點頭稱許：「這樣才是我的徒弟！」

大勢至菩薩念佛圓通章：「十方如來，憐念眾生，如母憶子；若子逃逝，雖憶何為？子若憶母，如母憶時，母子歷生不相違遠。」慈師父無論如何都要依止上人，生前最後一次住院時，鼓勵自己：「上人還在，我不能先走！」如子憶母，不肯捨離。

如船心——

如同擺渡舟船，無論往來多少趟也不疲厭。
對於老師交代的任務，弟子不論承擔多少，
來回奔走都沒有厭倦的心。

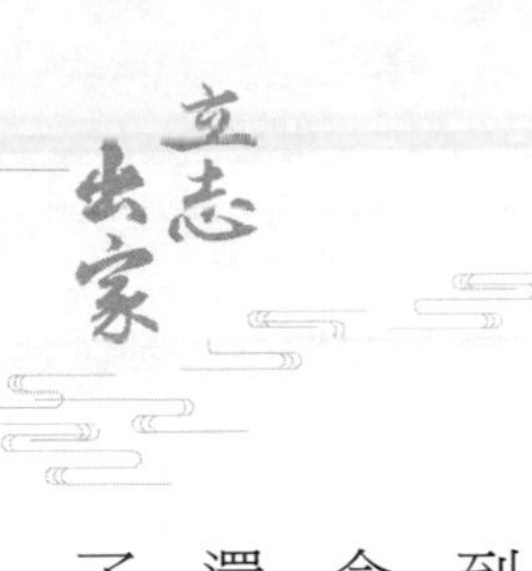

早期的精舍常住師父普遍有個特色：出勞力做事情都很拚，但就是不敢接待訪客或在大眾面前說話。那麼誰當知客師呢？大師兄只好當仁不讓了！

「回來了啊！吃飽飯沒？」從簡單的招呼到詳細介紹、導覽，慈師父充滿真心和熱誠，也因此在後來全省的「慈濟列車」參訪行程中，意外開出「慈師父講古」這一堂頗出名的導覽內容。慈師父逐漸應邀到各地演講，足跡走遍全臺，甚至跨海遠行。直到八十歲了，還是繼續宣講慈濟的人間菩薩道，精進不懈、熱情不減！

慈師父不只拿起麥克風分擔上人開示的辛勞，他的精進與勤快，也得到上人的肯定。有一次，上人當眾讚歎這位「老弟子」：「聽到慈師父在念疏文，我真的很佩服這一位老弟子。他的年紀比我大，可是他的聲音還可以那樣宏亮，我一邊聽一邊感覺到，啊，現在叫我讀，我已經沒辦法了！」

二〇二一年五月，當慈師父病重開始出現肝昏迷現象時，德宣、德塞師父一同到醫院探望。慈師父在清醒時不忘叮嚀宣師父：「要把身體照顧好，幫助上人！」當塞師父問慈師父有沒有要對常住眾說的話？慈師父堅定而懇切地說：「要精進！要合和互協！」

「我們學佛是拚生死。生，我們要拚——簡單的生活，還要活得有意義。死，我們也要拚——活得輕安，才能去得自在。」誠如德如師父這番話，在慈師父看似平凡的一生，他腳踏實地將佛法活出了不平凡的典範，足為後人景仰與效法。

立志
出家

慈師父的五堂課

撰文／Monica Lin

「我不能比上人早走！」一直到生命的盡頭，慈師父仍想到要「孝順」；擔心自己早去，讓上人傷心，這就很不孝。這是他教我的最後一堂課。

五月二十六日，全球的慈濟人都和我一樣哀慟、不捨，因為我們痛失了一位大善知識——我們永遠的大師兄德慈法師。

我聽說慈師父的生日與阿彌陀佛同一日，而最後他選在釋迦牟尼佛得道日圓寂，縱然心中有萬般不捨，但師父以身行示範大修行者輕安自在、來去自如的境界，我應該要為他歡喜、讚歎，引以為今生修行的典範。

擦乾了淚水，我想分享「這些年慈師父為我上的五堂課」，也為我們今生特殊的因緣作紀念。

第一堂課：寬柔與尊重

在精舍閒暇時，我喜歡晃到師父的工作室，靜靜地在一旁看他作畫或做陶瓷，我們一老一少、一師一徒，就這樣在靜靜的斗室裏，空氣中只留有毛筆刷過紙張的聲響。然後，我才心滿意足地慢慢踱步回知客室。我大步走在朝山的步道，遠眺大殿後方的中央山脈，心中有著滿滿正能量。

在我心目中，慈師父是我今生百千萬劫難遭遇的大善知識！他雖身在陶慈坊，卻能知天下事。有一陣子，師父就非常憂心大愛臺的情況。平常我去他的工作室，雖是早上，但小小鐵皮屋的溫度已相當高，年邁的他，一個人靜靜地在大桌子上畫畫，角落裏那臺老舊的電風扇有氣無力、慢吞吞地搖頭晃腦，像是對酷熱的天氣發出最無言的抗議。

有一天慈師父見我到來說：「等一下你載我去找一位裱框師傅。」「噢！可是師父您肩膀不是還在痛嗎？醫師要你多休息，不要工作太久。」我知道師父前一陣子跌倒，加上肋骨和肩膀的傷還沒復原，便在一旁囉嗦的提醒；並請問師父：「我們找裱框師傅要做什麼呢？」

師父指著角落幾幅陶瓷畫說：「這陣子大愛臺缺錢，我想把幾幅舊畫變成陶瓷畫，裝上有質感的木框，可以拿去義賣捐給大愛臺。」

陶瓷畫的典故是因為近些年，慈師父年事已高，很少作畫了，況且提筆作畫，往往需花好幾個月時間，所以我們就建議師父把舊有的畫作變成陶瓷畫，也可以提醒後輩，不要忘了那段篳路藍縷，克勤、克儉、克難的功德會草創期，同時也可以作為永久紀念。

那天，我載師父到一個偏僻村莊的小小個人工作室。進到屋內，師父

先對這位舊識師兄一陣噓寒問暖後，話題才回到畫框這件事。等到事情講得差不多了，正當準備離開時，我心想這批製作的數量比較多，便隨口問了師兄：「裱這樣一幅畫的費用是多少？」話才出口，師父馬上輕拍我的肩膀制止說：「嘸通問人家多少錢！」當下的我丈二金剛摸不著頭腦。

直到上車後，師父才娓娓跟我道來這位師兄的境遇。原來他早期常常幫助陶慈坊，但後來失婚又獨居，生意好像也不順遂……「噢！師父！我明白您的意思了！」那天師父為我上了一堂「慈悲」的課——我們對人要慈悲寬柔，給人溫暖、給人關心；不只是「無相」，還要顧及他人的尊嚴，也就是對人尊重。

慈師父人如其號，具備圓滿的德香與無量的慈悲，真真正正的人見人愛，是人間罕見的「一切眾生喜見菩薩」啊！

第二堂課：佛視眾生如一子

有一次，志工早會結束，陶慈坊的師姊打電話來說慈師父要找我。我兩步做一步地趕到陶慈坊，在昏暗又悶熱的小廚房內，看到了八十幾歲的師父正在爐臺前熬粥。一聽到我來，滿頭大汗的師父抬起頭對我說：「鹹粥快煮好了，等一下你載我去慈濟醫院看濟雨。他剛做完心臟支架手術，人還在加護病房，慈露師姊又遠在馬來西亞，他身邊沒人照料……他們夫妻一人顧一坡（意指新加坡和吉隆坡），共同為慈濟在奔波……」

「師父，加護病房內好像不能吃東西吧！」我疑惑地問。師父還是繼續忙他的粥，一邊說著：「聽說手術很成功，他現在只是在觀察。這樣整天只有打針，胃裏沒有東西是不行的。」於是，我當場用手機傳訊息給濟雨師兄，確認了他是可以進食的。我探頭望著那碗鹹粥，看來就是簡單的清粥拌些橄欖菜醬，和一些切得很碎的青菜。好奇地問：「師父，只有粥，他吃得飽嗎？」師父回我：「誠意就好。現在剛動完手術，吃清淡一點好！」

到了醫院，看著濟雨師兄很開心地吃著那碗粥，我問他好吃嗎？他連稱：「好吃！好吃！這個稀飯怎麼這麼好吃啊！」這時，慈師父和我都忍不住笑了起來。我心想，當然好吃啊，因為裏面有師父滿滿的愛！

又有一回，天色已經有點晚，但慈師父卻反常地要我載他和如師父到醫院。因為平常只要太陽下山，師父就很少出山門了。原來是因為莫三比克負責人蔡岱霖師姊的媽媽身體不舒服，一早從高雄來到花蓮慈濟醫院，正在住院中。慈師父說：「岱霖師姊為慈濟在莫三比克付出那麼多，媽媽生病住院了，她人又在國外，心裏一定非常擔心，我們去關心一下蔡媽媽。」

那天因緣非常好，要搭電梯時巧遇林欣榮院長，他看到慈師父和如師父非常歡喜，問了原因後，便和我們一同到病房區關懷蔡媽媽。到病房時，蔡媽媽剛好下樓做檢查，空檔期間，院長和主治醫師當場討論著蔡媽媽的病情和治療方式。聽到一堆專有名詞，茫然的我看向慈師父，想來師父一定跟我一樣也聽得一頭霧水。但看到院長和主治醫師那麼認真、那麼積極地治療蔡媽媽，慈師父頓時安心不少，然後不斷地感謝兩位大醫王的用心照顧，還催促他們快去吃晚飯。接著，慈師父小聲對我說：「我們趕快離開，免得給院長和主治醫師壓力！」這是師父連著為我上的一堂課——「佛視眾生如一子」。

第三堂課：慈悲與喜捨

一個炎熱的下午，我一如往常地晃到陶慈坊的小廚房去探望慈師父，只見他正在攝氏三十幾度高溫的廚房，滿身大汗地攪拌著鍋中的滷物。已有歲數的他，握著沉重的鍋鏟努力攪拌著，手勁顯得有些吃力。

「師父，好熱啊！您早上不是說頭有點暈，怎麼現在又在煮東西？」我向來遠庖廚、不諳煮食，就算很擔心滿臉通紅的師父因勞動太過血壓飆高，也只能一直站在旁邊窮緊張。

「高雄的方師傅他們今天要回來，人家經年累月遠到而來精舍協助常住做壽桃和饅頭，很辛苦！所以我想做臭豆腐給他們吃、慰勞他們，這是塩滷的……你不是說濟雨愛吃臭豆腐，等一下也帶一些過去給他和你家師兄嘗一嘗。」師父邊忙邊說著。

眼前這畫面，不禁讓我想起慈師父曾說過，早期的精舍克勤克儉，一塊五毛錢的豆腐醃得鹹鹹的，再切成許多細薄片，常住可以吃上一個月。而現在，對師父來講，「臭豆腐」就是他招待客人最上等的菜。也讓我學到了「給別人東西就要給最好的」的心意。

很多人都吃過慈師父的「愛心臭豆腐」。有一次，我就受命提著師父煮的一鍋臭豆腐，追著臺北的陳錦花師姊一群人跑，因為師父特別交代：

「他們見完上人後，肚子一定很餓。要確定每個人都有吃到臭豆腐，不然，等一下回臺北的路上會餓著！」其實，貼心的常住師父，早已為他們準備好便當，但是，慈師父仍像慈母一樣設想周到，一定要讓他們暖暖胃再上路。

上人說，不辭勞苦的付出就是慈悲。而慈師父已經多次為我上了「慈悲喜捨」的課了。

第四堂課：平等善待每個人

幾年前，慈濟基金會副總執行長陳紹明師兄病重，藥石罔效，醫師要為他拔管的那一天，慈師父特地趕過去膚慰他的太太陳黃月玫師姊，讓她先有心理準備。也記得，一位高雄來住院的師姊往生了，師父也偕同幾位常住去殯儀館，為她舉辦簡單隆重的佛教告別儀式，並安慰她的先生和小孩。後來，我才知這個家庭並不寬裕，先生之後要帶著兩位年幼的孩子生活，一定很辛苦。

慈師父總是「慈悲等觀」地善待每一個人！

第五堂課：孝順與聽話

「摸…摸…摸……摸？」因為我常陪伴外國訪客參訪陶慈坊，有時慈師父會試著用英文名字 Monica 稱呼我。為了讓師父好記，我說：「師父，你就把『摸你的腳』用閩南語唸就對了！」

師父一聽，呵呵大笑！此後師父難得放輕鬆的時候，就會叫我「摸……摸尼卡」，這是我們之間幽默的打招呼方式。走筆至此，師父那親切的呼喚彷彿仍縈繞在我耳際，似乎不曾離開過；依舊全力以赴地做著上人要做的事情。

慈師父對上人的孝順和聽話，堪稱全球靜思弟子的典範！只要上人想做的事，慈師父絕沒有第二句話，一定全力以赴；若是上人說不能做的事，他也會嚴格禁止。他對待志工猶如慈母般一視同仁的慈悲；但對精舍的常住師父，卻是相當嚴格。身為大師兄的他，更是以身作則維繫靜思家風，一生貫徹上人的「佛心師志」，努力讓靜思精舍成為全球慈濟人的後盾，直到生命最後一刻！

有一次我問慈師父：為什麼照相的時候都不笑？師父回說：「出家人要有威儀，照相時不可露齒。」再有一次，我半開玩笑地問他：「師父，您會怕上人嗎？」慈師父連忙說：「會喔！哪ㄟ袂驚！」聽到比上人年長的他如赤子般的反應，我忍不住咯咯地笑了起來。

平常大半時間都在陶慈坊的慈師父，最喜歡聽我講上人與弟子間的互動故事，他總是可以一邊聚精會神地工作，一邊豎起耳朵聽，聽到有趣之處還會停下工作來笑個一、兩聲。斗室內，我們兩人一個嘰嘰喳喳、一個如老僧入定。他偶爾也會報以回應，這時我就會像受到鼓勵似的，聒噪得更加起勁。

有一陣子慈師父因為跌倒，摔斷肋骨、肩膀也受傷，不方便提筆作畫，心情難免鬱悶。恰巧那陣子杜俊元師兄身體微恙，正在調養，但只要有他的會議，必定回來精舍參加。有一次，我轉述上人和杜俊元師兄師徒之間的對話給師父聽——

杜師兄有一次告訴我一個私房故事，他說，有一次會議結束，只有他和上人還留著，上人拍著他的肩膀說：「汝要和我『相挺』！」當他說出這故事時，眼神中閃爍著鋼鐵般的堅毅。

講完後，我戲劇性地定定看著慈師父：「所以……師父，您也要和上人『相挺』！」師父聽完，若有所思。我也分享過德國范德祿師兄，在他往生前一、二個月，特地搭機回來參加營隊。生病的他，拖著最後一口氣，坐著輪椅回來，只為了見上人一面……

這些精進的慈濟人和上人互動的小故事，總能讓師父聽得非常歡喜！

今年四月，慈師父開刀出院後回到精舍靜養。我特別求得許可，上寮房探視他老人家。發現師父消瘦許多，在離開時，我特地跟他說：「師父，您要和上人相挺喔！」師父笑了！回我：「好！那你每天來陪我去散步！」我不敢置信地想，這麼好的福報，怎麼可能輪得到我啊！

所以，當慈師父第二次住院，進行化療時，跟在慈師父身旁照顧的常住師父對我說，慈師父講過：「我不能比上人早走！」我聽了心中五味雜陳，有說不出的酸楚。我想，一向孝順聽話的慈師父，定是不捨忙碌的上人還要為他擔心，不忍上人為他傷心，這樣他就很不孝。

而他也還惦記著要跟上人相挺！就如慈濟草創時期，有一次上人等候晚歸的他，擔心到心臟病發作，讓常住眾急壞了！此後，慈師父無論再怎麼忙也不敢晚歸，就怕上人會擔心！就像近年我載師父出山門辦事或法親關懷，最後他的結語一定會有這幾句口頭禪：

「好了！好了！趕快回精舍，這樣才不會浪費時間！」

「我們對人要有誠意！」

「誠意就好！」

就算再忙，師父也一定會催促我趕著回去精舍用齋，他說：「我們趕快回去用餐，免得上人看不到人會擔心……」

這是慈師父為我上的最終也最心疼的一堂課——「孝順」與「聽話」。然而再多的文字、再多的故事與語言，也無法形容我們敬愛的大師兄德慈師父。他對我的影響，簡單來說，就是教導我要把「誠、正、信、實」「慈、悲、喜、捨」八個字刻在心中，應用在日常的待人接物處事上，因為菩薩的道場在人間。

擦乾眼淚，翹首等待，親愛的慈師父……我深信不久的將來，在莊嚴永恆常住的法華慈濟世界，我們很快的就可以再看到您慈悲、精進的身形！

我們敬愛永遠的大師兄！感恩您今生的疼愛與教導，感恩您以嚴謹的威儀身行，為我們在菩薩道上立下的典範。向來聽話、孝順上人的您，應該早已代替上人去為我們把慈濟未來的菩薩道鋪平了！

乘著今生的好緣，下輩子，我一定很快地再找到您！來生我們相約緊緊追隨上人，法華慈濟的菩薩道上，一起手牽手精進同行！

立志
出家

精舍那一晚

撰文／顧詩蘊

「不要怕做錯事，經驗是從做中累積出來的。」慈師父智慧之深，輕輕化解了我心頭的那一道牆。

上人習慣叫我「上海姑娘」，很多人好奇我為何能聽懂上人講的閩南語？在我的心中，弟子聽懂師父的話是基本；把法脈落實在人間需要努力，這是多麼艱巨的任務！若無常住師父們及很多志工菩薩傳法在人間，身在上海、隔著海峽的我們，如何能叩開靜思這道門呢？

追憶往事，十年前的夏天，夜色已深，我獨自坐在精舍的椅子上發呆。

忽見慈師父走過來，坐到我身邊。想必當時的我，臉上一定寫滿憂鬱，心境像夜色那樣的黑，看不到一點光芒。

慈師父問我怎麼了？我講得很簡單，那時在上海推動「人人慈善」，其中艱辛不足為外人道，豈是三言兩語可說明白！沒想到，慈師父智慧之深，輕輕化解了我心頭的那一道牆。「不要怕做錯事，上人以前就是這樣教導我們，經驗是從做中累積出來的。」

確實，我當時希望能把法脈落實在當地，做到步步精準；無形中卻壓得自己快透不過氣來。就如聽打晨語的字幕，上人的開示如果漏打了一個字，我就覺得有缺憾，總是想做到盡善盡美。但，世間哪有完美之事？

慈師父似乎看透了我的心思，他接著說：「上人也被騙過啊，那時上人也還很年輕，有一天，我陪上人從火車站出來，有人上前乞討，說他身上沒有錢，肚子很餓，還打算把女兒賣到特種行業去。」上人一聽，眼淚就掉了下來，轉頭問慈師父身上還有多少錢？「我看了看兜裏的錢，跟上人說只有十幾塊了！上人就說全部給他。」

第二次，又碰到他來討錢，上人還是給他了，並看他沒有襪子穿，還叮囑慈師父記得送襪子過去給他穿。「那時候，我們自己也都沒得吃啊！」那人走了之後，旁邊有個好心人過來說，那個人是騙子。「當他第三次再來乞討時，上人沒有說什麼，只是沒再給錢了。」

聽慈師父講完這個故事，我心中的壓力瞬間去掉一半。確實，當時我剛從研究所畢業，沒什麼人生閱歷，經驗也不足，上海的個案又非常複雜且困難，我不知如何跟案家互動、不會做評估。慈師父這番話，等於解開了我心中的結——什麼都不會，沒關係，慢慢做就能累積經驗，重要的是那顆慈悲助人的心！

慈師父大概看出我還有疑問，追問我還有什麼困難？我回答，上海活動多，大家都有事忙，遇到緊急事件，常找不到人出勤，好不容易找到人可一同去，回來卻又沒法在第一時間做好評估，心裏實在很煎熬。

慈師父聽完後，輕輕問我：「過程中，你有盡力了嗎？」我仔細想一想，回答：「有。」師父接著問：「那別人有盡力了嗎？」我想了想：「應該也是盡力了！」慈師父微笑地點點頭，對我說道：「以前上人曾提起，我們沒有過去探視的時候，對方也是在生活啊！意思是說，『苦』不是你去看到了才有，而是早已存在。」慈師父用上人的話來勉勵我：「要能被慈濟人救到，也是過去結下的因緣。被救者也要有福，才能被看見、被救；若無因緣，想救也救不了。」

聽完後我恍然大悟！是啊，世間苦難何其多，但為何我們可以接觸到這個人，其中必有因緣。有時候接觸到了，卻又因種種因緣而救不到，過程中有努力，若還是沒法達成，就只能以「因緣觀」視之，才不會將煩惱累積於心。

微弱的燈光照在慈師父慈藹面容上，襯托出一派氣定神閒，我心中的煩惱也消除了。我心想，之前大家只習慣聽慈師父「講古」，敘述克勤克儉、傳承靜思家風的故事；但其實，他長久跟隨上人修行，慈濟的每個法印都踏實經歷過來，那是最真實的智慧寶藏，也讓我們永遠學不盡啊！

夜已深沉，德昀師父悄悄搬來一支電風扇給我們吹，習習涼風吹散了我心頭的陰霾，我正襟危坐地聆聽他老人家的開導。接下來，慈師父的一番話，更像是家中長輩在跟晚輩乘涼時的話家常。

慈師父悠悠地說，在他未出家、還沒追隨上人之前，在家裏什麼家務都要做，包括煮飯做菜。他描述，過去田間有牛蛙，他也殺生過、做成菜餚。「我那時不懂，現在知道自己業重，所以要認真修行。」慈師父強調，上人說「老實修行」，出家之後，也曾想做很多事，試過一項又一項，很多還是做不成，那就是「業」，所以要老實修行。

當慈師父講出「老實修行」四個字，也重重落入我心底。他這一生犧牲奉獻，實堪是靜思弟子的楷模；同時我也生起無限的慚愧，至今很多事我還沒有成就，實該要懺悔！

老實修行，與人無爭、與事無爭、與世無爭，這是慈師父留給我最寶貴的身行典範。

委員旗袍的約定

鄭毓媛口述　鄭善意撰文

那年離家出走來到花蓮，找到隱身鄉野間的靜思精舍，遇見了慈師父，改善了我的家庭，也改變了我的人生。那是一段永銘記憶的知心相遇……

「下次要穿旗袍回來喔！」因為慈師父這句話，促成我參加培訓、成為慈濟委員。

一九九二年十月，我當時從事課後輔導工作，幫學生們複習功課。一天和女兒發生爭執，先生又不理解我、火上加油，我決定離家出走。

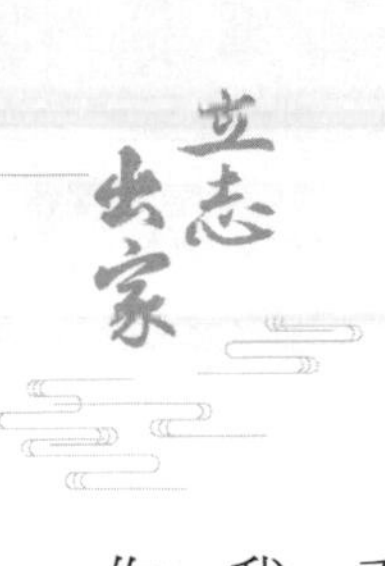

搭上往北的火車，我選了靠窗的位置坐下，望著窗外不斷倒退的田園景觀，女兒咄咄逼人的神情再次浮現。她自小聰明伶俐、成績優異；但愈大愈愛頂嘴，偏偏先生又順著、寵著她，真令我氣炸！

我想起師姊送我「渡」的錄音帶，裏頭有一位媽媽說，她去過花蓮慈濟回來後，孩子就聽話了。想著想著，平快車已緩緩抵達臺北車站。「各位旅客，開往花蓮的車班馬上要開了，還沒上車的旅客請趕快上車！」耳邊傳來催促的廣播聲，我心裏一陣震動：「何不就去慈濟！」於是，我跳上開往花蓮的火車。

一路上看到了開闊的田園、山色、大海，抵達花蓮時已是萬家燈火。我搭上計程車往靜思精舍而去，約莫過了半個小時，司機請我下車。我一看窗外，黑漆漆又靜悄悄，根本就看不到「廟」，心慌地哀求他：「你把我載到師父那裏，多少錢我都給你！」司機回答：「車子只能開到這邊，你往前面小路一直走進去，就可看到了。」

下了車，我提心吊膽地朝著小徑慢慢走。在昏暗燈光下，突然被一個聲音嚇到：「請問你要找誰？」一位外貌素雅的婦人出現在眼前。我說：「我想找證嚴法師。」「喔，你走錯了，這是去菜園的路。請跟我來……」婦人親切地引領我往回走，不久就來到一處矮房子的前庭，婦人逕自進去屋內，隨即一位法師出現。

我曾在報章看過證嚴法師照片，脫口而出：「你不是證嚴法師！」這位師父說：「我是上人的大弟子德慈。師父已經休息了，明天一大早，你就可以看到他。」接著他關心地問我：「你怎麼來的？還沒吃飯吧？」

我紅了眼睛，坦言自己離家出走。他眼神閃過一絲憐惜，立刻帶我去餐廳用餐，然後帶我去安單，他說：「你第一次在這裏住，要留下家裏的電話、地址，以及先生的名字和聯絡方式。」

進到寮房一看，是可以睡很多人的大通鋪。正想坐下時，卻聽到旁邊一位婦人的啜泣聲。思忖著：「我才想來這裏大哭一場，怎麼有人捷足先

登了！」我好奇問她為何哭得這麼傷心？

「我女兒死了！」婦人將手上的照片遞給我看，哽咽地說：「我和先生育有一男一女，後來先生外遇，我們離婚時協議，他扶養兒子，我帶走女兒。卻沒想到，五歲的女兒罹患腦癌，不久前往生了！」

聽完婦人的話，我心裏顫動了一下，又看著照片中小女孩可愛的笑臉，有股酸酸的感覺湧上。我恍然覺悟：「雖然女兒老愛跟我頂嘴，但她健康、聰明；先生也沒有外遇，我們家庭是幸福的。」想到這裏，我決定明天就回家。

第二天清晨四點，我起床參加早課，透過螢幕看到了上人。用過早餐後，有志工告訴我，上人正在中庭召開志工早會。我走到中庭、坐在一群志工後面，遠遠望著上人，不知為何，淚水不由自主地潰堤！我邊擦淚邊想：「慈濟實在太奇怪，明明我昨晚很想大哭，卻一滴淚都沒掉下；今天我不想哭了，眼淚卻淅瀝嘩啦流個不停！」

志工早會結束後，慈師父笑瞇瞇走向我：「我打電話通知你先生了，他說要開車來接你。」我嚇了一跳，連忙說不用啦！「昨晚那場雨太大了，我怕蘇花公路會有落石，先生開車來太危險，我自己搭車回去。」慈師父說：「不要緊，就讓他來一趟，我想聽聽你們之間到底出了什麼問題？」他的語氣像慈母般，想幫忙解決問題。

先生趕來精舍已接近中午，慈師父和他會談後，對我說：「你的家庭很幸福，先生很愛你，只是欠缺溝通。只要你願意改變自己，就能影響他人；就算剛開始只是『假裝』，但假久了就會成真，對待先生或孩子都一樣。」

要和先生回家時，我問慈師父：「在精舍住一晚，需要付多少錢？」他愣了一下，笑說：「不用付錢啦！」我接著說：「那我供養你。」卻被慈師父一句話給震懾：「我們不接受供養！」我滿臉疑惑：「那你們怎麼生活？」慈師父說：「自力更生。一日不作、一日不食。」

第一次聽到有出家人是這樣自食其力，讓我很震撼。慈師父見我很有善心，就說：「剛剛早會時，你有聽到上人要為尼泊爾水災流離失所的家庭蓋房子，你若想要發心，可以捐款幫助尼泊爾。」我聽了點頭答應。

當我們要離去時，慈師父細細叮嚀：「天雨路滑，車子開慢一點。下一次要穿旗袍回來喔！中壢聯絡處上個月底剛成立，有時間的話歡迎去走走。」

花蓮之行後，我很努力改變自己，每當想要強硬管教女兒時，慈師父慈祥的話語就會浮現，澆熄了我的怒火，也軟化了我的稜角，母女之間的關係漸漸改善。感恩慈師父的殷殷開導，讓我及時醒悟。

離開精舍時，我並不明瞭慈師父為何要我「下一次要穿旗袍回來」。直到去到慈濟中壢聯絡處時，看見師姊們穿著深藍色、暗紅滾邊的旗袍，才終於懂得師父的話——他希望我培訓、受證成為慈濟委員，成為上人的弟子。為了不辜負他的期許，我開始參與募款、訪貧、義賣等活動，甚至幫忙聯絡處做財務工作。一九九三年十月，慈濟成立骨髓捐贈資料中心，我也立即加入成為宣導志工，三年後，正式受證為慈濟委員，法號「慮琫」；先生也一直鼎力支持著我。

我能有今天，讓家庭重拾幸福，也讓自己活得更有意義，這一切都要感恩慈師父當年的接引。二十九年前的那段知心相會，彷彿又重現在眼前；他慈藹、親切的笑容，將永遠銘刻我心。

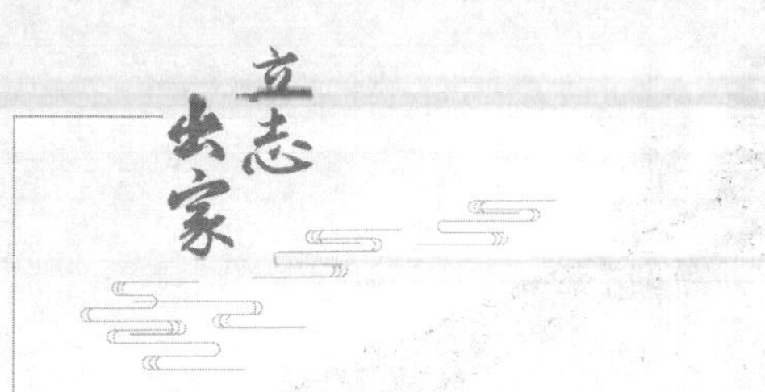

卍
靜思精舍

入世修行

上人成立「佛教克難慈濟功德會」三年後，才從借住的普明寺移居到剛落成的靜思精舍，出家六年多，終於和弟子有了安居的道場。五十五年來，慈濟慈善工作已經履及全球一百二十四個國家地區，靜思精舍常住眾，依舊過著自食其力、克己克勤，守志奉道的修行生活。

（右頁攝影／黃筱哲　上圖／蕭耀華）

走入苦難

靜思僧團不是閉門修行，而是走入人間苦難，力行菩薩道。在慈濟大學社會工作學系擔任助理教授的純寬師父（右），二〇一一年參與慈濟在貴州羅甸的冬令發放，與靜思精舍德勘師父（左）及慈濟志工下鄉訪視。

（攝影／蕭嘉明）

樹立家風

克勤克儉護道業

撰文／葉文鶯

靜思精舍僧團自力更生維持生活、捐助志業，常住做過二十多種手工，不曾用到分毫善款，廣納十方，更要成為全球慈濟人的後盾！

接近午齋板聲響起，慈師父的陶慈坊距離精舍主建築有一段距離，他穿上中褂，乘坐電動代步車一路馳去，準備與眾人恭候上人用餐。經過菜園，發現玉米田裏的老朋友，他趕緊停車彎腰問候。

八十過後，慈師父的雙腳先後接受骨科手術，膝蓋不能彎曲；可一雙手宛如銳利的鐮刀，「沙沙沙」地，一如年輕時割稻，盈握的一把野莧菜，正好用來下午煮點心給志工吃。

這些野菜曾是「救命恩人」，免費餵飽了師徒幾人的肚子；幾十年後搖身一變，成為現代人餐桌上的養生聖品，連番薯的滋味都變得不同了！

午齋時，精舍常住兩百多人加上志工、基金會員工，平常飯開六、七十桌，四菜一湯加上一道水果；若是除夕圍爐，各地慈濟人歡喜回來和師父過年，那一餐飯更超過兩百桌，菜色營養豐富，應有盡有。

與自己當年嘴裏的菜脯、豆腐乳比起來，年輕一輩生來沒有環境「吃苦」，但「好命」也令慈師父擔憂。

晴耕雨做，不只為了三餐

慈師父小學畢業後一直留在家裏幫忙，父親在金融界服務，生活穩定。平常她負責打掃、買菜做飯等家務，母親在抽屜裏放了錢讓她自由運用，不愁吃穿也不知道沒錢的滋味。

出家後跟著上人，有一餐沒一餐地，沒錢坐車只能走路或騎一臺舊腳踏車，沒錢看病便採摘藥草煎服或刮痧。連三餐都有問題，看病是一件奢侈的事。某日午後，慈師父一直躺在床上，讓上人屢叫不起誤以為不守常規，生氣地將他的包袱丟了出去，他這才道出頭暈不適，連看病的二十五元都沒有。上人趕緊向人借去。

師徒相依為命，其實上人身子很弱而且體質特殊，心絞痛加上肋膜炎一旦發作，必須施打某種進口針劑才能見效。上人更捨不得看病一次得花一百多元，不容許弟子擅自請醫師來。見上人獨自忍耐著病痛過去，弟子們跑到樹下哭泣。

出家人也需要柴米油鹽，上人不化緣、不辦法會，弟子必須想盡辦法維持生活，掌管財務的慈師父有時不得不暫時賒借，三十多歲就要開始追「錢」！

小他一歲、最會種田的二師兄德昭，回憶以前種番薯、吃番薯、賣番薯的日子，故意揶揄大師兄不讓師兄弟吃好的。「大的、漂亮的一定拿去賣，我們只能吃最小、最醜的！」慈師父一聽，臉上還是一副理所當然的樣子。「那時很窮，什麼都『沒』有！」慈師父的「沒」字發的是第四聲，好似兩袖一甩，全部都掏出來了，就是「空空如也」！他不會藏私。

「上人說他『自不量力』。沒有也要做到有！」慈師父說，他們寄人籬下還沒有自己的精舍，上人就決定濟貧；蓋醫院也是如此。「因為真心，所以三寶的力量不可思議！」他有信心，不曾懷疑上人的決心。

一九六六年上人開始濟貧，生活上除了維持耕種也做嬰兒鞋，師徒和共住的居士每人每天多做一雙鞋，每個月就有七百二十元用作慈善基金，成為慈濟功德會每月固定的第一筆捐款。

至今，精舍常住眾每月領取微薄的單金，個人隨分護持慈濟志業，甚至還為慈濟募款；遇國內外重大災難更踴躍捐資，虔誠祈禱。此外，上人所到之處有人捐出現金、支票、金飾甚至土地，上人感恩眾人的布施，並請當事人指定捐款項目，每一筆都由慈濟基金會開立收據。所有捐獻都非僧團私產，這是上人成立慈濟五十五年來，始終如一的堅持。

「精舍是精舍，功德會是功德會！」慈師父每每表情嚴肅地這樣強調。功德會早年的照顧戶發放日，發放白米時難免有些掉落地面，師姊收拾米粒正要放入米缸，上人立刻制止。「那是功德會的米！」上人吩咐精舍依重量買下，將錢撥入功德會。

一九七五年妮娜颱風造成大殿的屋瓦和鐵棚破損，一直無錢修復；一九八〇年十月省主席林洋港先生來精舍，抬頭看見破屋瓦，很驚訝功德會慈善做得這麼廣，自己住的地方卻這樣簡陋。「實在不簡單！」他說。

慈師父記得那屋瓦造成嚴重漏水，直到一九八三年常住才有錢翻修。自食其力辛苦生活，還決定建醫院幫助貧苦人，上人的「誠正信實」，一直是弟子最好的身教。

窮而不苦，負債才是壓力

一九六六年夏天，功德會成立三個月，上人俗家母親王沈月桂女士來到花蓮，看見師徒五人借住在小小的普明寺，自己生活都有問題，還要濟貧，實在很辛苦；得知他們想種稻維生，就請慈師父去找地，「買田的錢我來負責！」

普明寺附近正好有塊水田，售價十一萬元，師嬤出了大部分，其他人七拼八湊地，包括慈師父俗家母親也贊助一萬元，最後尚不足三萬一千元。只能拿這塊地去銀行申請農民貸款，每月必須償還本金和利息；師兄弟相互勉勵更加賣力耕耘，以還清貸款。

三萬一千元的負債缺口究竟多大？「當時一斗米才八十二塊！」慈師父一直記得這個數字。他好不容易外出賣了一點自己種的雜糧，口袋裏有點進帳，也不敢拿到銀行存，因為要不了多久又會掏空！

沒錢還好，真正的壓力是「負債」。慈師父再怎麼盤算、師徒再怎麼勤做，收支都無法平衡，他的頭皮發脹，壓力很沉重！

慈師父講古中，經常出現一段黃金稻浪的美景。他隨師到豐原探望師嬤，等待中秋過後回來收割，賣了稻子就可以償還那三萬一。結局就像伊索寓言「賣牛奶的女孩」，一路編織美夢，後來牛奶潑灑一地，慈師父也哭了！

返回花蓮的他，遠遠看見稻田變色——欠缺經驗，他在行前最後一次施肥下得太重，導致稻莖枯黃歉收。獨自站在田邊哭夠了才回去，那一季慘賠一萬元。前債未還，後債又起。慈師父說：「負債太多了，又找不到賺錢的出路，我每天哀聲嘆氣！」

「快點！快點！」早飯最後一口未及吞下，慈師父就急急催促師兄弟下田。「我們都是『衝』出來的！」他說，割稻不是慢慢割，兩三株一把拉過來，沙沙沙地，而且是半蹲站；隔天兩腿硬梆梆沒辦法彎曲，還是不休息。

長期的勞動和營養不良，慈師父經常頭暈，有時耕作到一半感覺要昏倒了，趕緊跑回去，在棉紗手套工作間的檯子下方趴一下；但休息不到十分鐘，想到師兄弟還在太陽下奮鬥，他用開水泡點豆腐乳喝下，再咬兩片蘿蔔乾充飢，又跑回田裏。

德昭師父笑談當年務農如洗三溫暖，記得一次上人看他一身溼，問他是不是掉進水裏？「沒辦法，一個人只有三件衣服，也不能說換就換。現在的年輕人比較好命，冬天、夏天都有好幾件！」

師兄弟四人耕種三甲地，但在戶外從農，只要天黑、下雨便無法繼續。入不敷出，生活難以溫飽，慈師父帶頭利用夜間或白天空檔，兼作不同的家庭手工來貼補。

期間，他們接過團體制服的成衣代工，又接外銷日本的檜木雕刻，可惜做了四個月臺、日斷交，不得不再找其他事做。類似工廠倒閉、老闆搬家、經濟不景氣等外在因素，以及種了菊花卻不知道賣給誰的銷路問題等，儘管苦惱，還是得設法做工賺錢。

慈師父說過自己是鄉下人不擅交際；然而，其皈依弟子、精舍第二代純賢師父說師父這個人「比較『敢』！」純賢師父自十六歲常隨其母、花蓮資深委員靜雯到精舍，二十歲出家後，一路見證精舍刻苦的生活，他形容慈師父的這個「敢」字，其實代表著「勇敢承擔」！

「大師兄怎麼說，我們就怎麼做。」師兄弟眾志成城，十分團結；日子就這樣苦撐過來。

一草一木，皆是血汗滋養

功德會成立一年多，隨著慈善工作擴展，委員人數漸多，每月發放日來領取物資的照顧戶也增加，小小的普明寺才二十多人就快容納不下了。師嬤拿來二十萬元說：「一直借人家的地方也不是辦法，拿去蓋精舍吧！」一九六九年，上人終於要蓋精舍。

「我沒看過二十萬！」對慈師父來說，欠銀行的三、四萬元已是債臺高築，他以為二十萬很多。慈師父向建築師提出空間使用需求，包括佛堂、寮房、會客室、辦公室，以及廚房和浴廁。花蓮常有地震，為了結構安全起見，三十多坪的平房也使用九分粗的鋼筋。

沒想到待結算費用，光是大殿的結構體已經花去二十萬。「廚房結構體八萬五，水電兩萬八，加兩間廁所和浴室，四萬多還沒算完……」費用超支了二十一萬！慈師父最初講古提到這段往事，連上人聽了都嚇一跳：

「師嬤給你二十萬，我們又貸款二十一萬？」大弟子代替上人持家，僧團的財務、人事等，除非是大事，慈師父盡量不讓上人分心、擔心。

精舍一草一木的建設，功德會從濟貧到建醫院等，慈師父認為師兄弟們不只是體力上的辛勞，實則朝向「弘法利生」的修行方向踏實在做。

「精舍生活這麼苦，有沒有想過：啊，不要了，我要回家！」面對提問，慈師父毫不猶豫地說：「沒有！能出家是福報，雖然身體很苦，心裏很高興。」

還有人問，出家人不都是誦經、辦法會，「怎麼你們每天就是不停工作、工作，像在工廠做事？」慈師父笑答：「工作就是在修行。」無論在蠟燭間、粉間或是菜園裏工作，師兄弟們經常播放上人開示錄音，把握時間聞思修。

「佛法是我要追求的，但是道場的生活不是我理想中的。」這是上人當年決定出家後不做法會、不趕經懺，而是「自力更生」維持生活的原因。

「不管怎麼苦，我都願意。沒想到有人願意來跟我一起苦，不怕苦一路跟過來——」數十年後，上人感恩慈師父等第一代弟子的付出，才有今日慈濟人「心靈的故鄉」：靜思精舍。

從一九六四年到一九九一年，精舍常住做過二十一種手工，從來不是為了住眾食指浩繁才需要這麼打拚。每當全球慈濟人回到慈濟的發祥地，僧眾熱切提供食、宿等生活上的接待，包括分期貸款逐一擴建精舍，都是為了廣納十方，更要成為全球慈濟人的「後盾」。

靜思家風是辛勤勞作，在工作中修行。多年來，有心修行、仰慕上人之名而來的善女人無數，上人從不鼓勵人出家。慈師父等精舍長老尼，也總在一開始便向年輕人說明：「我們這裏的生活就是一直做、做、做！」五十七年來，上人的出家弟子不到兩百五十位。

在上人一無有所、沒沒無名時，慈師父、昭師父、融師父、恩師父、仰師父等長老尼，虔誠皈依並且同行數十年。「不知道為什麼，上人找到

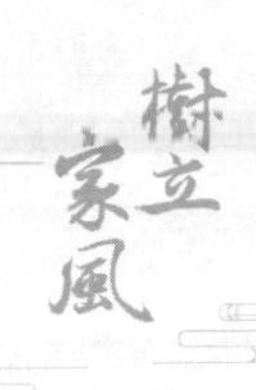

我們幾個。」融師父不經意的這番話，正說明了師徒因緣如此殊勝；或許，也可以說是上人「挑選」了他們！

老而彌堅，精神支持身體

每天早齋後，精舍常住各自忙去，在香積、香燈、園頭等一般的佛門執事之外，大家也分頭到蠟燭間、協力工廠等地點，努力製作蠟燭、薏仁粉、香積飯、淨皂等。「工廠如道場」，慈師父的陶慈坊也是生產線之一。

一九九四年以後，靜思精舍僧團不但自給自足，生活也漸趨穩定了。「我的體力有限，但只要提起精神，精神可以支持身體。」慈師父直到晚年還是緊跟上人理念，不輕言休息。八十六歲的德昭師父年幼失學，上人當年交代：「後面幫我顧好。」儘管晚年做過髖骨手術，他總是拄著雙杖到處巡視，留意著菜園作物的生長，夜間也在走廊注意照明，維護安全、節約用電；德仰師父幾年前中風，雖然無法再做裁縫，每天也剝著精舍自行種植、曬乾的印加果或龍眼干，提供給大寮香積使用。

「如果一天不做事，好像不敢吃飯的樣子啊！」昭師父不假修飾地笑說。

開山第一代的拓荒者創造了美好，讓道場的生活穩固了，依然日日精勤不懈。

「現在的人很幸福，物質豐富。我們古早煮個飯要燒柴，沒柴了要出去撿，什麼都自己來，所以都要學會。」慈師父生前回顧師徒相依為命的日子，肯定自己因為跟隨上人，才能度過一段平凡卻不凡的日子，勉勵年輕人不要怕「做」。

慈師父經常講述隨師打拚的「苦日子」，不為訴苦也不提當年勇。靜思精舍僧團生活穩定了，上人與第一代弟子打下的基礎，未經磨練的人難以體會；而唯有感念與珍惜，才知道如何守成。

五十多年前奮力踩著腳踏車載番薯去賣的那雙腳，割稻時半蹲站著的那雙腳，猶如靜思精舍這棵大樹的樹根，盤錯有力地吸取養分滋養枝葉，雖然地表看不見……

「大師兄，有蛇！」「大師兄，有客人來了！」出家近四十年的德如師父追憶每當師兄弟不知所措時，慈師父永遠是大家不假思索叫喚的名字。

大師兄忙裏忙外、做眾生馬牛，以身作則、殷切教導師兄弟，讓後來的人從什麼都不會到凡事都學會，從什麼都沒有到一切具足，「出家，毀形易服，不是來享樂，是要來犧牲奉獻的！」融師父讚歎慈師父是「精舍的模範生」。

「要精進、要合和互協！」這是慈師父臨終前對師兄弟的期許，德如師父說：「效法慈師父的精神，才是我們唯一能報答的！」

守志奉道　樹立家風

從早期迄今，常住眾除了維持耕種外，也做過織毛線衣、糊水泥袋、縫嬰兒學步鞋、製作高週波嬰兒尿布、製作蠟燭等二十多種工作。其中，縫嬰兒鞋是慈師父出去學的，一雙四塊錢，六個人每人每天多縫一雙鞋，一個月多出七百二十元就可用於救濟。身為大師兄的慈師父（左二），凡事以身作則，勇猛精進，樹立典範。

（攝影／黃錦益）

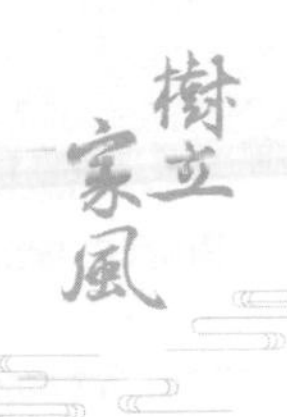
樹立家風

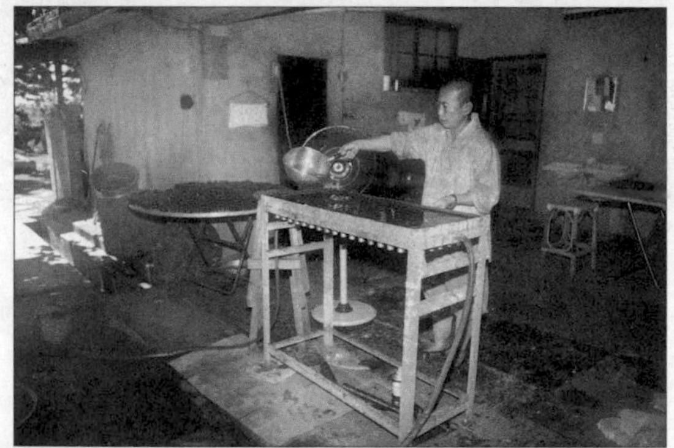

30

一草一木 血汗滋養

「靜思」二字，上人解釋為「青山無所爭，福田用心耕」。上人期勉第一代弟子「徹底犧牲」；慈師父奉行教導，學習播種插秧、牽牛犁田，並且踩腳踏車載農產品去販售……一步一步腳踏實地，一草一木都和著他的血淚與汗水。靜思家風以勞作精勤形成獨特修行風格。

（攝影／黃錦益）

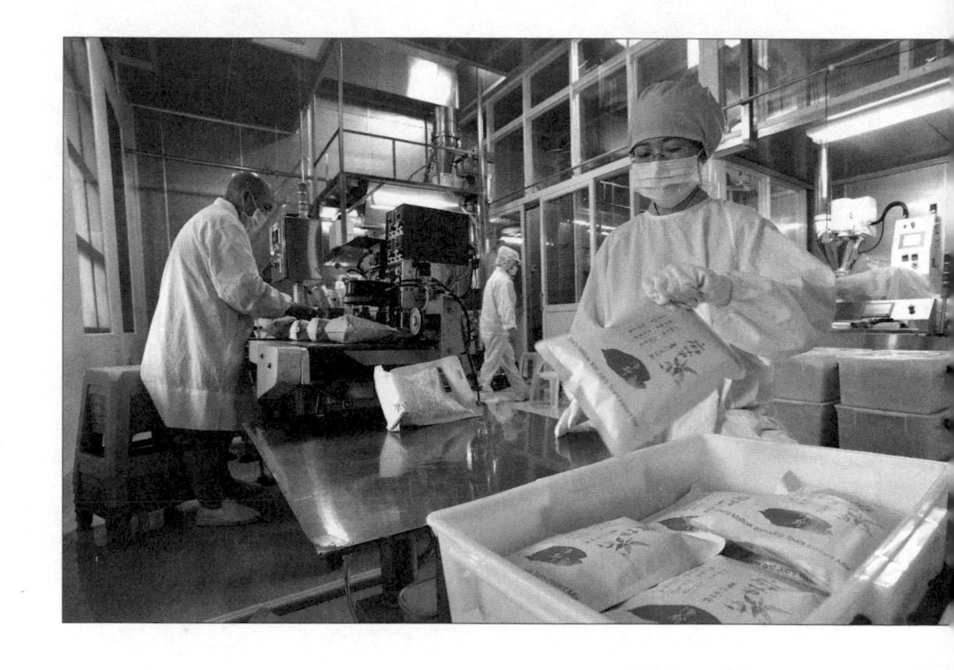

上行下效 一脈相傳

精舍製作薏仁粉時，購得一部二手爆米花機，慈師父先到工廠學習操作，再回來教導師弟們。爾後，為了賑災所需，常住師父研製「香積飯」；為了愛護地球環境，研發出「手工淨皂」……常住集思廣益、各顯才華，工廠即道場，也貫徹上人守護大地、與自然共生的理念。

（攝影／黃筱哲）

是諸眾生　大良福田

最美的誠心

口述／釋德安 撰文／釋德傑

「回來了，吃飯了嗎？」這分溫馨熱情款待、最美的誠心，正是慈師父教導的。

一九八〇年冬天，還沒出家的我第一次踏入靜思精舍，心裏有個困擾已久的問題，想請教上人。

生長在佛教家庭，我從小就喜歡念佛，特別鍾愛「觀世音菩薩」聖號，每天上午都不出門，在家裏念佛。母親受不了叨念我幾句，我心裏不舒服，就瞪著母親看，惹得母親一股怨氣。家人也認為我整天念佛，卻常常惹媽媽生氣，真是不孝！他們不明白，我念佛是為了替父母求健康，怎麼會不孝呢？所以見到上人那天，我問：「師父，什麼是孝順？」

上人溫言柔語開示：「面上無瞋是供養，口裏無瞋出妙香。念佛，不是用嘴巴念，要念出佛心。」我恍然大悟，原來自己不但沒有念出佛心，還起了瞋心，決定再也不要讓媽媽生氣了。

那一趟「開心」之旅，除了得到上人的教示，還有回程時慈師父送的溫馨便當，和一個亮麗的蠟燭。當時的感動，至今還在心裏迴盪。在靜思精舍出家後，我一見到訪客就真誠招呼：「回來了，吃飯了嗎？」這分熱情款待，就是慈師父教給我的——最美的誠心。

上人說：「不惜手腳是捨身。」因此慈師父常跟我們師兄弟說：「要不怕吃苦。」早年農忙時，他想讓師兄弟多睡一下，特別起了個大早，拎著雨鞋，躡手躡腳出門。天還沒亮就到了田裏，仔細一看，竟然大家都到了！原來每個人都想多做一點，讓其他師兄弟少辛苦一些。這就是師兄弟之間的合心互愛。

早年精舍常有大小蛇出沒，只要一看到蛇影，大家就驚慌呼叫大師兄：「大師兄快點！有蛇。」慈師父就拿著布袋，到蛇的出入處，慈祥地說：「溜公，溜公，我們不要在這嚇人。我們這一世要跟人家結好緣，我帶你到別的地方去喔！」不一會兒，溜公真的溜進袋裏，讓慈師父帶去外面放生。我不禁要讚歎：「真是名符其實的大師兄！」

慈師父的勤快、真誠、不回嘴，為大家立下尊師重道的準則；只要有人做錯事，師兄弟都搶著跪在上人面前認錯。回想起早年時，上人出門去行腳，要回來的前三天，慈師父一定會帶著大家將環境打掃得乾乾淨淨；有時上人回到精舍已是晚上七、八點，他還帶領大家排隊靜心等候接駕。對我而言，上人就是我們心靈永遠的導師，慈師父是我們永遠的大師兄、永遠的榜樣。

每次看到那兩件已許久未穿的厚質棉衣，心裏就蕩起了一陣感動的漣

漪。我記得，那一年冬天特別寒冷，我剛到精舍常住不久，慈師父看我冷得蜷縮著身體，就給我兩件溫暖的棉衣。這兩件棉衣陪我度過了二、三十個寒冬，每次只要穿起它們，就有一股暖流繞在心田。這兩件棉衣，展現了慈師父對我最珍貴的兄弟之情。

和風般的長者風範

口述／釋德宜　撰文／釋德棨

他總是瞻前顧後關注著每一個人，適時協助或教導，猶如和風，溫煦著每個人的心靈。

我二十歲那年進入精舍，當時全精舍上下只有十來位常住眾。我個子小、年紀最輕，上人叮嚀所有人要好好照顧我。我心想，自己最年輕，應該多為兄長分擔工作。所以每天出坡，都會看到大家後面跟著一個小女孩，雖然個頭兒小，動作卻不比人家慢又好學喔！

慈師父帶著大家工作時，總是瞻前顧後關注著每一個人，適時給予協助或教導。至今回想起來，我覺得他猶如和風，溫煦著每一個人的心靈，更以兄長的心承擔所有勞作。上行下效，大家雖然辛苦，卻是一片和樂。

記得精舍開始做薏仁粉的時候，買了一部二手的爆米花機，慈師父先到花蓮的工廠學習操作，回來再教大家。我也進入了爆粉間，每一次薏米花一爆開，不僅滿屋子粉塵，人也滿身、滿頭、滿臉，蒙上一層白，尤其在暑熱的六月天，一天下來不知換了幾件衣服。有一天，我實在沒有衣服可換了，就把毛線衣穿上進入爆粉間。慈師父一看，二話不說趕緊找來一套夏衫，讓我替換。每每想起這件事，我就覺得好感恩也好感動！慶幸自己不僅有明師可依止，又有長兄的帶領，是何等的福報。

後來，慈師父主事陶慈坊的創作與規畫，就不再出坡。不過每到年終的全體總動員——精舍周圍水溝大清掃，慈師父一定會出來帶著大家一起努力。掃去一年的垢穢，清除一年的汙泥，大家忙得通體舒暢，身心清淨。

去年十二月下旬，慈師父身體有了變化，住院開刀，直到一月下旬才出院。在精舍調養了三個月後，四月下旬再入院化療，情況一直不穩定。五月十二日是農曆四月初一，大眾早課在主堂禮佛之後，頂禮上人；上人為眾開示：「佛法在人、事、物當中能應用出來，才是行菩薩道，也才是真正的佛法。」

我聞言後，直覺這在慈師父的身上就可看得到，決定向他吐露多年來隱藏在內心的感恩之情。當天到醫院後，我誠懇地對慈師父說：「早年精舍沒有特別訂立條文規則，但您身行示範帶領大眾。從您的一舉一動中，我們看到上人的教法，也感受到您認真而努力地在行持、守護著上人的理念。感恩您的帶領，讓我在繁重的工作中，無懼地投入修行領域，給我不斷前進的動力！」

雖然慈師父無法回話，但他睜開了眼睛，「唔！唔！」地回應。我了解慈師父想說的應該是：「我聽到了，我很安慰。」沒想到兩個星期後，他離開了大家。

上人感恩慈師父的領眾，也要大家輕安自在，作息如常。是的，「輕安自在，作息如常」，我聽進了上人的話，也相信這會是慈師父對師兄弟們最大的期待。

如嚴父也如慈母

口述／釋德和　撰文／釋德澡

大師兄什麼都要會，也什麼都會。不論是打菜畦、唱誦、煮菜等等，都是他教我們的。

我一九七六年回精舍常住，在僧團中排行第七，與大師兄相隔了十二年，年齡也比他小十六歲。在我眼中，大師兄就像嚴父慈母一樣，在修行中教會我許多事。

我來自高雄都會區，形容自己是「空有高個子，但什麼都不會。」在出坡的工作中，我印象最深刻是打菜畦。大師兄做事總是一絲不苟、有條

不紊，非常『頂針』（仔細），是有名的嚴格。他教導，精舍的菜畦要打得很直，當中還要用竹子將大顆粒的泥土打細、打平、打鬆，整得方正；前面的菜畦有多寬，後面的就要有多寬，並且常叮嚀我們：「菜畦要打得方方正正，處事才能方方正正。」

大師兄什麼都要會，也什麼都會。除了打菜畦，他也教我唱誦、煮菜等。我自覺什麼都不擅長，就是對煮菜有些心得，特別是會做點家鄉菜，所以長年待在大寮裏。

我很感恩大師兄，不藏私，將所有本領都傾囊相授給我，讓我從什麼都不會，變成什麼都會。他常說：「本事學起來就是自己的，就是『智慧財產』。」他平日肩負著照顧、教導師弟們的責任，就像個嚴父、也像慈母，我們得助於他太多，對他永遠感恩、尊敬及佩服。

中秋夜的兩條眼鏡蛇

撰文／釋德怡

那年中秋夜，南側寮房驚見一條眼鏡蛇，正往樓梯上爬！大家都知道大師兄抓蛇技術很好，連忙請他來幫忙；就在大師兄拎著布袋準備去放生時，挑菜區鐵門傳出「嘶嘶」聲，用手電筒一照，發現另一條眼鏡蛇……

五月二十三日下午，豔陽高照的晴朗天氣，慈師父要回家了！在大殿前接駕，我的心悲欣交集——大家都知道，慈師父這次回來精舍，與我們相聚時間不多了。等待的時刻，我腦中記憶盒打開，想著剛到精舍修行大約一年多，還是近住女時，因為外公往生，請假回雲林土庫鄉下。

告別式當天一大早，我接到慈師父打來的電話，說要來參加，問我確切的行車路線。公祭開始不久，就看到慈師父與侶師父出現，當下我好感動——慈師父的到來就有如上人來，況且在精舍一年多，和慈師父碰面、向老人家問好談話的次數，不超過三次吧！

每逢農曆初一及十五，上人都會在我們早課結束前，來到主堂跟我們開示勉勵，我們也會一起頂禮上人。今年四月十二日、農曆三月初一，那天我執早課鈴鼓，座位就在慈師父坐的蓮花椅旁。當上人緩緩走進主堂時，三個多月前剛開過大刀，還在調養身體的慈師父，試著要跪拜，我扶著他。「喔！不行，膝蓋痛！」

慈師父坐回蓮花椅，一邊用右手按揉著右膝蓋。不過，當維那呼班「向上人頂禮三拜」，我拜下起身時，碰一聲，看到慈師父已經拜下去了！我趕緊攙扶協助他起來。看他吃力的表情，我眼眶泛淚——慈師父對上人那分敬重及孝心讓我感動也慚愧，他真是我們後輩學習的典範。下殿後我告訴慈師父：「您不愧是我們的大師兄，是我們的典範，我以您為榮！」

陶慈坊與蠟燭間同在一棟建築，只有一牆之隔。去年製作蠟燭時，我在九點二十分準備去煮點心，剛好慈師父也在為陶慈坊預備點心。我向他說明要借用廚房煮點心一事，慈師父很慈悲的答應，並在一旁為我張羅油、鹽，還親自指導廚藝。有一天，慈師父甚至替我們煮好了點心。我們對慈師父說：「不好意思，讓大師兄煮麵給我們吃！」慈師父笑著回答：「這裏的廚房環境你們不熟悉，我煮一煮比較快啦！」讓我們都有被疼愛的幸福感！

還有一年中秋佳節，大概在晚間九點，開始敲晚鼓的時候，南側寮房驚見一條眼鏡蛇，正往樓梯上爬。大家都知道慈師父抓蛇技術很好，連忙請慈師父來幫忙。一會兒，他就拎著布袋準備去放生了。就在那時，我打開挑菜區鐵門，聽到動物發出的『嘶嘶』聲，用手電筒一照，另一條眼

鏡蛇在此！我叫了一聲，慈師父馬上過來，在我還來不及反應時，他又把眼鏡蛇請到布袋內了！執勤師兄載我和慈師父到山上放生，慈師父放生時還告訴牠們：好好待在山上，才不會嚇到人；也祝福牠們可以投胎轉為人身，投入菩薩道。

感恩慈師父給我這麼多美好的回憶，感恩資深前輩的努力、付出，讓我們後進者來精舍有優美的環境、有正法可以依循，能安心在此修行。慈師父，我在內心告訴您，我們下輩子還要當師兄弟，不知道您是否收到呢？

猶有餘香

那兩朵牡丹茶花的餘香，和慈師父的慈愛，永遠在我心裏。

撰文／釋德琭

記得剛出家一年多，俗家九十二歲的外公往生，因為從小是外公陪伴長大，我與外公的感情甚篤，心裏十分不捨。當時慈師父身體狀況時好時壞，仍然在公祭當天，陪伴我回到玉里外公家。

一到外公家，慈師父就問外公在哪？當時他對外公說的話，讓我印象非常深刻。慈師父說：「老菩薩，感恩您布施了一個孫女給上人，幫助上人做慈濟……」當下的我，非常感動。在精舍的日子，我一直很感恩常住

的照顧，聽到慈師父這麼真誠的話語，慚愧又感動，銘刻在心。

時光飛逝，轉眼出家兩年後，即將去戒場受戒時，上人語重心長叮嚀許多，要我們在戒場不要和人攀緣；慈師父則說，面對十方道場的戒子，要時時自我警惕，不要種下不好的因。上人和慈師父的叮嚀就像護身符，對自己在戒會中的三十五天，幫助非常大。

慈師父非常慈悲，是一位時時關心我們的長者。每天早齋後，總能與他不期而遇，有次看到他正準備往花園走去，好奇地跟在他後面。慈師父用那招牌慈藹的笑容看著我，問：「你餵過魚嗎？」我搖搖頭。慈師父說：「走，我帶你一起去！」我開心地跟著慈師父走向魚池，魚群看到慈師父來了，蜂擁而上，爭先恐後地搶食。慈師父如數家珍地介紹池中的大魚小魚，說著牠們的特性和來歷。慈師父還說，這些魚很會吃喔，每個月都要花不少飼料錢。慈師父親和而赤子之心的樣貌，至今歷歷在目

有次志工早會，在人文館遇到慈師父準備入座聆聽常住眾分享，他手

中拿了三朵非常漂亮的花。早會結束後，我好奇問那是什麼花，好漂亮！慈師父說：「牡丹茶花！」當下腦海浮現，上人曾說過有回禮佛，才拜下去，瞬間花瓣掉落的無常……等我回過神來，慈師父慈悲地將手中的花送給我兩朵。那兩朵牡丹茶花的餘香，和慈師父的慈愛，久久在我心裏。

慈師父晚年身體常有微恙，仍非常關心常住大小事，尤其對後輩的學習，時常細膩觀察與陪伴。我開始學習叩鐘時，有回叩鐘結束，有人來告訴我，剛剛慈師父出來聽叩鐘，叫我要好好學習法器。當下非常感動，慈師父年事已高，還是非常關心我們後輩的學習，而且細膩貼心地想到怕我們新人緊張，所以請人「代為轉達」他的鼓勵。

慈師父捨報那天，我助念了六個多小時。想到慈師父每次只要有機會和大家說話，都會告誡我們要精進，不要讓上人擔心。我懺悔自己學習法器不夠精進、進步很慢，日後要更認真學習、不懈怠，除了不讓上人擔心，也不能讓慈師父掛心。

樹立
家風

平淡中的深緣

口述／釋德勤　採訪整理／陳美羿、徐美華

不需太多言語，慈師父只要幾句同理的關懷，就能讓人安心；因為那是出自他老人家的「真誠」。

還沒出家前，我只要有空就回來精舍分擔一些工作，如一年一度的冬令發放打包，或幫忙摺月刊、貼月刊信封上的名條和地址等。

後來，志業體舉辦很多營隊，我和紅玲師姊（即今勤師父）都是帶慈青營隊，每年營隊來來去去，經常會接觸到慈師父。慈師父會跟打包志工以及營隊的學員「講古」，分享精舍過去的小故事，非常受歡迎。當時與慈師父的緣，感覺好像很深，卻又淡淡的。

我被派去新加坡回來後的那一年，大部分時間住在外面，都是在做慈濟事。回到精舍就直接進入知客室，也支援廣播等，做的都是行政工作，較少做家事內務。因此要圓頂的時候，真正住在精舍的時間不到兩年，但是慈師父支持、肯定我，認為我可以圓頂。所以我如願圓頂，是慈師父對我無以為報的恩德。

他對陶藝情有獨鍾，創作過程的堅持，令人佩服。只是製陶過程中的粉塵，會讓他咳嗽。我總是提醒他要戴口罩，而老人家總是一笑置之，說工作戴口罩不方便。所以他呼吸系統一直不好。

慈悲的慈師父曾經對我說：「你有時候說話，是不是不要那麼兇？」我會解釋，那並不是兇。「有些事情，對就是對、錯就是錯，當下就應該講清楚說明白。我們道場那麼大，錯的事要講、對的事要去分析，不能因為修行，就不講吧？」而慈師父總是叮嚀我六個字：「結好緣！結好緣！」

慈師父就是結了很多好緣，所以讓每個見到他的人，都起歡喜心。只要聽到師兄、師姊有任何需求，尤其是法親往生，慈師父親切的關懷和陪伴，總是讓人感動。因為他的親和，不需太多言語，只要幾句同理的關懷，就能感動法親家屬，讓人安心；因為那是出自他老人家的「真誠」。

記得母親往生時，已將屆八十歲的慈師父，帶著精舍恆師父等，到慈濟大學為母親助緣；那不辭辛勞的慈愛身影，至今令我難以忘懷。慈師父的德行典範，以及廣結好緣，是我修行路上要好好學習的。

樹立家風

早餐後的邂逅

撰文／釋德應

靜思庭院蓮花池裏的魚群依舊自在地游，蓮花悄然綻開；一如慈師父的風範——平實真切，如是真、如是善、如是美。

靜思庭院有個蓮花池，池裏數條橙黃色的鯉魚，是往昔慈師父早齋後常來的地方。他踏著蹣跚步伐、徐行走到木棧邊，池裏魚兒像是知道善施的長者到來，此起彼落、毫不猶豫地迅擺鰭槳，奮力游來。

此時，帶著魚糧的慈師父，總是和藹可親看著魚群，有時他不用多言語，只默默地撒下魚糧，稍稍端視周圍，看看是否還有魚兒落單，趨步向前施予魚食。有慈師父的照料，這群飢腸轆轆的魚兒一點都不怕餓著。

如今，自然法則帶走了慈師父，魚兒們再也聽不到老人家的腳步聲與招呼聲；但相信牠們會感恩在心頭，若有因緣，善緣將會再接續。

憶起當時，我遠望著他老人家的身影，有種溫暖的感覺。他跟著上人走過半世紀的艱辛克難歲月，胼手胝足，吃人不能吃的苦、忍人所不能忍，令人感佩。慈師父平凡中的不平凡，蘊藏著無量的慈悲與寬仁愛物的情懷。

現今，池裏的魚群依舊自在地游，蓮花悄然朵朵綻開，一如慈師父留給人的風範——平實真切，如是真、如是善、如是美。

一直都在

撰文／釋德杰

我感恩慈師父等跟隨上人的前輩師兄，一路克己、克勤、克儉、克難，讓我們後來者擁有良好的修行環境。沒想到他慈祥地說：「也要感恩你們後來的努力啊！」

記得剛回來精舍修行，慈師父一有時間就會講古給我們聽，我總是百聽不厭；那些慈濟從無到有的過程，總令我感動落淚。有一回我親自向他道感恩，感恩他們一路克己、克勤、克儉、克難維持生活，才能奠定基礎，讓我們後來者擁有良好的修行環境。

沒想到慈師父慈祥地回答我：「也要感恩你們後來的努力啊！」他的慈悲、謙虛和智慧，令我感到既溫馨又敬佩。

慈師父從來不是「一指神功」的人，他都會帶頭做給我們看。有一次，一位師父向我們說明某件事該麼做，我們聽了還是一頭霧水；慈師父見狀，立刻捲起袖子做給我們看。還有一回，一扇手動的鐵捲門卡住了，任我使盡力氣還是推不上去，慈師父一句：「我來！」隨之身手俐落地將門開啟，真令我崇拜！想必是早期吃過苦所磨練出來的力氣。

每當訪客到陶慈坊參觀，慈師父總是笑容可掬地接待。有時我去，他正好在為志工者煮點心，也熱情招呼我一起享用。得知某位師兄、師姊或是志業體同仁健康不佳或心情低落時，他都會準備一些營養、容易入口的食物去慰問。他待人的種種關懷之舉，烙印在我腦海裏。

更令我印象深刻的是一位資深委員往生後，我等隨著慈師父前去參加追思會，家人於當天同時安排將骨灰安葬在郊外的墓地。前往墓地的路很難走，必須爬上爬下，八十多歲的他非不得已才讓我們攙扶。家屬在這之前本來也請慈師父留步，但慈師父說：「既然出來了，要有始有終把事情做到圓滿。」待儀式結束，眷屬們感動得向慈師父頂禮。

跟隨慈師父出門，除了學習他的身行典範，他也會提醒我們一定要照顧好出家人的威儀。有一次我們到新店慈濟醫院關懷法親，到各樓層只要看見醫護同仁，慈師父一定主動打招呼並感恩對方辛苦付出，才能讓病患得到良好的醫治及妥善的照顧。慈師父的緣結得很廣，大家見到他無不歡喜呼喊著：「慈師父！您來了喔！」聲音此起彼落。一旁的我們也不禁感染那一分歡喜的氛圍。

感恩慈師父對於後輩的慈悲教導與鼓勵提醒，他雖然走了，但我一直覺得他還在，因為他的精神沒有離開我們，我會謹記他臨終前交代常住眾的「要精進！」

樹立家風

找僧衣的那個夜晚

口述／釋德穎　採訪整理／陳美羿、林淑真

醫院來消息，要馬上找出讓大師兄換穿的衣服，我回寮房找，找了半天卻連一件也找不到……

慈師父是我們的大師兄，也是最孝順上人的，堪稱「孝順第一」。無論有沒有做錯事，被上人責備了，大師兄也是畢恭畢敬，專注聆聽上人教誨。

每次我們要出門前，大師兄都會叮嚀：「要有出家人的威儀，說話不能大聲，不要嘻嘻哈哈。就算身旁沒有外人，也要維持威儀。」他總是隨時替上人看好每一位弟子，展現大師兄的風範。

他不只是教導我們要守好家規門風，自我要求更是嚴謹。我和大師兄同住，譬如現在這種大熱天，他永遠穿得整整齊齊，即使到寮房休息片刻，連襪子都沒有脫下。大師兄皮膚不好，悶熱天氣長時間穿著襪子，夜晚脫下時，腳底皮膚都要爛掉了，我看了實在不忍心。

無論行住坐臥，大師兄都很注重威儀，在我心目中，他是一位嚴謹的修行人。最讓我佩服的是他的梵唱，好似渾然天成。我曾聽到資深的陳美羿師姊說：「一聽慈師父讀『疏文』，眼淚就忍不住掉下來了！」可惜當初我一天到晚忙於執事，每天都很緊張，沒有好好跟師兄們學習。

大師兄做任何事情都十分認真，幾年前曾經對我說：「雖然我八十歲了，可是我的心只有二十六歲。」的確，大師兄的精神不輸年輕人！如果不是今年開刀後身體變差，大師兄做事情，是很難跟上的！急性子的他，不管做什麼事都比別人快。不過仔細想想，精舍前面幾位師兄——三師兄融師父急性子、過世了的四師兄恩師父急性子、二師兄昭師父更是急……所以他們做起事來都很有效率。

其實上人也是急性子。上人只要看我一眼，有時候還沒弄清楚他老人家的意思，我也不敢問，反正就是「馬上去做」就對了！上人對早期幾位弟子都非常嚴格，現在不會了；但真正想要跟上人，要加緊腳步才能跟得上。

完完全全捨出去

五月十一日晚上，德悅師父打來電話，說照顧大師兄的護理師說，大師兄可能隨時會走……要我馬上找出大師兄要換穿的衣服。

我立刻回寮房去找，找了半天卻連一件都找不到。天啊，怎麼會這樣！

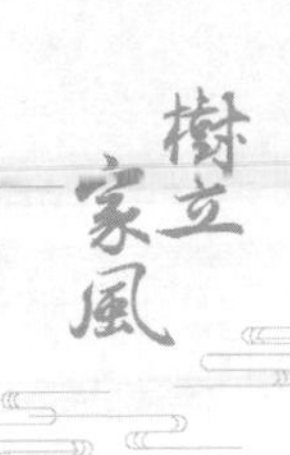

像我自己這一身短褂，會留一兩套換穿——出門時穿比較好的，在家就穿比較舊的。沒想到大師兄卻沒有衣服可換！看到大師兄連內層衣都是破舊變了色的，我難過又著急，忍不住哭起來了，心裏呼喚著：大師兄，您為什麼這麼突然就要離開我們了！

沒辦法，只好請德佩師父回來衣坊間做內裏衣。正好一位和大師兄身材差不多的師兄，有一件新的外衣，就先借用穿了。因為大師兄的腳浮腫，所以給他穿的鞋子、襪子，也都找來稍微大一點的。

剛做好的純棉質衣服，洗了就發皺。我請伊卡（IKA）拿到樓上去熨燙；伊卡一面熨燙一面哭，我也陪著流淚。大師兄生病時，伊卡會幫他洗衣服，大師兄非常疼惜她，一直到去醫院前，都還想到要拿東西給伊卡。

大師兄自己省吃儉用，只要有好東西，不管是用的、吃的，都毫不保留地給他人。我看了很心疼，曾經請他留一些東西給自己用，可是大師兄還是一樣，完完全全捨出去；我沒有看過這樣大肚量的人。

人如其名：德行兼具，慈悲為懷

我們幾個師兄弟曾經說好，只要上人在，一定要繼續跟著上人；我們也發願，一定要相互挺著的。誰也沒料到，大師兄這麼突然就要離開我們了！我一直想著，大師兄心心念念還想要再幫上人做的事——上人曾經指示他，要把《法華經》二十八品，用陶版做起來。明明還有這件事，大師兄也一直掛在心裏想要完成；無常一來，真的一點辦法都沒有！

和大師兄共居一室三、四十年，有人問我：對大師兄的感覺是什麼？我想到臺北慈濟醫院趙有誠院長，做人就如同他的名字「有誠」；大師兄法號「德慈」，也是人如其名——德行兼具，慈悲為懷。他一心奉行上人的教導，謙卑、誠懇、盡心盡力；該說的話說，不該說的就不會說。就是這麼簡單，真真實實是上人的入室弟子！

樹立
家風

一顆鹹花生

口述／田琦瑛　撰文／王鳳娥

泡過鹽水的花生很鹹，一顆就可以配一碗稀飯，只有農曆初一、十五，才能吃到豆腐……

從小父母出家，我跟著母親在慈善院、普明寺、靜思精舍住過，一九六七年皈依慈師父，法號「真華」。慈濟人都暱稱我為「阿華田」，一九九七年受證慈濟委員。

住在普明寺的生活很苦，沒有東西吃，花生泡過鹽水很鹹，一顆花生就可以配一碗稀飯。只有農曆初一、十五才能吃到豆腐……這些回憶留存在我腦海裏，我從小看著慈師父很辛苦的持家——大至為精舍尋找賺錢的工作機會，小到大寮裏的柴米油鹽，樣樣都靠他想辦法張羅。那時的他就像一尾活龍，整天忙得團團轉，好像都不會累。但晚上一躺下就爬不起來，因為白天工作太累了。

為了維持常住生活，種地瓜、花生、水稻……等到有了收成，慈師父還要載去花蓮市區賣，賣了錢回來維持生活開銷。不會騎機車的他，為了省下搭公車的錢，在普明寺前面空地上用竹子隔成S型練習，直到熟練後直接上路。

或許是生活的重擔和壓力，我感覺慈師父很嚴肅，不敢跟他說話。當年搭車去花蓮市區，一趟客運車票三塊半，來回要七塊錢，我站了很久就是不敢開口跟他要。

在我心中，慈師父是一位完美主義者，很注重弟子的言行舉止。他和上人一樣，自己做到了，才會要求他人。我小時候愛玩，講話大聲，走路蹦蹦跳跳。慈師父總是提醒我行走要端莊，講話要輕聲細語，關門也要輕手輕腳。雖是一些生活小細節，卻讓我受用一輩子。

普明寺的生活很苦，我住了一年後，就跑去找在東淨寺出家的阿嬤和姑姑，直到讀國二才又回精舍。國中畢業後，我再次不告而別！

那天，我和同學約好去找工作，第一天去上班就被慈師父、昭師父找到，帶我回精舍。慈師父什麼話都沒有說，好像一切都沒發生一樣。每每想起這件事，我就覺得自己很不孝，無形中傷了上人、慈師父和昭師父的心。

其實，我內心一直想追求一個完整的「家」，想跟一般人一樣有父母的關愛；而道場裏的「愛」，不是我想要的。為了想要一個「家」，高中畢業幾年後，我就走入婚姻。儘管如此，慈師父對我的關懷，始終沒有間斷。

我結婚後，曾回精舍幫忙做高週波嬰兒尿布，有件事讓我記憶深刻

——慈師父怕我們工作太累，每天早上都會貼心為每個人泡一杯茶，像媽媽一樣關心大家；現在回想，真的好溫暖。

四年前，我的兒子因病在家休養時，胃口差、吃不下任何東西。慈師父知道後，煮了一鍋鹹粥送來，兒子竟然把那鍋鹹粥全部吃完。慈師父不只對我好，對我的孩子和師兄都很關心。

每到慈師父生日時，我就會送上紅包孝敬，但他卻回餽給我更多的東西。我若買營養品、水果或其他東西去給他，他左手進來，右手就轉送出去。我曾經「抗議」：「這是我的心意，您怎麼都送人？」慈師父笑著說：「在精舍什麼都有，我沒用這麼多。跟有需要的人結緣啊！」

慈師父就是這麼「媽媽心」，一路走來始終沒變，一位令人敬愛的長者。

那些年「大伯」教我的事

十八歲來精舍，常住做什麼，我都跟著做，因此有個綽號「插班」──閩南語「插花」的意思，就是什麼事都摻上一腳。

口述／劉文瑛 採訪整理／葉文鶯、張如容

「大伯、大伯！」我總是這樣叫著慈師父。

從十八歲進慈濟到現在四十多年，我一開始就省略了「大師伯」、「二師伯」，直接稱呼「大伯」、「二伯」，和他們就是這麼親。

我的媽媽劉林阿日是第二十四號委員，法號「靜蓉」。小時候我經常跟著她來精舍，每年大年初二媽媽不是回宜蘭蘇澳的娘家，而是帶著我們全家到精舍過年。「吃飽了沒？」每次大伯看到我，就像媽媽在對孩子說話。他講話輕輕的、柔柔的，把每個人都當作家人，既疼我也關心我。

從小只要見到融師父，我特別歡喜，所以後來成為他的皈依弟子。恩師父像個「孩子王」，不但經常和我玩在一起，小朋友也都喜歡皈依他。

在我爸媽往生後，精舍師父和在地老委員就像我的爸爸、媽媽。逢年過節，大伯一定會幫我準備年節的東西，就算後來他生病了，過年還是託人拿粿給我，叮嚀我拿去祭拜父母。就如媽媽在世時逢人就說：「我生她，她卻像眾人的孩子，大家都很疼，這孩子很有福報！」

一九七五年，「佛教克難慈濟功德會」成立的第九年，十八歲的我來到精舍，成為第一位職工。

上班的前一天，我剛從臺北半工半讀念完夜間部回到故鄉，五年來思鄉情切，正想好好在家陪陪爸媽。因為媽媽身體不舒服，師公上人來家裏探望時一見到我，就希望我能到功德會上班。

「師公上人需要幫忙，你要不要去？」媽媽讓我自己決定。

「好，如果真的沒有人幫忙，那我就去。」

師公上人需要人手，還附帶一個條件是我必須「住在精舍」。媽媽以為我大概不到一個月就會想家，沒想到一晃眼四十六年過去了！

剛來時，精舍人很少，所以什麼事都要做，不會也要學，師伯們都會教我。每天清晨三點多起床，師伯教我如何生火燒柴、在大灶上煮飯菜。我在家裏沒做過這些，學會之後動作也很快。

青菜是前一天就整理好了，我先在大鍋煮好稀飯，利用小瓦斯爐滷一點東西。這當中我會跑到大殿敲「寶鐘鼓」，到了快要唱誦〈迴向文〉時，再回廚房炒青菜。擺上碗盤、端菜上桌，等師公上人和師伯們下了大殿就

可以用餐。平時用餐只有一桌，加上我共八個人，我坐在師公上人的右邊，飯後幫他在碗裏倒「惜福水」。

餐後，我跟著整理、打掃環境；忙完這些常住職事，大約八點，再開始功德會的會務工作。辦公室位在會客室旁邊，那時師公上人還沒有蓋醫院，訪客大多由他親自接待，無意間，我會聽見許多人來找師公上人訴說心事。讓我逐漸了解什麼是世間的苦。

我在精舍擔任會計，我的記性很好，每一筆款項都記得很清楚。有一次一位委員來拿前一個月的收據，她說好像沒有繳那麼多錢。我說，多出來的幾百元是她個人要給師公上人的紅包，因為精舍常住自力更生、不受供養，所以上人代她全數捐出。這是師公上人教導我們的「誠正信實」。

我來的時候，精舍不做嬰兒鞋了，而是轉做外銷高週波嬰兒尿布的代工。師伯們白天種田，有時還連夜趕代工。

我會幫忙做常住的事，但因為我是七個月生的早產兒，加上小學三年級得過胃潰瘍，自小身體不好，體重不到三十公斤。師伯們疼我，不讓我做粗重的工作，頂多一起去採收花生，或拿鋤頭翻土做菜畦、種種菜和玉米而已。

和師伯們早晚一起作息，早課打坐之後一起念《論語》，晚上也和大家站在外面的水銀燈下背書，生活過得很充實。在做代工織手套的時候，我是第一個出去學做手套封口的人，之後利用每天午休時間幫忙車封口。五伯仰師父是裁縫師，後來我們向布行接了女裝縫製，他也教我縫手工。

他們做什麼，我都跟著做，五伯還因此替我取了一個綽號，叫做「插班」——閩南語「插花」的意思，就是什麼事都摻上一腳。至今想來還是覺得好笑！

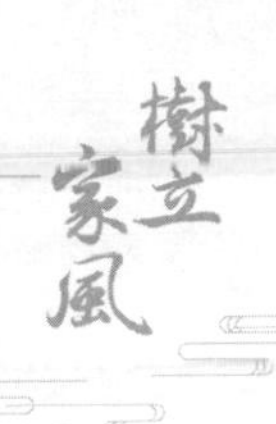

大伯的俗家母親提供市區的房子，讓師公上人辦義診所，我每次都會隨師公上人到義診所，除了幫忙包藥，還要記錄用藥總量和就診人次。因為太缺人手，張澄溫醫師甚至教我如何打針呢！

每當義診結束的那個週六，師公上人會讓我回家住一晚，隔天一大早再回精舍。每月農曆初一、十五，花蓮幾位委員會回精舍參加早課，我也可以見到媽媽，那天的用餐人數會有兩桌。還有「打佛七」前後九天，全臺委員回來，我們從一開始打掃直到結束後洗曬被子等，大家一起忙。精舍就像一個「家」，記憶中的大伯永遠帶著大家做事，不分彼此，氣氛很和諧，大家很有向心力。

無論是粗工或細活，大伯什麼都會，連毛筆字都寫得很漂亮！我那時學到的法器和唱誦經文，都是大伯親自教的，有任何不對的地方，他都耐心教導我如何調整；後來的午供或是晚課我也會去承擔。

我在精舍住了六年，白天做會計核帳，晚上還幫忙慈善會務。那時月刊的出版需要校對，印刷廠有時晚上才給稿件，我們就得趕緊校稿。精舍九點安板以後就熄燈了，為了抓緊時間工作，我搬回家裏住，但是每天早上六點多一定來到精舍。

近幾年大伯年事已高，身體不太好，我知道生命有限，只能祈禱他不要有太多痛苦。記得四月下旬他準備到醫院治療當天，出門前他說想到陶慈坊看看——他一向惜情，一個人過去，才省得勞動大家過來看他。他一直都為別人著想，不想麻煩別人。

往事歷歷，宛如昨日。有「大伯」在的日子，我覺得很開心、很幸福。雖然日後再也沒有「大伯」可以叫了，想到就很難過，但更多的是對他的感恩——感恩來慈濟這四十六年，他教會我許多事！

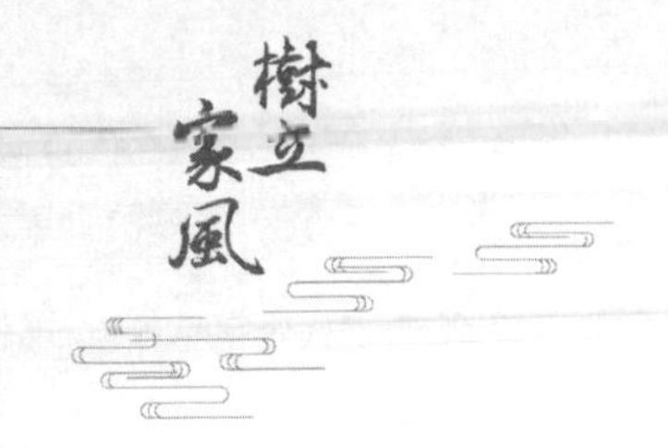
樹立
家風

我的靠山

撰文／徐政裕

童年時期常跟阿嬤去精舍，四周人煙稀少，鳥語花香，空氣清新。大人忙著做事，我只顧著玩，常被阿嬤和一群姨嬤叨念。此時，慈師父就是我的靠山了！

阿嬤是早期委員「靜謙」，童年時我常跟她去精舍。印象中，從花蓮市區搭車到康樂村那一站下車，路邊有間雜貨店兼售公車票，我們祖孫倆漫步走過，四周人煙稀少，到處鳥語花香，空氣非常清新。

進入大殿禮佛後，德慈、德昭、德仰、德和等幾位師父和阿嬤分享上人開示內容，討論慈善工作等，靜慈、靜智、靜恆、靜愍、靜得及靜航等姨嬤也來加入，一群好姊妹們聚在一起，討論好熱絡。

那時我年紀小很頑皮，常在大殿玩蒲團，要不就到觀音殿、菜園玩耍。精舍從沒閒過，打包物資、曬豆子、做手工品……總有忙不完的事。大人忙著做事，我只顧著玩，因此常被阿嬤和一群姨嬤叨念。此時，慈師父就是我的靠山了！他總是和藹地說：「小朋友，不可太頑皮，不然會吵到師公上人。師公上人很重視規矩，要乖喔……」

我答腔一句：「好吧！」就又轉移陣地到別處玩。玩累了，走進衣坊間，慈師父和昭師父就會問我：「肚子餓了嗎？」隨手就拿起一個「松鶴延年」的大瓷杯，舀了幾匙豆元粉和水沖泡，讓我充飢。有時見我玩得滿頭大汗，慈師父還會叮嚀我擦汗，不然會著涼。

從精舍側邊通往大寮的走道，有一排水溝蓋，腳步若太重或跑過去，就會發出一陣嗶啵響聲。慈師父告誡我：「走路要輕，不能發出聲音，否則會干擾到裏面開會。」他說師公上人對微細的聲音很敏感，教我走路要有威儀。

有段時間，我會溜到後面看慈師父和幾位師父們趕製醫院周年慶要用的「觀音菩薩像」。他瞄到我一直站著看，便說：「這個不能摸！」然後隨手捏了一小塊陶土，讓我在旁邊玩。

上了小學，中午下課後，我會到學校退休教師宿舍區將兩大袋養樂多空罐拎回家，下午再和阿嬤帶進精舍。師父們會先去掉瓶口的鋁箔紙，再一一清洗、横切後，將香架座放入，最後淋入蠟油，不掉淚的蠟燭就成形了。這時慈師父會把我帶到旁邊以免被蒸氣燙到。當一壺一壺蠟油灌注下去後，伴隨著熱氣衝上來，師父們被薰得滿臉通紅、滿頭大汗，僧服不知溼了多少回。

那是我兒時親眼所見的靜思家風——克勤、克儉，愛惜物命、物盡其用。等到發放日將近，上人會領眾打包物資，大家都把要給照顧戶的東西包得整整齊齊，就像過年要送人禮物一樣慎重。

為了製作豆元粉，天晴曬豆子，曬好的要再挑出瑕疵品。慈師父常說：「上人有交代，給人的東西一定要完好，不然很失禮。豆子除了不能有瑕疵，也不能有石頭、雜質，否則不但機器容易弄壞，萬一人家吃到也不好。」他還說蓮子的心會苦，也要另外挑出來。長大後我在外面用餐，才明白為何精舍的蓮子總是特別順口，沒有苦味。

年復一年，每逢農曆年前夕，阿嬤都會準備一個紅包，一進到精舍就去找慈師父，她壓低聲音說：「這是要給精舍的備菜金，不然那麼多會眾來，會被吃垮！」慈師父總委婉地說：「不可以。上人知道會罵，你自己去跟上人說。」我就尾隨祖母入內，上人見到祖母手中的紅包，重重把紅包壓在祖母手上，說道：「你又不是不知道我的規矩，拿去勸募組捐。快去洗手，要打板了，準備用餐。」

阿嬤心裏惦著上人肩頭重，只是沒說出口，她轉身要帶我回家時，慈師父追了過來，喊著：「要打板了，你們吃飽飯再走。」阿嬤說：「我們今天沒做什麼，不好意思吃。」慈師父說，忙了一個上午，怎麼會沒做事？「只多兩個碗、兩雙筷子而已，快去洗手，不要讓上人等。」

升上中學後，我進精舍的時間少了，但每回去見到慈師父，他都親切地問我家中成員的近況；接著又去忙了，卻總在我要離開前又再出現，還提了一袋食物交給我：「這個帶回去給阿嬤、爸爸媽媽吃。拿著！」他又再次問候家中老小一遍，像極了長輩在殷殷叮囑著家裏晚輩一樣親切。但是回到家，我不免被長輩數落一番：「你怎麼可以拿精舍的東西回來？」爸爸更開口說：「到底是俗供養僧，還是僧供養俗啊！」

生命有其自然法則，阿嬤病歿是在半夜。清晨六點多，慈師父、昭師父等多位師父都趕來弔唁。慈師父在阿嬤的靈前說：「寶鳳師姊，幾十年來你跟隨上人，護持精舍、護持常住，常住們都很感恩你，現在你解脫了，要快去快回，趕緊換個健康的身體再來做慈濟，幫助天下苦難人。有聽到嗎？師兄弟們都等著你回來，不要讓上人等太久喔！」說完轉頭叮囑我們：「阿嬤一路辛苦跟著上人開路，作為後輩就要跟緊、跟牢。你們要趕快接棒，不要讓慈濟的法脈斷根。知道嗎？」

阿嬤往生前就有交代，她留下的是無形財產，要我們把慈濟法脈傳下去；而面對常住師父、資深委員時，也要像對她一樣地恭敬。因此，往後的歲月我也受證委員、慈誠，成為第三代慈濟人，進而參加人文志工，用相機記錄慈濟，也就是後來的「人文真善美」志工。我曾多次跟隨慈師父等常住去關心資深委員、進行社區關懷。若有慈濟人往生，慈師父會去慰問、給予正念，並鼓勵後輩要延續行善的腳步；真正做到了讓「亡者靈安，生者心安」。

後來，我有幸進入慈濟志業體服務，第一個就跑去向慈師父報告。他高興地說：「真好，你可以回來親近上人，是種福報。要時刻謹記你阿嬤第一代委員跟隨上人做慈濟的精神——第一代就是要徹底犧牲，前人先種樹，後人才能乘涼。要學會犧牲奉獻。知道嗎？」

在慈善志業發展處服務時，我跟隨呂芳川主任投入慈善農業及社區營造工作，慈師父時常和精舍師父們來到志學大愛農場關心。只要看到有農事可做，他立刻戴上斗笠、挽起袖子，不論捆綁稻草還是收割麻芛，身手矯健的模樣讓人敬佩。他邊做時還邊對我們耳提面命，說起早年精舍的開墾有多麼辛苦！這些雖然都是老話重談，可大家聽到心上，卻有滿滿的感動。

慈師父常告誡我：「各地回來的志工，都是你的師伯、師姑，更是上人的弟子，千萬不能怠慢，要替上人照顧好他們。」因此，每當我自農場往返精舍公務時，必有一大袋餅乾、麵包、飯糰等著我，要離開精舍回到農場前，慈師父又會準備滿箱的食物要我載去農場，並請大寮的師父準備飯盒、饅頭、點心等，再三叮囑讓志工菩薩們充飢，轉達上人的關心。

有一回，我一到精舍，就聽說慈師父要找我，本以為有什麼急事，慈師父卻帶我到精舍後方的溝堤旁，指著一棵樹說：「你看看，這棵樹是否生病了？葉子掉很多。」我大笑回說：「師父，我學的是農田栽種，這個是屬於森林科類，我不懂啊！」他還是很認真地說：「有機會跟師姑師伯們多學習，學得愈多，將來上人派給你任務時，就可以勝任。」慈藹的他，看著我在農場曬得黝黑，又說：「上人要我們第一代徹底犧牲，多學習。你能了解嗎？」之後我轉調到社區營造部門服務，慈師父仍會叮嚀我多關心社區，讓他們了解慈濟在做什麼，也歡迎他們到精舍走動。

有一回慈師父對我展示一片精舍菩提區的「十二因緣」陶片樣本，他提到上人看過後很滿意，就依樣做了出來。他看我興趣盎然，就問我：「喜歡嗎？我看你會欣賞，這一片送給你！」慈師父說，這創作是要讓後人了解精舍是從無到有，上人領眾一路走來有多麼艱辛，一定要把這理念傳承下去。

慈師父總是以身示教，柔中帶剛、慈眉示人；但在執行上人的指示，卻又一絲不苟，從不向困難妥協，會去想辦法克服。

精舍四周空曠，寒流一來冷颼颼的。有一年冬天特別冷，媽媽考量常住眾穿的僧服太單薄，不足以禦寒，因此設法找到了素色的禦寒配件，要我帶去精舍給年長的師父們使用。但慈師父一看見就說：「上人注重威儀，他沒戴，我們也不敢戴。」他強調，若覺得冷，他斗笠一戴、雨衣一披，忍一下也就過去了。他安慰我：「你帶回家去，跟媽媽說她的心意，我們有收到。」望著慈師父駕著電動代步車離去的身影，心底有一股敬意湧現，他的「守志奉道」，以及不凡的毅力和奉獻精神，感動了我，正因為如此，才能維持靜思精舍的家風，也給常住師兄弟很好的榜樣。

慈師雖已逝去，但他的精神和形象在我心中，永恆不滅。

慈藹精勤　始終如一

上人教導的「赤子之心、獅子的勇猛及駱駝的耐力」，慈師父身體力行，從年輕到年老，始終如一。幾年前到大愛農場，看到有農事可做，立刻戴上斗笠、挽起袖子跟著下田。他的親和也讓孩子樂於親近，在精舍庭園老小共同入鏡的畫面，充滿歡樂、溫馨。

（攝影／徐政裕）

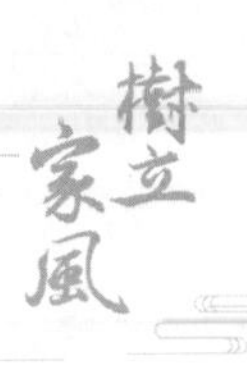

廣結好緣，眾生喜見

慈師父待人慈悲而平等，總是盡可能替人排憂解惑、善導人心，圓滿眾人的願，堪稱「一切眾生喜見菩薩」。

二〇〇四年一月，回精舍過年的志工設攤為伊朗地震募款，慈師父帶著陳彥寧及洪瑋瑩兩位小朋友向大家拜年。左圖為二〇一三年十一月代表上人為環保志工授證。

（攝影／林宜龍）

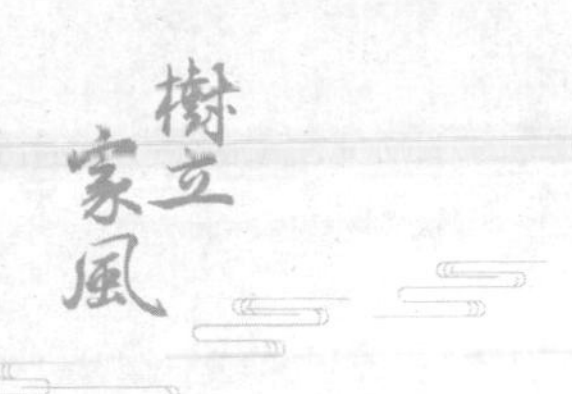

（攝影／邱繼清）

廣結善緣

從生活走向藝術

撰文／葉文鶯

取「慈濟」、「慈悲」寓意和「瓷器」諧音，陶「慈」坊不只創作日用器皿，慈師父講古所述及慈濟草創的重要史跡，也透過藝術再現，留下永恆的價值。

山巒疊翠、雲霧縹緲，清澈的水面映照著樹的倒影，樹下房屋兩三間……「好有靈氣、好想去那裏！」慈師父不禁心動了！

與志工謝素娥拿著已經素燒好的茶倉（茶葉罐），他們討論構圖，隨著沾了青花的毛筆暈染出一方天地。藝術跨越時空也超越心靈，原來具有如此強大的力量！

「畫畫，是慈師父最好的止痛藥！」謝素娥說，慈師父作畫時，正如上人所說「專心就是禪定」，完全忘記了病痛。

慈師父近一兩年時感歲月不饒人，昔日疲累只要休息就好，隨著身體的沉重感，有時覺得時間變慢了；然而，來到陶慈坊畫畫、雕刻，為大家煮點心，他發現一天很快過去了！

當真一句話，開起陶坊

清晨，慈師父騎著電動代步車輕快地來到陶慈坊，在菜園旁摘下幾株小花小草，利用陶皿插個小品，四季花神常請入坐；窗臺上的花藝皆信手拈來，桌上小擺飾也偶爾隨興變化。只要慈師父在，陶慈坊的空間是會呼吸的！

陶慈坊的志工一向比職工多，「慈師父來了！」宛如媽媽在家，子女無形中感到安心與歡喜，有茶喝也有點心吃，都是慈師父準備的。

有人送來茶葉，他取酌量與喝慣的茶葉綜合，嘗著別一番的鮮味，毫不執著。如其待人之隨和、靈活與真誠，生活也極具美感。

慈師父喜歡變化。出家前的一張黑白照片本來是合照，他未加剪裁直接暗塗，在「獨照」點綴一點胭脂，想必是當時的得意之作吧！出家後生活艱困，師徒曾經大過年裏只有三條蘿蔔、一塊豆腐，他將蘿蔔葉和外皮都用上了，窮則變，分別端出三道菜呢！

面對克難的環境，他一句「沒辦法！」代表接受現況，接著才是創意爆發的時刻。

一九八七年，慈師父接觸手拉坏，從杯碗、花瓶開始。近二十多年來，在職、志工的合作下，陸續推出靜思茶道茶組系列，也有陶版、陶燈和大型瓶甕的藝術創作。「陶慈坊」這座鐵皮屋，蘊釀出慈師父晚年最高的創作能量。

年輕時拖著牛犁翻動泥土，慈師父沒想到年過五十，雙手有機會玩陶，年近七十學畫畫、雕塑。說到緣起，他感恩上人的「一句話」，就請來了國寶級陶藝家吳毓棠教授。

話說當年吳教授送給上人一組對杯，上人很歡喜，「請教授來教我們做陶藝。」吳教授很快就送來煉土機、電窯爐，還請人負責教學。「可以說是無心插柳、柳成蔭！」慈師父說。

腦力激盪，藝術升級

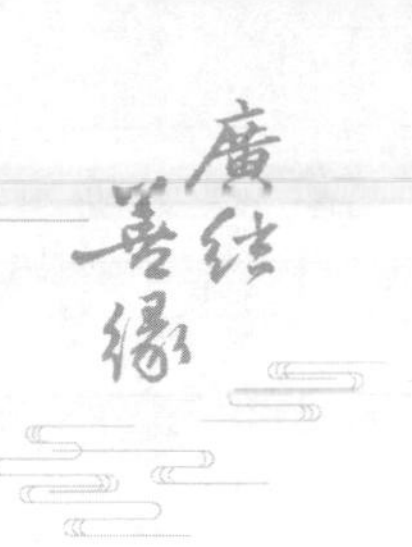

慈師父小學時喜愛美術，對於學陶、學畫、寫字都有興趣。一九八七年，吳教授來指導陶藝，正值花蓮慈濟醫院創院第二年，醫療志業支出龐大。「我們認真做、認真學，做一些東西來賣，不只能維持僧團的生活，也能護持慈善、醫療志業。」持家、顧家的「大師兄」從沒想過這是個人學習藝術的機會，單純是為常住生活打算，也希望成為慈濟志業的後盾。

他最津津樂道的是，那一年慈院周年慶快到了，上人希望製作紀念品贈予來賓。慈師父提議做一個小小觀音像，白色的觀音像象徵醫療工作聞聲救苦，意象鮮明又有意義。上人非常贊同，可是只剩二十八天，如何做出三千個結緣品？

「吳教授緊張到胃痛，我也好像心臟病要發作！」所幸，慈師父的時間一向上緊發條，吳教授更是大師出手，他們迅速地以石膏灌模、脫模、烘乾再噴色，也專程到瑞穗找木頭刨成木片，再烤出年輪當作底座，同時訂製了精巧外盒。一份用心到位的結緣品，慈師父自己也感到滿意！

隔年周年慶，他們以慈院大廳的「佛陀問病圖」製作壁燈結緣；到了第三年，由於慈濟會眾人數太多只好作罷。然而慈師父對於陶玩已經愛不釋手，他自認是個素人，陶藝這條路是「半路出家」，因此用心學習。當時主要做手拉坏，有生活器皿及小沙彌系列等，成為維持常住生計的二十多種手工之一。

「歡迎回來！」來到靜思精舍的訪客無論遠近親疏，常住眾都視如家人，並真誠招呼用餐。一般寺院都讓信眾「打齋」，吃了齋飯就到功德箱隨喜布施結個緣。靜思精舍從來沒有功德箱，會眾感於師父們的真情宛如子女回到家，舉凡精舍生產的蠟燭、豆元粉，包括慈師父的手拉坏作品，他們都歡喜請購護持。

一九九一年，慈濟基金會開始實施系統電腦化，陶藝燒窯的用電量經常導致跳電，不得不畫下休止符。十年後重新啟動，陶慈坊維持少量的手拉坏創作，改以灌模和半成品加工，除了少數職工投入生產，來自各地甚

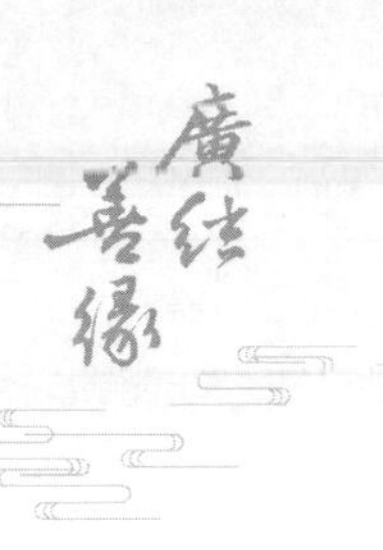

至國外的藝術家等專業志工也來助緣。

了道老師（Terry Rothrock）在美國從事陶藝教學與創作，在陶慈坊做出許多大型的手拉坏，慈師父相當讚歎與感恩！「您住在美國那麼遠，若能住在臺灣，我不會的，還可以請老師指導。」了道老師滿了慈師父的心願，駐點九個月。對於志工和諧分工完成雕刻、上釉等作業，了道老師歎為觀止，表示返國也將運用在社區。

慈師父有容乃大，職人與素人相互激盪，創作質量明顯不同，不但迸發出作品的豐富性，也相對提升藝術的價值。

慈濟語彙，登堂入室

「陶藝是創作的藝術，我有想法就跟雕塑老師講，請他們做。」慈師父與藝術家黃仰明老師看著一個甕，那是之前留下的半成品。上人常講

「行孝」要及時，他們遂以「孝道」為主題，黃老師畫作母子圖，慈師父在陶甕雕刻。此為陶藝主題創作的開端。

上人讚賞黃老師的藝術表現，提出以慈濟的緣起當作創作主題，接著由慈師父講述上人為了修行輾轉落腳花東、創辦慈濟功德會的故事。黃老師的第一張圖，畫的是上人到臺東的第一站王母娘娘廟；又畫上人到花蓮普明寺後方的小木屋獨自修行；接著師徒牽牛耕種、自食其力，還有成立功德會發起「竹筒歲月」……

「幾乎每一張圖所做出來的作品，都有我的一段回憶，感觸良深！」慈師父將刻入心版的慈濟草創艱辛，藉由黃老師的畫筆具象化，透過藝術再現——慈濟故事「十二因緣」陶燈系列，創作相當珍貴。每談起黃老師，慈師父總是讚歎：「畫得真好！」

「福慧燈」則是鏤刻上人開示的《無量義經》其中「靜寂清澄，志玄虛漠」等三十二字經句，透光的陶燈吊掛在精舍大殿主堂，象徵法輪常轉。

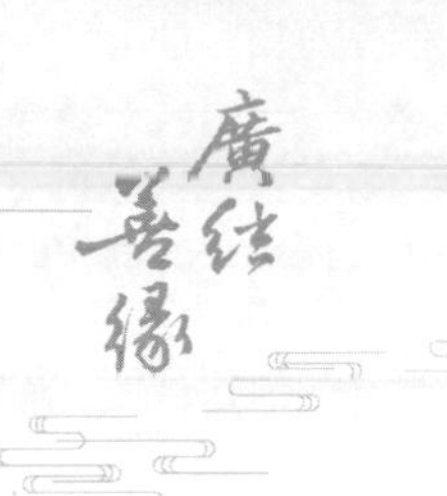

此外，所製作的「宇宙大覺者」也有別於傳統佛像。覺者，即是佛，覺悟宇宙人生的真理，自覺覺他、覺行圓滿。成佛者不斷乘願再來人間，疼惜地球、膚慰大地，垂憫眾生、接引眾生——這是上人賦予佛像的現代意義。陶慈坊製作的佛像，被全球慈濟人奉為精神象徵，頗受歡迎！

創作清淨莊嚴的佛像宛如在修心。慈師父於年初出院靜養期間，一心想來陶慈坊，志工陳貴珠陪同為宇宙大覺者的半成品做修飾。眼見慈師父虛弱卻坐得筆直，雕刻刀一筆一劃，虔誠而專注，如同在禮佛，為之動容。

「修整佛像，就像我們人的個性必須經過不斷的考驗、磨練；捨掉習氣，才能成就很好的人格。」慈師父如此教導，對於佛像的手指也是細細雕、慢慢修，決不馬虎！

許多作品只要主題與精舍、慈濟歷史相關，上人咸認為具保存價值，叮嚀慈師父勿使淪為商品。「上人告訴我：不要把精舍賣掉！」在慈濟的幾個建築空間，陶慈坊深具濃厚慈濟語彙的作品登堂入室，別具意義！這是大家通力合作展現的藝術成果，慈師父不敢居功。

二〇〇五年，慈濟援助印度洋大海嘯災民，志工特別為慈師父在臺北舉辦一場畫作義賣，都是早期的山水畫。慈師父年近七十才開始學畫畫，經莊淑瓊老師的指導，他在三年內創作四十多幅作品；那次義賣了三十多幅，全數有人收藏，化作賑災基金。

一介出家人有能力為災民奉獻，慈師父感恩莊老師用心指導，一再鼓勵並為之修畫，還有志工熱心的護持。幾年後，志工又為慈濟人文志業中心發起募款，慈師父還是義不容辭慨捐畫作陶版。晚年畫作多由謝素娥老師指導，慈師父畫出臺灣山水、田園景色，風格清新。

晚年的他不下田了，畫松、畫雲、畫山水，玩的是小陶土。老而有用，他的臉上散發著助人之樂、與人為善的光芒！

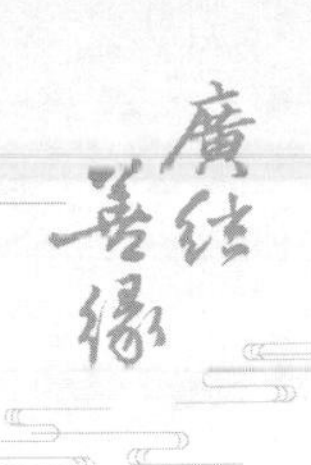

大膽嘗試，簡單是美

慈師父認為簡單就是美，尤其是生活器皿，小作品的畫面不宜佔滿，留白就是美。

他喜歡畫松。在陶器描繪松枝與松針，往往安靜到好像可以聽見針掉下的聲音。他說上人喜歡松樹，經常以其遒勁挺立的意象勉勵弟子：「出家人難行能行、難忍能忍，不能太脆弱！」。

他還喜歡畫房子。大家笑說「慈師父蓋房子很快！」結廬在人間，「有厝、有人，才會有力量。」慈師父所說的正是陶慈坊的溫馨和樂；若是屋內無人，他會在天邊畫上飛鳥，展現生氣。

慈師父重視畫作給人的意象。志工鄧秋連有一次見一個做壞的手拉坏，觀察外形有幾片如放射狀的旗徽，她聯想到一團「火焰」。慈師父知道了，請她改畫「水滴」，予人清涼意。

慈師父學畫，經歷初期的反覆修改，後來畫畫都很速成。他打算在茶倉畫一隻鹿，「鹿的肚子應該『吊吊』（懸起），不能『墜墜』（下垂）。」他知道線條應該這麼畫，揣摩不久便讓作品送進窯燒了！

「我撇撇撇、點點點，都是大膽畫下去！」又如陶藝品必須試燒釉料的顏色變化，「嘗試，本來就應該大膽。」慈師父幾乎不多想，帶頭試做，直接做中學。

專業雕塑家都有許多不同的刀具，慈師父的絕活是一刀走天下。合作「十二因緣」陶燈系列的黃仰明老師稱讚他：「拿刀比拿筆還棒！」雕塑家志工賴偉正也說，慈師父的創作風格不是精雕細琢，「他用劈的，馬上有型！」如此草根，一如天生樸拙的個性。

「我沒有畫畫和做陶的基礎，都是為了生活而硬做的。」儘管慈師父經常這麼說，凡指導過慈師父的美術老師或是藝術家，都認為慈師父既勤學又有天賦，所以學得快且畫得好。

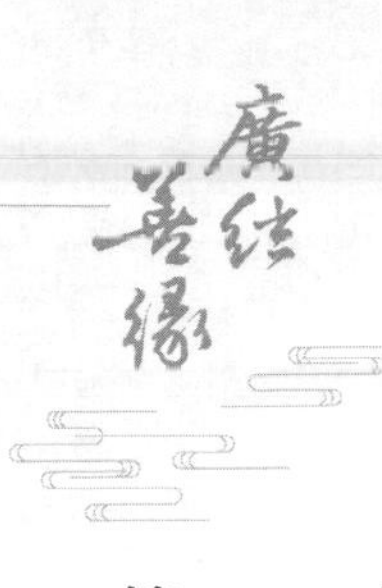

廣結善緣，真誠以待

精舍的知客室在大殿旁，位在菜園後面的陶慈坊也時常有訪客，宛若另一個知客室。來者多為慈濟「老友」，順道來看看慈師父，聊聊往事和近況；即使沒有機會見到上人，也覺得不虛此行。

對陶慈坊的志工來說，他們不只是來幫忙做事，更歡喜親近慈師父。上人讚歎慈師父廣結善緣，大家都喜歡找「慈師父」，其令眾生歡喜，實因處世無礙的大智慧。

一盞茶、一鍋點心，是慈師父對大家的愛，平等無私。「大家在這裏工作，我要照顧他們的健康。」慈師父總在兩餐間煮點心，讓大家既能吃飽又有營養。

志工許裕盛固定幫忙灌模，這項工作須配合打漿的濃稠度掌握時間，算是粗活。他做事很有效率，是慈師父信任的好幫手。「只要有慈師父在，這裏就像天堂！」他說，慈師父關心志工進出的安全與作息，時常吩咐要休息不要太累；每當要告假回家，慈師父總是準備便當，還大包小包地，深怕他在路上餓著。慈師父煮的點心，野莧菜和加了自漬橄欖的鹹粥，是最難忘的滋味了！

慈師父總是細心觀察大家的喜好，誰不吃飯、喜吃麵食，哪些人愛吃臭豆腐……志工冒德旺幾年前來幫忙擴建工程，慈師父知道他不吃早餐只喝咖啡就上工，在上午點心時間，趕緊招呼他來用餐，還特地泡了杯咖啡。把每個人都疼入心！

「慈師父關心每個人的『心』，愛護每個人的『善念』。他一直照顧別人，從不重視自己，就像大家的母親。」在陶慈坊工作十多年的蘇鈺珉回憶剛來這裏工作，慈師父體恤他是外地人，還沒有發薪水就塞了零用錢給他，經常關懷他的生活，為他備辦衣物。夏天，他貪涼吃冰，慈師父會叮嚀先吃半碗，不要一下吃光，否則容易傷身。

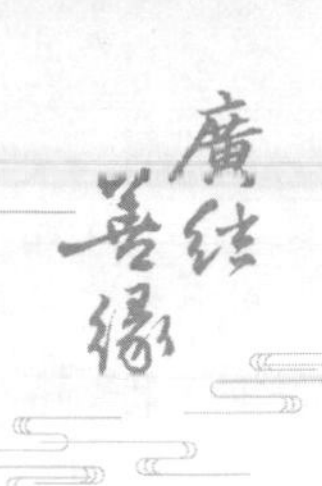

慈師父很歡迎志工來，但只要是年輕人，他會先行了解家庭經濟狀況，認為年輕人還需謀生，生活無虞才能安心做事，因此他的志工若非本身有工作，或是具藝術專長，就是退休族居多。

曾經染上毒品的吳紹民感恩慈師父將他納入正職，平日在生活和品行上不時多加照顧提醒，他才能安頓身心。慈師父在最後一次住院前夕，還關切阿民注意健康呢！

慈師父對人慈愛有加，連蟲蟻、貓狗都愛護。志工王琇珠幫忙挑菜時，慈師父叮嚀她小心菜蟲，避免小生命在清洗或烹煮時喪命，只要連同挑剩的莖葉再倒回田間即可。被慈師父收留在陶慈坊的喵喵，牠和咪咪是一對流浪貓，在咪咪失蹤後，喵喵幾次出去尋找未果。

「貓和人一樣也有情緒。」慈師父不時來安慰，偶爾見牠沒把碗裏的飼料吃完，也摸摸牠說：「要惜福喔！」

黑狗「妮妮」小時候很喜歡和人玩，有時咬著訪客的褲腳或裙襬不放，大家覺得牠調皮可愛，慈師父卻作勢要修理牠，「還小的時候就要教牠規矩，否則長大了咬起人來很痛，甚至會受傷！」一如慈師父對待晚輩適時「牽教」，才是真正的慈愛。

創意十足的「八十七歲代表作」

年初，慈師父手術翌日在病床上坐得挺直，像棵老松樹，他要讓上人和師兄弟們看了放心。住院期間，他精神抖擻地向醫療團隊提到自己完成的「八十七歲代表作」，「有機會再讓你們看看！」他笑說。

那是個拉壞的手拉坏，大大的陶壺本應圓弧形，因為拉歪了，要被廢掉。慈師父認為，那只是歪了，不是壞了。「其實藝術的東西不一定！歪也有歪的美，只要你能完成出一個作品。」

慈師父利用凹皺處當作山腰一處平臺，他在上面蓋房子，屋旁雕了一

棵老松樹，農夫正擔著柴、牽著牛，就路歸家。

多像慈師父的一生！即使環境不好，還是可以創造。慈師父非常得意自己獨特的創作，靠著雙手，他也創作了豐富的一生！

（攝影／蕭耀華）

為生計開始的創作

一九八七年慈師父接觸陶藝，剛開始想法很單純，只是想做些東西來賣，維持常住生活。從灌模、修坯、焙燒、繪畫、上釉……一步步慢慢學習，愈做愈有興趣，也激發了潛在的創作力；即使早年環境克難、人手少，他仍專注投入，樂在其中。

（攝影／蕭耀華）

年過五十學拉坏、七十學畫

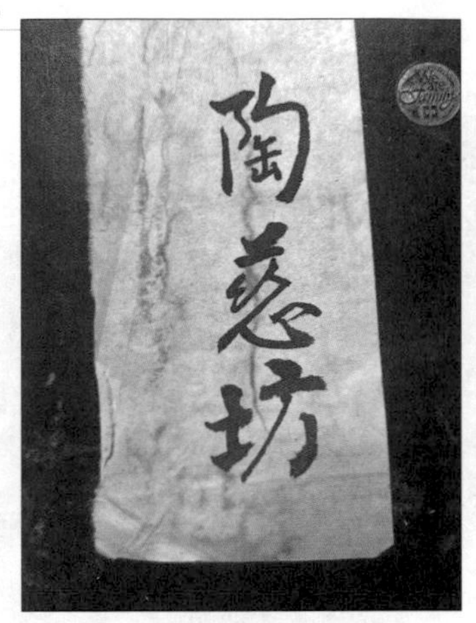

慈師父創作陶藝的空間，二〇一六年定名「陶慈坊」，取「慈濟」、「慈悲」寓意和「瓷器」諧音，又有「慈悲與大眾結緣」意涵。入口處「陶慈坊」三字，為慈師父親筆所書。年過五十學手拉坏，近七十學畫，經由國寶級花藝大師莊淑瓊老師指導，慈師父展開了山水畫創作興趣。

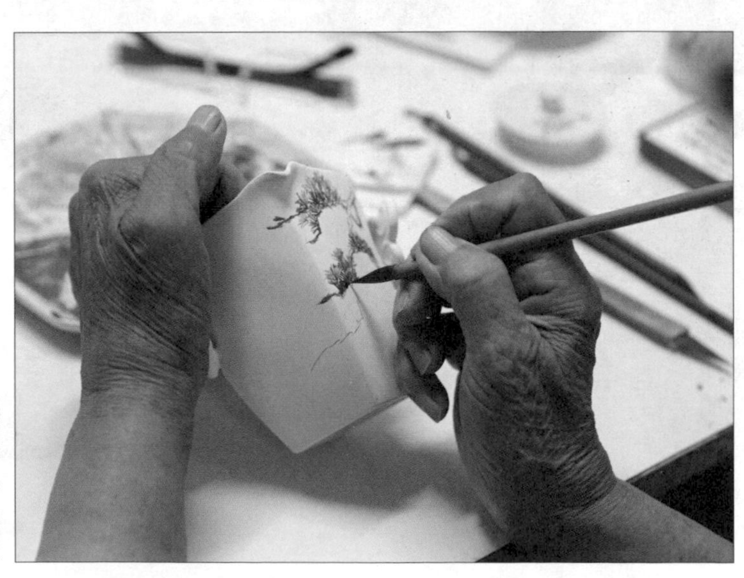

（攝影／許榮輝）

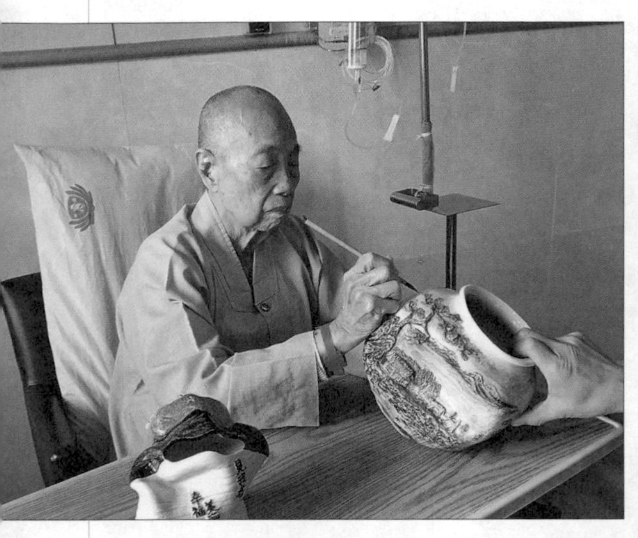

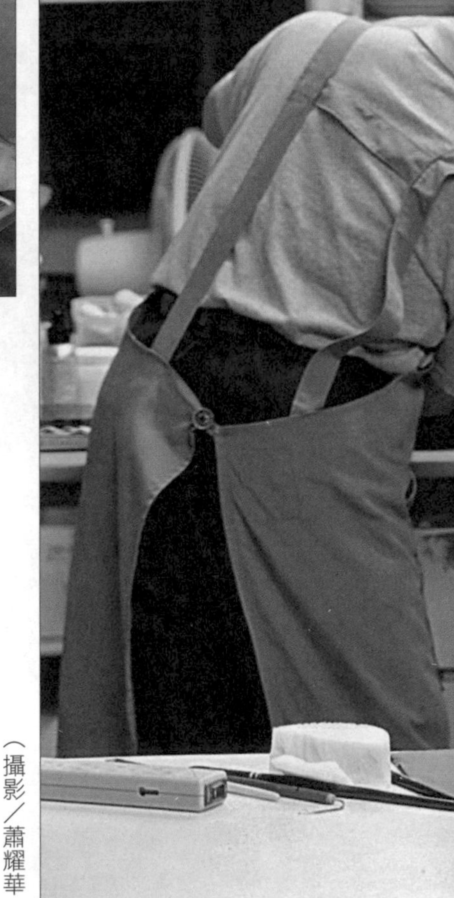

（攝影／蕭耀華）

八十七歲代表作

二〇二一年初，慈師父住院開刀，在病房休養期間，仍在修飾自己的創作。原本應該是圓弧形的陶壺，因為有人拉歪了想廢掉，慈師父回收來，在凹皺處創作出山腰一處平臺，屋旁有棵老松，農夫正擔著柴、牽著牛，就路歸家。慈師父稱這是「八十七歲代表作」！

寧靜專一的修行

「我沒有畫畫和做陶的基礎，都是為了生活硬做的。」面對眾人的稱讚，慈師父總是這麼說。從早年為了生活而做，到後來為了興趣而創作，每一步走得艱辛卻也踏實。慈師父在這方天地間找到無限發揮的可能。

（攝影／陳友朋）

（攝影／黃筱哲）

（攝影／蕭耀華）

（中圖、下圖攝影／黃筱哲）

身心安住處

位於精舍一角的「陶慈坊」是營隊或是訪客必定造訪的定點，這裏是慈師父的創作天地，也是許多人獲得重生的起點。一杯茶、一碗點心，是他接待志工們的心意，不論是聽「慈師父講古」，或是在此發揮一己之力，人人身心都獲得滿滿的能量。

（攝影／許榮輝）

（攝影／蕭耀華）

（下圖攝影／黃炳添）

（攝影／汪秋戀）

（攝影／陳鴻震）

不只是藝術品

二〇〇四年底印度洋大海嘯，慈濟發起「大愛進南亞，真情膚苦難」募款援助災民，慈師父捐出數十幅畫作及陶瓷藝品，義賣所得全數捐作賑災之用。

（攝影／馬宏政）

陶瓷畫上的故事

從過去「聽」慈師父講古，到近年來「看」慈師父講古，他將早年慈濟克難起家的一則則感人故事，繪製雕刻成一塊塊陶瓷創作，銘記並延續那段篳路藍縷，克己、克勤、克儉、克難的靜思法脈精神。

（攝影／詹進德）

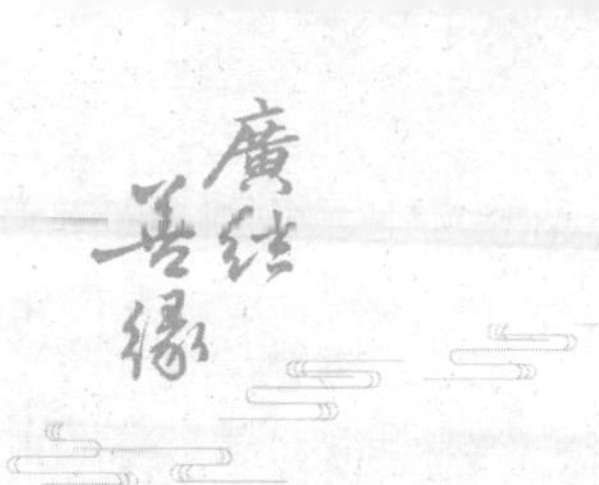
廣結善緣

美感與實用兼具的生活器皿

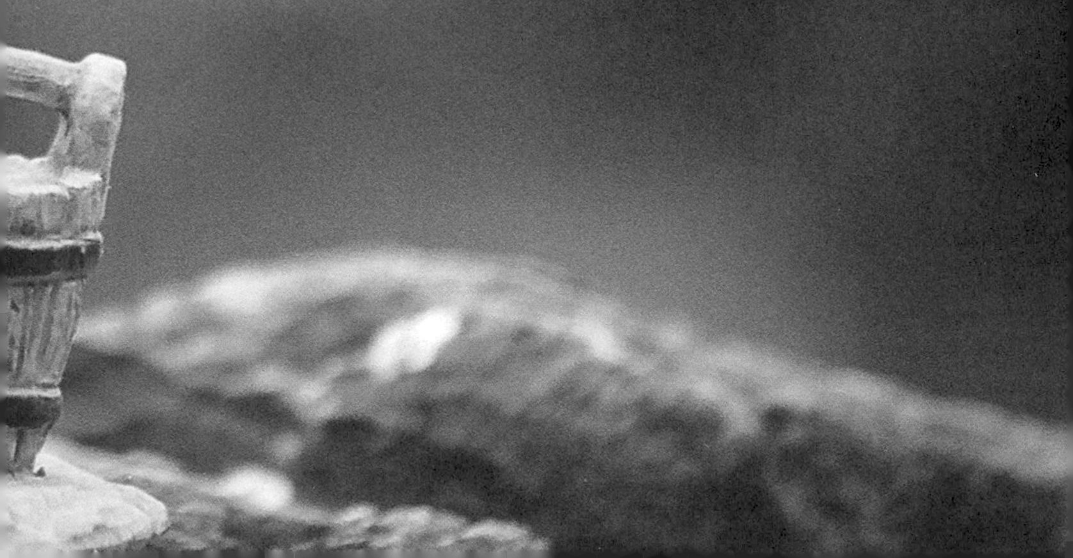

卍
靜思精舍

廣結善緣

廣結善緣

畫出記憶中的歷史

慈師父年近七十學畫，尤其愛畫黑松和山水。他說：「上人喜歡黑松，因為它耐寒、耐熱，值得我們學習。」精舍做過二十多種手工，許多沒有留下圖像紀錄，慈師父透過水墨畫，畫出記憶中的歷史。

松陰禪入定心伴白雲共
時在甲申春日
石牛老牧朗然祖題
釋慈雲畫

勤耕福田
慈濟發祥地
靜思精舍
釋德慈繪

青巖出
碧潭流
林深
甲申
春三月
釋慈雲
畫於
靜思精舍

衡崖直落萬雷鳴氣勢驚動一溪秋
甲申春三月
釋慈雲畫於花蓮靜思精舍

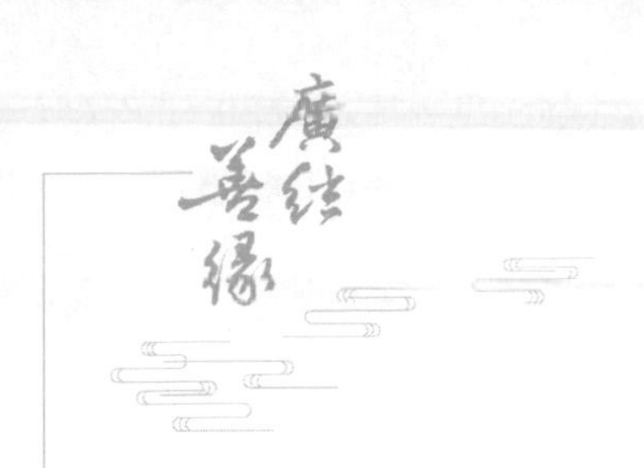
廣結善緣

啟航
生々世々
都在菩提中
乙酉年
釋德慈繪

是諸眾生　安隱樂處

浮葉另帖

撰文／蘇芳霈

行不繫於所欲

那年初遇慈師父，精舍陶藝坊方興，乘國際慈濟人醫年會回精舍，與同行醫療人員欲探究竟，三三兩兩漫步過菜園那一隅。

小徑初醒似地一路綠漾，陶藝坊走道外盆盆花樹婆娑。

那些種花的陶盆，大多是慈師父嘗試做陶時，同一件作品製作過程中，由於新舊陶土軟、硬、溼、乾程度不同，素燒時，火熱熨燙過層層迴異陶質，水氣奔騰而出，陶作開始皺縮，在那個過程中產生了剝裂。陶作失敗，慈師父惜物，就把這些有瑕疵的素坏陶盆拿來種花。

一盆陶一盆花堆出來的屋外景色，有著慈師父純樸節儉善用的美德。

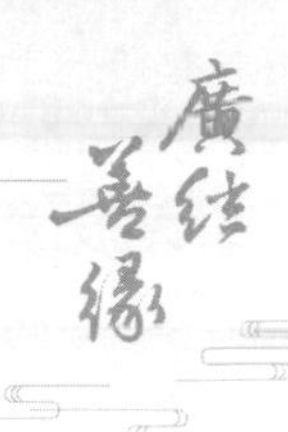

舊時美好藝術生活的美，有如真實過後的回憶。

遠遠見慈師父步履蹣跚迎來，「我們在那兒見過面，那麼熟悉？」慈師父問我。我也有同感，只是愣愣地，傻傻微笑不語。同行師姊便向慈師父介紹：「她是藥師，也很會做陶、繪圖，還寫文章出版書籍。她的藥局星期六下午有陶藝治療，我有一次好奇，也去湊熱鬧捏了一個作品！」慈師父眼睛一亮，趕緊招呼我們進陶藝坊。

慈師父先是從架上取了一個素坏陶碗給我，讓我用毛筆沾釉色畫圖在陶碗表面。

陶作表面的圖樣顏色，分兩種情況而為。一種是尚未燒成素坏前，先在微軟的陶作表面，以雕刻針刻畫出喜歡的紋路或圖樣，再素燒；素燒後，再以噴槍放入想要上的釉色來噴，藉由釉色噴量深淺不同，在釉燒時會產生色澤變化來豐富陶作。另一種是陶作完成皆素燒好了之後，再用毛筆沾釉色在陶作表面作畫。這種方式比較不穩定，因為釉色上得不夠厚時，釉燒不呈色，或說色澤極淡，圖樣便容易因釉色呈現不一而失真。以往我習慣於前者。但慈師父要我在素燒好的陶作上畫，我就畫了一個簡單的貓睡圖，畫的過程比平日慢好幾倍，因為要斟酌釉色的厚度是足夠呈現美麗色澤緣故。他看了後說：「好口愛！我也喜歡貓咧……」我們被他平易近人的慈祥和質樸的臺灣國語，逗得笑呵呵……

舊時陶藝坊尚無展示間，只有用鋁門窗建成，靠牆簡陋的釘了木桌板，牆上有好多插頭，屋內也擺了舊長方桌，一桌堆著花器、另一桌堆滿陶碗、小茶杯，再另一桌中間以高木架隔開成兩個工作桌，木架上也放滿陶碗；而宇宙大覺者座臺就在靠近裏邊燒陶的另一個長桌上，對面的牆堆滿了裝陶的容器，很是克難。

時光凌空一劃，幽幽靜靜。

光線自窗外亮進記憶，慈師父侃侃聊：「我自己傻傻什麼都不懂啦，師父要我畫佛像給他看，我就傻傻地畫給師父看。畫了好幾次師父都不滿意，到不知第幾次師父終於說可以了！我好高興！就依照那個像胡亂做，變出宇宙大覺者！師父眼力真好，他說好就是真的好。你們看，做起來這麼莊嚴！到現在我都懷疑這是我的作品！」

慈師父雙手珍貴地抱著粗製品，一直笑得合不攏嘴！

從緊張忐忑到做得熟稔，歷經多少歲月。我彷彿看見河中有倒影，不再漂縷著被打散碎苦的月色，而是一條長綿如漣的祈禱回聲。

他老人家一邊講，一邊自嘲著笑。他的笑容、音語，總是發於真摯，行不繫於所欲。

味不絕於什調

他很疼孩子，就是慈母的味道。

我去陶藝坊探他，他總是從牆架上取下一盤一盤的零食，要我品嘗。

有糖果、有話梅、有餅乾。

「咱慈濟草創時，有夠辛苦，沒地方住，有草蓆有木板就很好了，腳都還無法伸直。三餐不繼，還欠債。」那是一個瑣碎年代，要開啟另一種完整的可能。「欠債好多，我們什麼都做，織毛線衣、農作、糊水泥袋、做嬰兒鞋……但都賺很少。有一次種稻，打算可以還錢，沒想到經驗不足，稻都枯黃顛倒了……」他凝眉斂色講過往經歷，傳續承脈這本用韌力寫來的生命筆記本，滔滔不絕。「要惜福喔……」說著說著，就把盤裏剩餘的零食往我手上堆……

靜思精舍常有外客來訪、海內外師兄姊回來向上人報告、營隊回精舍，或師父們出坡被小蟲子叮咬、受傷等等，都需要設醫療站守護大家的健康。輪值精舍醫療站時，每每要趕火車了，就看他老人家拿著我們的便當衝入廚房，問其他師父菜炒好了沒？「卡緊！卡緊！孩子會趕不及上火車……」還會一直招手要我們去挑要什麼菜色。廚房內熱氣蒸騰、煙霧瀰漫，師父們揮汗炒菜，一大盤一大盤都是師父們出坡親手栽種出來的青菜，一盤盤的愛，心靈滿是悸動。「多拿一點，得要吃飽飽喔……」

慈師父拿來一只紙袋，把我們裝好的便當一一放進袋子，又再去拿水果放進去……一顆慈母心，一直以不同面目與溫度，活滋我們靈魂。

這一幕，有如一扇音隙裏傳來的爐火，一次次蹣跚而殷切的背影裏，有著彼此矜離無言的腳步聲！味不絕於什調！

心如詩的意志

新店靜思堂啟幕，《慈師父講古》一書出版，正值尼泊爾震災義診隔年，靜思堂有一個空間布展慈師父書中的舊時物。我坐在一旁靜靜聽他向其他人侃侃說道：「以前白天忙碌晚上讀書，師父說我們要有知識，教我們讀《論語》。師父很嚴，我常常聽不懂，有時累到睡著了，眼睛還睜著不敢閉……」大家被他逗得笑歪了腰……

出生在日治時代又遭逢戰爭，學業斷斷續續，「不識字也要寫字啊……」慈師父說：「你們看，作畫結束不是要寫字，陶作上也要寫字。剛開始學人家依樣畫葫蘆，可是畫不成葫蘆，倒像草啦……」一夥人又是一陣催淚的笑開來。「但是你們看，我現在可以這樣寫了，雖然不是很美，但看得出是什麼字。師父常說要『多用心』，專業要有雄心，不要有野心。不是專業，做久了，也就變成專業。我們就是做中學，學中覺。」此時笑聲化成了讚歎！

慈師父墨畫有著樸拙之美。他畫慈濟草創時種種：畫上人抱著甘蔗葉走在借來的牛隻前，引誘牛隻往前帶動，後面的他雙手抓住鐵耙用力犁田的情境；畫精舍在一片美秀山田間；畫他所見慈濟一路走來既甘美也萬苦千辛的一切……心如詩的意志。

而今陶藝坊的入口處，他用毛筆墨汁親筆寫下「陶慈坊」三個字。字

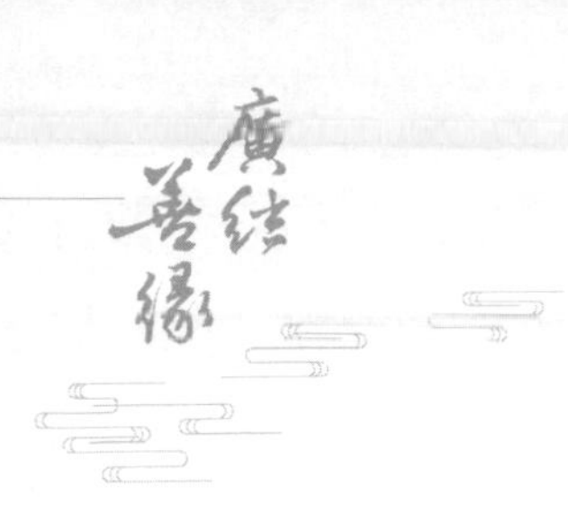

如人，那般慈悲、謙和、樸實又充滿愛。

法脈宗門精神的無量心燈，是他手作的聚寶盆。盆燈表面除了陶鑄著精舍圖樣，並有慈師父的墨寶；即《無量義經》的精髓——「靜寂清澄，志玄虛漠，守之不動，億百千劫」。於是乎精舍的長廊一到夜，黃澄澄溫柔的一盞盞無量心燈，便來點亮人人前行路。

對慈師父而言，手拉坏、作畫、精舍草創前艱辛賺錢來堅持做善事的每一樣工作，無不都是一種修行。

他充滿藝術天分的靈魂，在陶藝世界有如夜裏那串微醒餘香的玉蘭花、早晨灶鍋上冒煙的白米粥、精舍後山蒸騰的純白山嵐……

他的為人充滿溫度。身上舊衫褲、早課時因膝關節退化艱難久跪的身形……母親再也無法走太遠的路去賞花了。

慈師父也像墨色凝固在絹帛或紙面上的一塊深黑，經過水的滲透，溼潤毛筆的筆鋒一次又一次地暈染、渲刷、沖淡，墨色與紙絹的纖維開始了交融，發生瀅潤如光層次的色澤變化。他融入智慧的總總，溫潤如玉，是一片遁入湖水還柔軟的葉子，有顏色回味的痕跡。心如詩的意志，浮葉要另帖了……

（畫作／蘇芳霈）

我生命的貴人

口述／蘇鈺珉　整理／王鳳娥

曾經沉迷賭博，我賭掉了房子，也輸掉了人生。
慈師父慈悲收留我，來陶慈坊是我這輩子最幸福、最有意義的事。

過去的我迷迷茫茫，終日沉迷賭博，賭掉了房子，也輸掉了人生。就在負債累累、走投無路時，有機緣到高雄路竹慈濟環保站做環保。看到環保志工快樂付出，和自己過去的人生觀大相逕庭，又聽到《無量義經》歌曲，感動得掉下眼淚……或許冥冥之中，我早已和慈濟結緣了。

姊姊曾在高雄經營素食自助餐，認識了慈濟志工高惟碤，高師兄後來

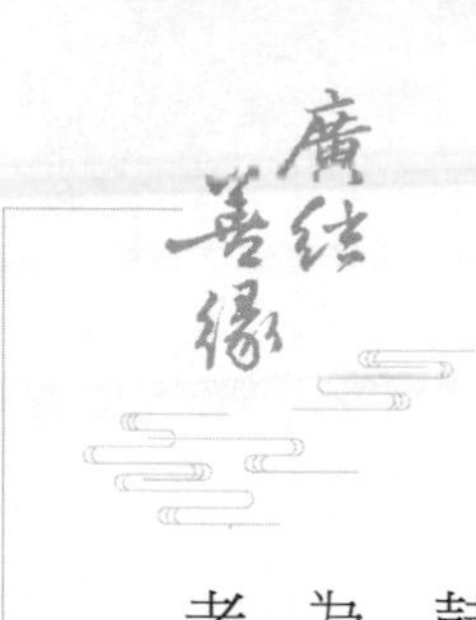

移居花蓮，當我不知何去何從時，跟著他來到花蓮、來到了慈師父的陶慈坊，成為我人生重要的轉捩點。

剛到陶慈坊報到不久，慈師父就拿了兩萬元給我，我不敢收，「在這裏有得吃、有得住，不用給我錢。」但慈師父堅持要我收下，他說：「你家裏還有兩個孩子要養，一定要拿。」之後還幫我加薪，希望我能安心在這裏工作。

陶慈坊就像一個溫暖的家，不論職工或志工，慈師父都因材施教、用愛管理，照顧到每個人的心。有一次志工在灌模，灌到來不及給修坏的人修，慈師父便開玩笑說：「灌到漏氣了喔！」輕輕一句話，大家就知道要加緊速度做。如果有人畫不好或是做壞了，他也不會責備，只是輕聲提醒，鼓勵大家更用心去做。慈師父的溫暖、體貼、處處為人著想、凡事親力親為，早已融化了我的心，成為我敬重和景仰的長者，也是值得我學習的好老師。

慈師父比我的媽媽還「媽媽」——天冷了，怕我沒衣服穿、睡不暖，為我準備新的衛生衣褲和毛毯；觀察到我沒去齋堂用餐，特地為我準備早餐，下午還親自煮點心給大家吃。後來，煮點心成為慈師父的習慣，時間一到就會煮；即使有事外出，也會交代其他人準備。若多些志工回來精舍，他會煮臭豆腐招待大家，而且一定讓人人吃得夠。

在陶慈坊，每當外地來的志工要離開時，慈師父會準備伴手禮，吃的、用的都有，誠意十足；尤其農曆過年前，一定會有精舍做的年糕、發糕加上糖果組合而成的「祝福禮」，一包包寄給志工，這是慈師父過年的「日常」。去年歲末，慈師父臥病在床，還特地交代純賢師父，一定要把「祝福禮」送到每一位陶慈坊志工的手上。

每次回高雄探望家人，慈師父總會準備很多東西讓我帶回家，有給媽媽的、姊姊的，也有給小朋友的。慈師父會算好我到家的時間，一進門便接到他的電話：「到家了沒有？媽媽、孩子都好嗎？」後來，兩個孩子

受到慈師父鼓勵，來花蓮就讀慈濟學校，在美善的環境學習、成長。

有一次，我身體不適，慈師父幫忙掛號並安排去醫院檢查和治療。就連姊姊想來花蓮買房子，慈師父也熱心地幫忙找、幫忙看。今年農曆年前，姊姊一家順利搬進慈師父「看中意」的房子，姊姊感動地說：「慈師父是個心很細、很貼心的老人家！」

最近半年，慈師父反覆住院。四月十六日帶著虛弱的身體，親自到姊姊的新家走走看看；接著又到附近曾經關懷過的個案家庭去關心。他時時刻刻想去「照顧每一個人」的這分心，實在令人感動。

五月二十三日下午，慈師父從醫院被送回精舍，我內心雖然難過和不捨，但為了讓他安心，我含淚跪下說：「慈師父，您放心，我們一定會把陶慈坊繼續做下去，大家會很團結的，請安心！」

「來吃飯！」「點心煮好了！」此刻耳邊迴盪著慈師父常講的這幾句話。他是一位真正奉行「慈濟第一代弟子，要徹底犧牲」的修行者！

修去稜角

撰文／范芷寧

他專心一致刻畫手中的粗坏，或用海綿吸水細心修去上面的稜角。一如修行——用法水浸潤自心，慢慢修去不良習氣；用圓融的心，對待一切人事物。

當年還是慈青時，我參加暑期醫療志工結束後，就留在精舍陶慈坊幫忙；此後，每當寒暑假我就自動回花蓮報到。

曾參與製作過「無量心燈」，從灌漿、脫模、陰乾、修坏、上釉到進電窯。陰乾後的粗坏極其脆弱，需在下方壓著柔軟的海綿才能作業，空氣中更有大量粉塵。七、八月的花蓮天氣悶熱，還有好多小黑蚊，我常抱著要修坏的心燈到處躲，避免小黑蚊的攻擊。

有時，需要設計不同樣式的心燈，窗格是鏤空的，蓮花浮雕的深淺也

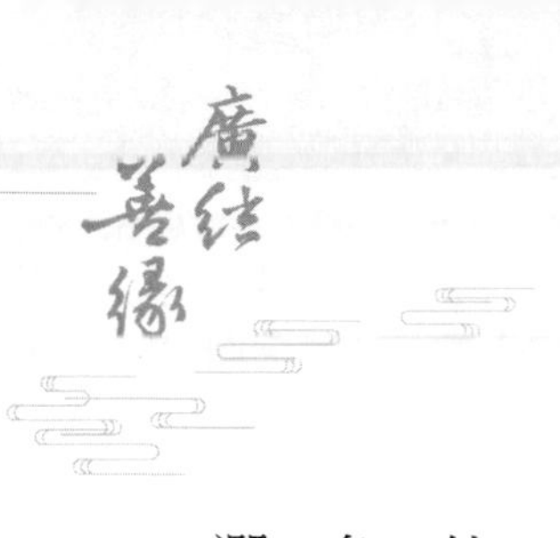

不同。慈師父總是細心地說明製作手法，或是讓我自由發揮；也教我如何調整和攪拌顏料，使其均勻後，再仔細仿精舍造型，塗上一柱一瓦；刷過兩次後，釉料就能讓對比效果更加明顯。

刻畫「飛天」作品時，人物的臉部細節與髮絲等等，也極具挑戰性。我常畫著畫著，就忘了時間，揉著痠痛的肩頸，卻充滿了成就感。後來這個飛天造型的無量心燈，被慈師父收藏起來了，我每次回精舍若有時間，一定會去陶慈坊看看它，那是手藝尚青澀時的作品，能這樣被慈師父收藏，心中有無限的感動與感恩。

我有時會站在慈師父的背後，興致盎然地觀察他工作時的神采。看著他專心一致，慢慢地刻畫手中的粗坏，或用海綿吸水細心修去上面的稜角，人物與景象就在他的手中慢慢鮮活了起來。這就好比修行，用法水浸潤自心，慢慢修去不良習氣，用圓融的心，對待一切人事物。

慈師父有個獨立工作坊，裏面收藏許多書畫和字帖，還有他早期的創作，包括茶壺、茶杯、瓷盤等，堪稱是「藏經閣」，也是寶庫。慈師父知道我有書法底子，就帶我進工作坊，教我寫字、畫松。初時，我會擔心畫得不好或壞了作品；然而，慈師父很慈悲，他不會說好或不好，只是要我多觀察松樹的枝葉與姿態。慈師父就這樣靜靜地畫著，我在旁翻看畫冊，揣摩、臨摹了起來，往往一待就是半天過去。

每回假期即將結束，要離開精舍前，跟慈師父告假，他會說：「要回去了喔？有沒有帶便當？」然後就塞給我一個餐盒。在回程火車上，我捧著重重的便當盒，心裏滿是他的關懷和慈愛，鼻子一酸，就像離家的孩子開始想家了！

大學畢業後，我進入靜思書軒工作，無法再像學生時期自由地背起行囊回精舍；但每當夏天，我總回想起在陶慈坊的時光，充滿各種回憶。此時此刻，彷彿看見慈師父笑瞇瞇走進陶慈坊跟大家打招呼，又彷彿看到他漫步在精舍的慈祥身影……

學松

口述／周慮元　整理／葉文鶯

慈師父喜歡畫松樹，他教導我們要學習松樹的耐力和韌性，則無事不成。

早期陶慈坊的作品沒有在靜思書軒展售，很多慈濟人回來精舍尋根，聽了慈師父講古，被克己克勤、克儉克難的靜思家風感動，紛紛請購護持。我曾在服飾店工作過，有門市銷售經驗，所以有一年多的時間，在陶慈坊接待訪客、介紹作品。

慈師父創作能量豐沛、富有意涵，尤其強調「美」與「善」，就連杯蓋或握柄上的一小片葉子，他都會仔細研究。師父尤其喜歡畫松樹，他教導我們要學習松樹的耐力和韌性，像上人遇到認為非做不可的事情，如做慈善、蓋醫院、國際賑災，再困難也咬緊牙根堅持下去。

遇到有繪畫專才的人來陶慈坊幫忙，慈師父會把握機會虛心求教，尤其對於自認為不擅長的白雲、瀑布、流水等細節，更是認真學習。後來慈師父完成六幅山水畫作，很多人不敢相信那是素人的作品。

平時慈師父到營隊講古，一派輕鬆自然的樣子，沒想到上臺講話對他來說，很有壓力。尤其年紀漸漸大了，加上一些慢性疾病導致身體不適，間接影響睡眠品質，因此當精神不濟又要面對大眾講話時，心裏難免緊張。

為了幫慈師父打氣，只要「慈師父講古」時間一到，我都盡可能在場。記得有一次，慈師父連續多天講古，學員的回饋都覺得收穫很大。「明天也有一場，後面還有好幾場……」聽慈師父這麼說，我還不知道他擔心什麼，就說：「師父，您講得很好，而且每一場內容都不一樣，沒有重複，聽起來很精彩！」這是我的肺腑之言。

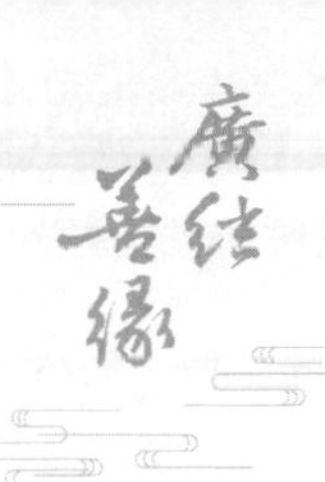

但是到了第三天，慈師父好像有點疲憊；第四天上臺，他笑著直點頭，眼神有點空洞，遲遲沒有開口。我見狀立刻去找隊輔，「慈師父對於精舍的事情一定有問必答，請讓學員自由發問。」果然，面對學員提出一個個問題，慈師父對答如流，現場變得好熱絡！

等慈師父分享結束，他才說前一晚緊張到幾乎沒睡，腦袋突然空白。「師父，您年紀大了，也不可能這樣一直講。」我建議將分享的內容寫成一本書，讓大家從書中知道精舍的來龍去脈，而且很多小故事都值得用文字記錄下來。一段時間後，《慈師父講古》書籍出版了，裏面還有六幅慈師父的畫作，絕對是一本值得珍藏的書。

慈師父常教我們：「對於柔弱者要扶持，給予信心和協助；對於強勢者避而遠之，不要直接起衝突，如佛陀所說的『默擯之』。」我從他身上發現很多待人處世細膩的地方，譬如陶慈坊旁邊有一畦菜園，很多菜特別嫩又好吃，師父常常現採了下廚煮給大家吃，這是對大家的一分疼惜心。

許多海外慈濟人對陶慈坊的作品愛不釋手，但是要帶回僑居地，尤其像陶燈這種大型雕刻品，必須小心避免碰撞，於是慈師父在打包上做了細心的考量與規畫。

慈師父總是很忙，但只要人家有需要，他都願意幫忙。光是學會這一點，就能與人多結好緣。所以每當有人問：「可以麻煩你嗎？」我就說：「沒問題！」這是慈師父教會我待人處世的態度。

牡丹花瓶的約定

口述／蔡素貞　整理／王鳳娥

慈師父拿了兩個花瓶粗坏給我，要我畫上牡丹。我對畫牡丹並不拿手，每天回家用宣紙練習，畫了半年，終於畫成功了！很遺憾，他來不及看了……

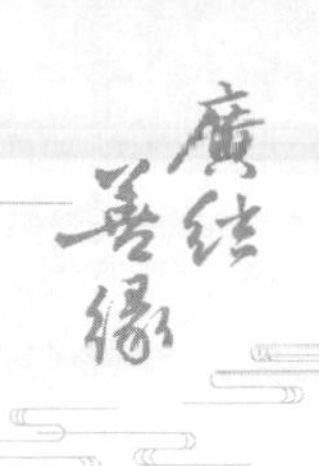

我自學繪畫二十幾年，從國畫、油畫到瓷畫，尤其鍾情於瓷畫和陶藝雕塑。當潘惠珠師姊向慈師父引薦我來陶慈坊當志工時，慈師父很高興地說：「好！卡緊帶她來。」

那是二〇一九年，當時伊代氣旋重創東非的莫三比克，慈濟發動賑災，陶慈坊在慈師父帶領下製作陶藝品義賣，我就在這因緣下認識慈師父。我是平凡的家庭主婦，平時在家務、侍奉公婆之餘，喜歡一個人靜靜地作畫；生活中除了家人，沒什麼朋友，慈師父是我「出社會」認識的第一位師父，他帶我走出不一樣的人生。

「我可以帶回家做嗎？」長年在家創作已成習慣，我向慈師父說出這個不情之請。「可以啊！」慈師父很慈悲，一口就答應。

日後，先生利用休假日陪我到陶慈坊拿粗坏回家雕塑和上畫。每次回精舍，慈師父都很熱情招呼：「坐坐坐，來泡茶。」然後端上點心。「你看！這裏可以看到後面菜園，很多師父在種菜，這景象多美啊！」在泡茶聊天中，慈師父說起精舍自力更生的家風，和早年農耕的艱苦生活。「卡早種田時，沒牛，要去借牛，半夜要起來巡田水、放水……生活艱苦，常常沒有東西吃……」先生從小家境貧困，做過農事，聽到這些很有共鳴。

知道我先生在花蓮監獄戒護科上班，慈師父關心問起：「現在受刑人，犯什麼罪比較多？你如何教化他們？」他並且叮嚀先生要用心：「要好好輔導，幫助他們改過自新、重新做人。」

母親早逝，第一次見到慈師父，他的親切和熱情，讓我彷彿像看到母親一樣，有「回家」的感覺。慈師父不只關心我們一家，也關心社會問題，這樣的長者風範，很令人感動。先生感嘆我們那麼晚才認識慈師父，「真是相見恨晚！」很慚愧身為花蓮人，我們夫妻只知道慈濟，卻不認識慈濟。從慈師父口中的「講古」才慢慢認識慈濟。因為感動，二〇二〇年我和先生一起參加慈濟委員見習，今年加入培訓行列。

在陶藝創作上，慈師父給我很大的空間，只輕輕交代：請購者大多喜

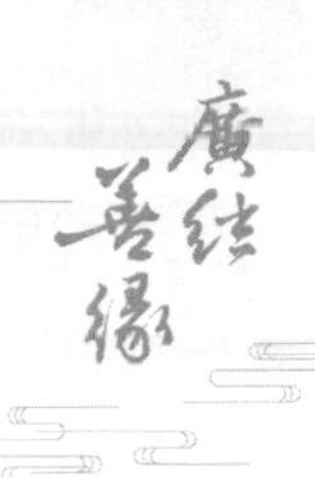

歡清雅的國畫，清清素素就好，不要複雜，也不要畫菊花。我除了作畫上色，還做浮雕。慈師父深入淺出指導我如何下筆、注意深淺顏色、燒出來會是什麼顏色等，讓我受益很多。

慈師父陶藝功力非常好，雖然八十幾歲了，眼力很好，很注意細節，欣賞的角度也有獨到之處。有位師姊做了一位修行者側身坐在石頭上的陶藝，那背影就是慈師父。慈師父遠遠看了一陣子後，笑著說：「這比丘尼坐在石頭上，可是石頭在斜坡上，豈不是會跌落去？呵呵，要改啦！」

我在陶慈坊第一個作品，是一個白底青花瓷的蓮花浮雕花瓶，慈師父看了說：「做得很漂亮，你帶回家做紀念。」當下我很疑惑，是做不好嗎？潘惠珠師姊笑著跟我說：「師父覺得你做得太好了，捨不得賣，要你留著做紀念！」之後，無論我做什麼作品，慈師父都說：「好，這樣好。」讓我對自己的創作更有信心了。

慈師父指導陶藝時，不會說很多話，他讓我們看著自己的作品，好壞自己去感覺；若實在不知道，他才「點」你一下。「竹子有新竹、老竹和竹筍，也有前景、中景和遠景。」慈師父會提點：「畫山時，要注意有第一層山、第二層山、第三層山，有的要有雲朵，有的要比較柔軟。近的山比較寬，遠的山比較朦朧，遠近要有層次感……」慈師父也分享水波的畫法：「水波碰到石頭，波紋有遠、近，畫法就不同，這樣才會有真實感。」

去年年中，慈師父拿了兩個花瓶粗坏給我，要我畫上牡丹。我對畫牡丹並不拿手，為了慎重，我想先在家練習，等畫得很好了，才畫在花瓶上。

回家後，我每天用宣紙練習畫牡丹，畫了半年，終於畫成功了！我想，以後慈師父想要怎樣的牡丹姿態，我都可以完美呈現。然而，很遺憾，慈師父因生命自然法則，來不及看了……

我要向敬愛的慈師父說：感恩您一直鼓勵我，我會一直畫下去！

用心就是專業

撰文／陳美羿

慈師父用「禪修」的心態，用「鍛鍊」的精神，造就出獨特的作品，陳富雄老師讚歎：造詣很深！

在陶慈坊工作區，見到頭髮花白的陳富雄。他在這裏當志工已經七年了，主要是在陶瓷品上作畫。任職臺電，爾後經商的他，家住高雄小港。因為母親是慈濟環保志工，九十歲往生後，陳富雄要接棒做慈濟，社區的資深志工王福星知道他有繪畫專長，就推薦他來精舍陶慈坊幫忙。

「慈師父都叫我『陳老師』，我覺得很不好意思。」陳富雄說，「我初中、高中學水墨畫和書法，退休之後學油畫，但是我從來沒在陶瓷上畫畫，剛開始簡直被嚇到。釉彩一畫上去馬上就乾掉，無法運筆，跟我以前擅長的繪畫完全不一樣！」被嚇壞的陳富雄只好先在瑕疵品上練習。「慈師父知道我踢到鐵板了，但他不動聲色，觀察了一個上午，告訴我，不要怕！大膽去畫！」

陳富雄在慈師父鼓勵下，漸漸抓到訣竅，這一做，一眨眼就七年了。他謙遜地說：「我不是天天在這裏，每個月只來六天而已。」

慈師父很謙虛，一直說自己不會畫，字也寫不好。可是用心就是專業，多年下來，用「禪修」的心態，用「鍛鍊」的精神創作。陳富雄讚歎，慈師父的作品「造詣很深」，被眾多有心人收藏。

「包容」是慈師父令人感動、敬重的一項特質。有的事情他看在眼裏，也不說破，等到因緣時機成熟，才輕輕提出建議。陳富雄舉例：「我在落款時，常用草書或行書。很長一段時間後，慈師父才問我：這樣寫人家看得懂嗎？後來我改用隸書，感覺很莊嚴，很有人文，我自己都很喜歡。」

畫梅花時，陳富雄會畫梅花的各種姿態以求變化，「慈師父告訴我，

梅花要向上昂揚，不要垂下來，免得人家說是『倒楣（梅）』。慈師父還感慨一句，凡夫哪！就會有些奇怪的聯想。其實慈師父是藉機教導我們，凡事要正向，要向上、向善。」

在陶慈坊，無論是職工還是志工，甚至來客，都嘗過慈師父親手烹調的美味點心。陳富雄說：「一根大蘿蔔，慈師父會變出三道飯菜：蘿蔔加米煮成一鍋蘿蔔絲稀飯；葉子做成可口的雪裏紅；蘿蔔皮醃一醃，又是一道美味小菜。」

精舍克勤、克儉、刻苦的生活，數十年如一日。慈師父不浪費一粥一飯、一絲一縷，由一根蘿蔔可見。

一年多前，陳富雄開始畫Q版的卡通，慈師父看了說：「這樣可以吸引年輕人和小朋友。」得到認可後，陳富雄更加努力創作。「我畫了可愛的十二生肖。」那是一系列的白瓷撲滿，溫潤的瓶身上，可愛的小沙彌正伏案苦讀，閉著眼睛，彷彿在打瞌睡，旁邊小老鼠捧著蠟燭，叮嚀道：「多用心！」每一個生肖動物，都有「法」蘊藏在趣味中，不是說教，而是讓人會心一笑，輕輕地映入眼簾，存進腦海中。

不曾見過慈師父生氣，或講重話，他對身邊的人，總是噓寒問暖、無微不至。五月下旬慈師父從醫院回到精舍，陳富雄在病榻前頂禮，請慈師父安心：「您永遠都在我們身邊，我們會更用心，把陶慈坊顧好，把作品做得更好。請師父放心！」

缺月重圓會有時

撰文／康慶淋

韓愈〈師說〉有言：「聞道有先後，術業有專攻。」對於知識的追求、對於正法的渴望，慈師父不僅言傳，更以身教。

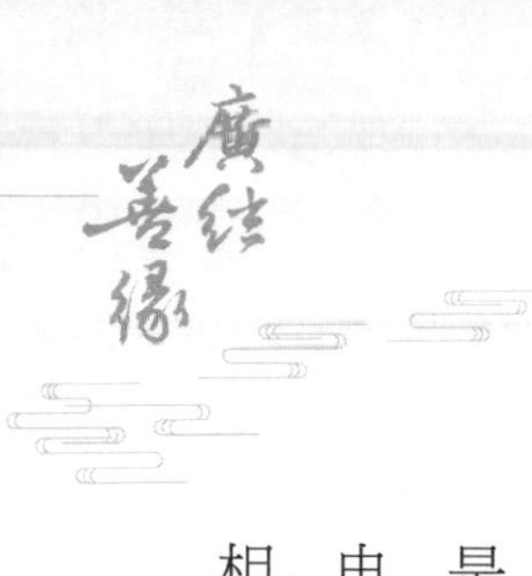

那是個颱風即將到來的午後。慈師父正在做防颱準備，忙著把機具搬進陶慈坊裏，那時的我並不知道他是上人的大弟子，只感覺一個長者怎麼搬得動那麼重的機具？便上前幫忙。就這樣與慈師父結緣了。

精舍進行增建工程時，許多志工回來參與，慈師父親手繪製馬克杯，要和志工們結緣。馬克杯繪製耗時，慈師父花了一整個下午教導我繪製，不斷擦掉重做。他自己做可能更快更有效率，但他布施了時間教我，讓我也有機會為善競爭，日益精進。

慈師父願意停下腳步來等待弟子，給弟子付出與結緣的機會；但是在佛法現代化上，腳步卻未曾減慢。在我們認為不燃燒金紙，只點清香一炷是非常環保的當下，慈師父已經與常住眾著手研發「淨斯水香爐」，用冉冉升起的水煙，取代實體的香煙禮敬諸佛。雖說「心誠則靈」是理想，「藉相修行」卻能普應一切根機；這是接引眾生的善巧方便法。

從小父母給予的教育，就是不可輕易接受別人的饋贈，因為無功不受祿。第一次慈師父給我結緣品時，我不敢收。他告訴我，如果有人要跟你結緣，應該欣然接受，並祝福彼此的緣能夠生生世世接續。從此以後，我每次回精舍，便不害臊地接受各式各樣的結緣品，我想，或許領得愈多，緣就結得愈深吧！

韓愈〈師說〉有言：「聞道有先後，術業有專攻，如是而已。」對於善知識的追求、對於正法的渴望，慈師父不僅言傳，更是身教。他年長於上人，但服膺上人的法，為〈師說〉做了最好的示範與註解。

每天都有很多慈濟人回到精舍，身為大師兄的他，不僅熱情接待，也為會眾導覽、講解慈濟一路走來的篳路藍縷，講述早年上人跟弟子們，怎麼把苦日子過得不那麼苦；也要我們自我警惕，不要把好日子過苦了。慈師父是個親切、隨和又讓人自在的長者，用身教引領我們深入佛法。

身為第一代靜思弟子，慈師父總說「要有徹底犧牲的覺悟」。他用純樸又溫暖的語言，讓我們得以窺探上人不同於世人的眼界，超過半世紀的

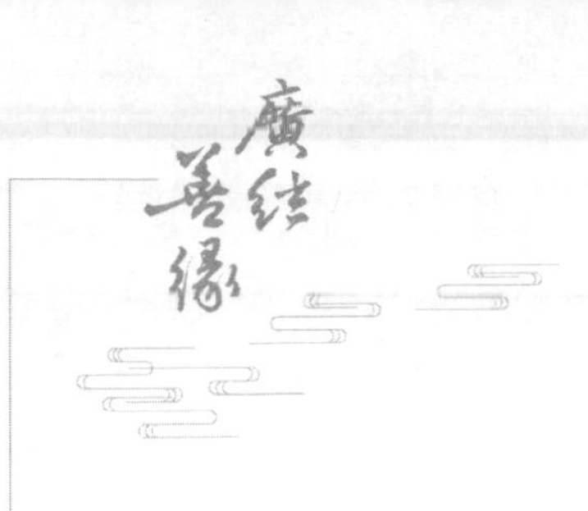

堅持與慈悲的心懷，自始至終，始終如一。

林朝崧有詩云：「情天再補雖無術，缺月重圓會有時。」自然法則非人能改變，祝福慈愛的慈師父乘願再來慈濟相會。

不被困難克服

口述／陳貴珠　採訪整理／陳美羿、高玉美

手上那支電鑽一分鐘的轉速高達兩萬多次，一個不小心就會刻壞了，每次刻壞就要補土。經過一個多星期的刻刻補補，我終於完成了第一件作品。

先生往生後，我的心情一度低落，整天悶在家中。由於曾經是骨髓關懷小組成員，經常陪伴從國外來取髓的醫師回精舍，寰師父希望我回精舍常住。但我是一個以家庭為重的人，孫子才兩歲多，我怎麼捨得放下家庭呢？

沒想到兒子成就了我，他說：「媽媽，只要您高興就好，照顧小孩是我們為人父母的責任。」在穎師父召喚下，那年又因日本發生三一一大地震，災情慘重，協力工廠正趕製賑災用的香積飯，於是我收拾簡單的行李，從臺北回到了精舍。

製作香積飯，必須在低溫的環境下，我對於冷氣又很敏感；一日，經過陶慈坊，同行的穎媽媽說：「你那麼怕冷氣，就來陶慈坊幫忙吧！」我不假思索就說：「可以啊！」

隔天我來到陶慈坊，慈師父一見到我就說：「坐下來，雕一個福慧燈。」當下我嚇到了，我什麼都不會，哪敢去碰雕刻的工作？我只好說：「感恩慈師父，我要先到協力工廠打聲招呼，這樣比較不會失禮。」

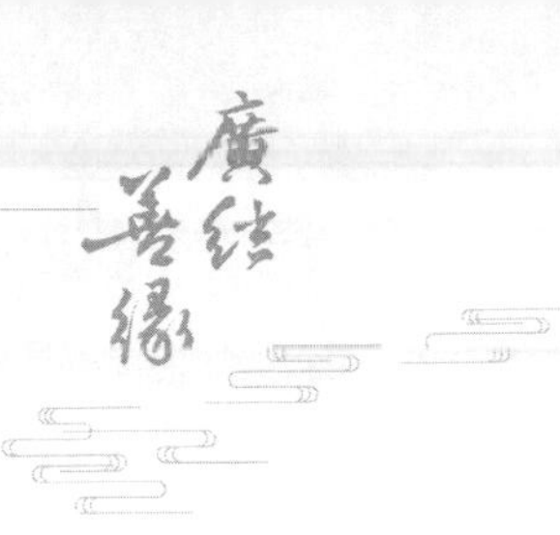

三天後我再到陶慈坊，慈師父依然要我雕福慧燈。我說：「那從瑕疵品先學習。」沒想到慈師父說：「不行，你心裏認為它是一個瑕疵品，就不會專心。」

當第一個成品擺在面前時，我深怕雕壞了，因為手上那支電鑽一分鐘的轉速高達兩萬多次，一個不小心就會刻壞了，每一次刻壞就要補土。經過一個多星期的刻刻補補，我把刻燈的工夫都學到了，也終於完成了第一件作品。

從那次經驗中，我深深體會到上人及慈師父他們早年的克難精神——人不要怕困難，遇到困難要克服它。慈濟不也是從荊棘小道的考驗中，走出今天跨越國際的慈善大道嗎？

二〇一九年陶慈坊製作了七百多尊佛像，我們將每一尊佛像的臉部和身體銜接後，再將溢出的土漿仔細剔除，並耐心地用砂紙磨細；而佛像的衣領部分，都經由慈師父親手修過，才呈現出一尊尊莊嚴的樣貌。

在陶慈坊這些年來，我從慈師父身上學習到「慈悲為懷，真心付出」。許多更生人因找不到工作再度誤入歧途，慈師父用地藏菩薩精神教化，讓他們在陶慈坊學習；還有一位後頸長瘤，慈師父催促他到醫院檢查。他不僅是對人，對待小動物也一樣愛護。有常住外出時，在路上發現兩隻被遺棄的幼貓，請示慈師父如何處理？慈師父說，讓牠們自生自滅不是辦法，可能被路邊疾駛而過的車子撞傷……於是這一黃一灰的兩隻小貓，就隨著師父們修行了。

小黃貓咪咪因為貪玩而走失，小灰貓喵喵每天在精舍四處走動，時間一到就回到陶慈坊，看到慈師父出現，便繞著他的腳邊磨蹭。慈師父也愛憐地摸摸牠，對牠說話。

生活上的小細節，也讓我敬佩慈師父的細心與悲心。有一回洗完杯子要用開水川燙消毒，平時我在家裏習慣將熱水直接倒入水槽，順便將卡在排水管的油膩及汙垢軟化沖走。沒想到慈師父看到後馬上告訴我：「以後

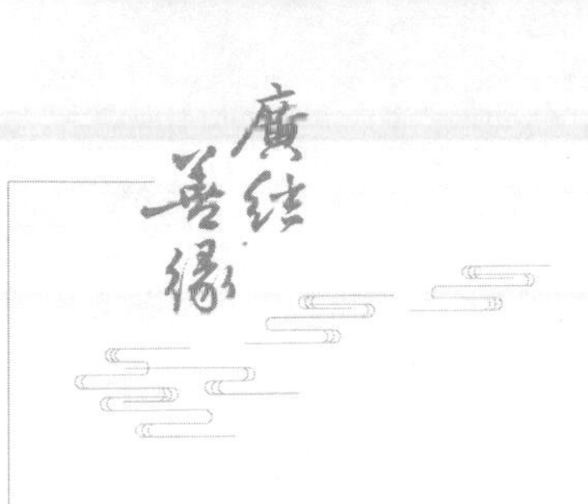

熱水不能直接倒入水管，因為水管裏有其他生物。先加入一些冷水再沖，以免間接造了殺業。」

這個提醒，讓我體會到佛陀教育弟子「佛觀一鉢水，八萬四千蟲」的道理。我們生活中一個小小的動作，會影響到其他生物的生存；走路要輕，怕地會痛，也是上人悲心的教育。慈師父跟隨上人將近一甲子，師徒的悲心相契，值得我們學習與效法。

傳家福慧燈

撰文／黃素貞

製作一盞福慧燈要花好幾天時間，運送過程中如果不小心，摔破了實在很捨不得，慈師父決定親自送貨……

精舍主堂落成時，慈師父創作了「福慧燈」作布置之用。這個第一代福慧燈無蓋、燈體較大。之後，設計了第二代加蓋樣式，但在製作過程上遭遇諸多困難，每次鍋爐一打開，溫度及燒製的方式掌握不當，就會產生許多NG品，讓慈師父相當傷腦筋。

劉鐙徽、黃志清及葉東壬，每個月相約回精舍製作饅頭，自稱「饅頭三寶」，每次回來都會到陶慈坊探望慈師父。「試過很多方式，燒出來還是不成功。」看到慈師父遇到這個製作瓶頸，他們想辦法幫忙。

「應該是溫度跟鍋爐有問題。」葉東壬自家公司是製作儀表，他提出這個可能性。慈師父問：「那你有沒有認識的人可以幫忙處理？」葉東壬隨即聯絡廠商，終於解決了問題。製作出來的第二代加蓋福慧燈，愈來愈符合慈師父的理想。

接下來，開始製作小型福慧燈。因為要掌控圖的比例以及陶瓷的透光度，由慈師父親自雕刻圖案並燒製。過程中經歷多次失敗，不斷改良後才

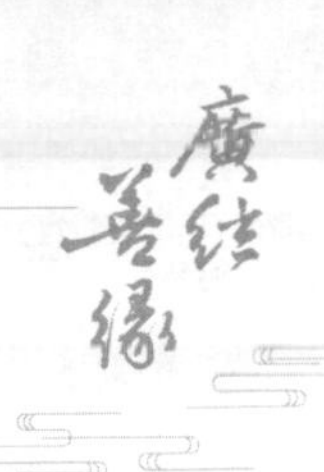

研發成功。「阿清，這是第一盞成功的小型福慧燈，我跟你結緣。」看著慈師父認真製作的模樣，黃志清感動在心，將這盞福慧燈供在家中；轉眼已經十多年。「這是慈師父和我結緣的福慧燈，意義非凡，我會一直珍藏著。」

陶慈坊的作品深受大眾喜愛，只要一上市很快就被訂購一空。剛開始以貨運方式寄送，但在運送過程中很容易不小心造成破損，慈師父幾經思考後，決定親自配送，一週一次全臺跑。

「師父，為什麼要這麼辛苦送貨？」黃志清問。慈師父說：「沒辦法，貨品已經不夠供應，又怕在運送路程中破損。」的確，製作一盞福慧燈要花上好幾天的時間，刻圖和燒製也要花好幾天的時間，就這樣摔破了，真的很捨不得。

看著當時七十多歲的老人家，為了送貨，一個月要跑全臺灣好幾次，黃志清相當不捨；但也看到老人家為了成就藝術品，再辛苦也願意，讓他深受感動。

從那時候起，只要陶慈坊一有新的作品出來，黃志清一定馬上請購回家。在他心中，慈師父製作的藝術品是用心、用愛雕塑而成，是無價的，他會作為傳家寶，永久珍藏。

完美的堅持

撰文／賴蘇

慈師父對作品要求完美，只要稍微有缺點，一律重做。他經常晚上還在趕作品，就是不允許拿瑕疵品充數。

那年，我回花蓮擔任醫療志工，早晨整理精舍環境時看到慈師父，飛

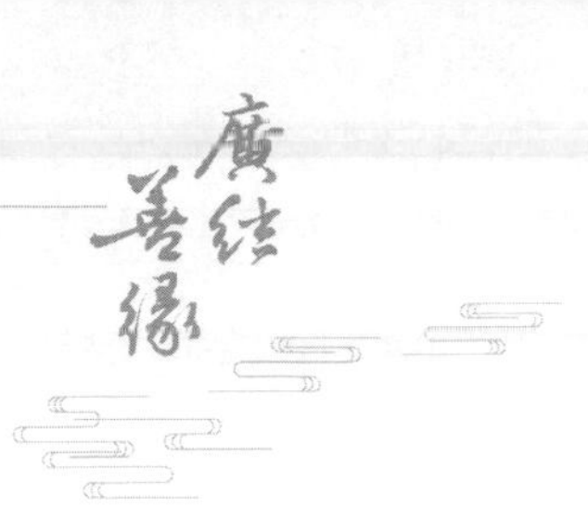

奔向前請示：「慈師父，我已經退休了！可以來精舍做志工嗎？」慈師父淡定地看了我一眼問：「來這裏，那家庭呢？」

為了讓慈師父放心，我指著胸前的名牌說，我的法號是「明浤」，因為沒有結婚，所以「浤」字上面沒有「寶蓋」。慈師父很慈悲，一口答應：「可以，下次回來陶慈坊喔！」就這樣，每次回精舍做志工，我就去陶慈坊報到。

第一次去什麼都不會，慈師父教我調色、配色，指導如何下筆為小沙彌衣服著色。慈師父說，小沙彌身上有一隻白老鼠，代表白天；另外一隻是黑老鼠，代表晚上，警示人生無常，當勤精進。他把意義告訴我後，就隨我畫，沒有給我壓力。經過許久時間，慈師父像是不經意地看看我的作品，然後委婉地告訴我如何正確運筆、配色，還有，要保有小沙彌的天真等等。

慈師父對於陶慈坊的作品向來要求完美，只要稍微有缺點，一律重做。曾經有整桌的半成品等著送窯燒製，慈師父看到作品有瑕疵，毅然決然要求全部重做。

家中的宇宙大覺者在一次地震中摔壞了，我想起陶慈坊頂樓有些瑕疵品，便換了一尊。打包好後，慈師父主動問起，我說：「換好了！頂樓有稍微瑕疵的成品，沒注意看，看不出來。」

慈師父很嚴厲地說：「瑕疵品就是瑕疵品，怎麼可以帶到外面？現場沒有好的嗎？」我說：「有，有一尊是白土做的，要放在精舍。」慈師父說：「那尊給你帶回去，不可以將瑕疵品帶出去。」他又重複交代一次。慈師父經常晚上還在趕作品，就是要求完美，不允許拿瑕疵品充數。

我心中的慈師父，是位多才多藝、平易近人的長者，雖然年歲大了，還是不斷學習，精益求精的精神令人敬佩。說不盡的緬懷感念，這些深銘心中的記憶，永遠不會被時間磨滅。

一刀一鑿學修行

口述／朱雅琪　採訪整理／陳美羿、郭寶瑛

曾經，我和志工間有爭執，慈師父適時教導我：「修行就是要修掉不好的習氣和錯誤的行為。」

我為什麼會來陶慈坊工作？這個故事得從十年前說起。

我住在新北市樹林，曾在社區當過志工，覺得不是很適合，逕自來到花蓮慈濟的志學農場。農場種什麼作物，我就跟隨大家做什麼樣的農事。後來輾轉被介紹給慈師父，沒想到他肯「收容」我。

剛來陶慈坊時，看到琳琅滿目的成品和半成品，完全外行的我手忙腳亂、戰戰兢兢。我多數時間在做修坏，一直告訴自己要小心，絕不能弄壞這些作品。待時日久了，看到大家都很認真負責各自的工作：灌模、修坏、焙燒、繪畫、上釉……我漸漸習慣了這些作業，哪裏缺人手，就自動補位幫忙。

每天手中握持著刮刀，小心翼翼一點一點削修著，眼前的南瓜壺、竹節壺等坏器，變得愈明朗凸顯，不由得讓人舒坦歡喜起來。想起剛來時緊張害怕的心情，也有不慎弄壞過的紀錄，我想這就是成長的過程吧！

年紀幾乎是我兩倍大的慈師父，每天來到工作坊便端坐在前面，以身作則做好手中的工作，絕不多話。這樣的氛圍，帶動大家學他一起搏命打拚。

一次，我和志工間有爭執，慈師父適時點出我的不是。他說：「修行，就是要修掉不好的習氣和錯誤的行為。」這句話我牢牢記在心底，此後只有更認真工作，讓他老人家安心。至於有沒有讓他生氣的事？我並不知道，因為如果有，慈師父也不會說，他就是這麼包容，寬以待人，希望一切圓滿。

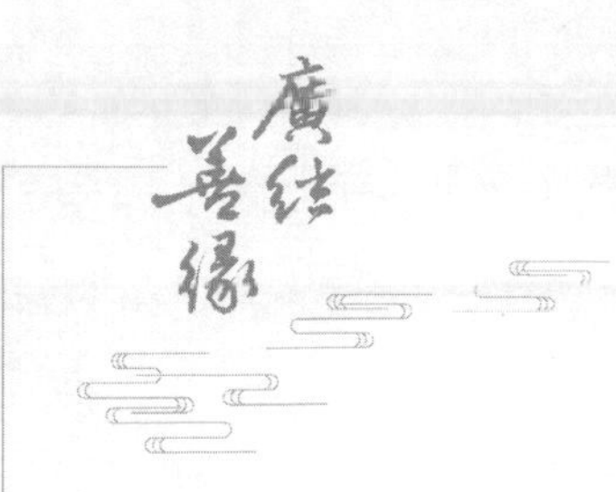

慈師父體諒我是出外人，需要支付生活開銷，不到一年時間，就將我納入陶慈坊的職工，有了穩定的工作和收入。我每次回臺北，慈師父總會準備伴手禮讓我帶回家，甚至貼心地準備蔬食包裹宅配到家裏。父母曾來精舍探望過我，現在，他們完全放心了。

每年農曆年前，陶慈坊都有尾牙聯誼，但是去年因慈師父身體有些狀況而取消了。待他開刀出院回來，仍然堅持準備了大鍋湯、煎餃等豐富菜色，和大家溫馨齊聚。

慈師父就像媽媽一樣，時時關心每一個人，他的雙眼靈敏，能觀察到每一個細節；他是一位很有原則的長者，是我學習的典範，更由衷感恩他的教導。

喵喵的等待

一如既往，牠像個稱職的守衛，靜靜蹲伏在寮房外，時刻守候著主人。

撰文／寧蓉

五月二十三日下午三點多，晴空萬里。靜思精舍空氣凝重，靜謐中彌漫著一股壓抑的悲傷情緒。眾人翹首以盼，等待著久違的慈師父回家。

迎接隊伍中有位特殊成員，牠靜靜地蹲伏在陶慈坊門口小樹下，凝視遠方，一動不動，彷彿也在克制自己強烈的思念之情。

來了，來了，終於看到載著慈師父的救護車朝向陶慈坊而來。牠站起身，神情專注，期盼好好看看老主人——德慈師父。而此時的慈師父，重

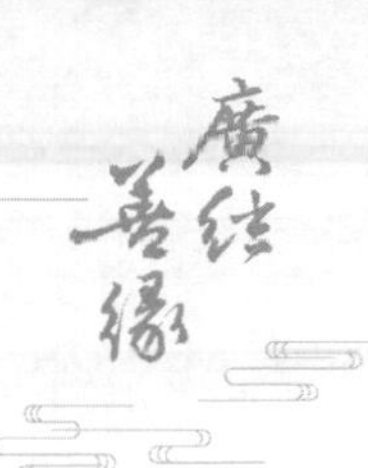

病不起。

等了好一會兒，牠敏銳地察覺到慈師父可能再也無法自己走下車了，再也不能如往常般到他腳邊磨蹭。於是，悄悄走到門口的牆邊，一躍而上高高的圍牆。

站定後，牠神情專一地望著救護車，並隨著車子再次移動的方向而面朝精舍大殿。一切是那樣的安詳、寧靜，彷彿在默默祝禱著。

再次看到牠，是當天傍晚時分，牠盤臥在慈師父休養的寮房外，靜靜守候著。

三天後，慈師父安詳走了。從夜裏九點到凌晨三點半，佛號聲不斷。二十七日凌晨將近四點，當專車送慈師父前往慈濟大學時，一個黑影一閃而過。一定是牠！在人群之外，遠遠目送著慈師父離開。

又一次看見牠，是第二天早課時，牠出現在大殿前。聆聽著梵唄課誦，彷彿也在為慈師父祝福。

三十日早上七點多，牠緩步地再次出現在慈師父往生前休養的寮房外，不停地東聞西嗅，最後小心翼翼地跳上窗臺，兩隻前腳搭在窗簷上，後腳站立，伸長脖子，努力往室內張望，尋找牠熟悉的身影和氣味。我情不自禁地呆呆看著，等回過神來，拿起手機按下快門。手機閃光燈一閃，受到驚嚇的牠瞬間逃離，只留下一張模糊的照片。

牠，是慈師父病重時仍心心念念記掛的一隻灰色花貓——喵喵。當初將這隻小貓帶回精舍的儀師父，緩緩回憶起喵喵與慈師父不可思議的因緣。

大約兩年前的一天，儀師父外出時，看見一隻出生不久的小花貓在馬路上行走，險象環生。一念不忍，下車將牠抱起，想送往附近宮廟請求收留。就在去程的路上，巧遇在同條路上撿到另一隻小貓的善心人，也打算拜託該廟收留，無奈廟公不同意。

因緣的牽引，儀師父只得將兩隻小貓帶回靜思精舍。慈師父收留了牠

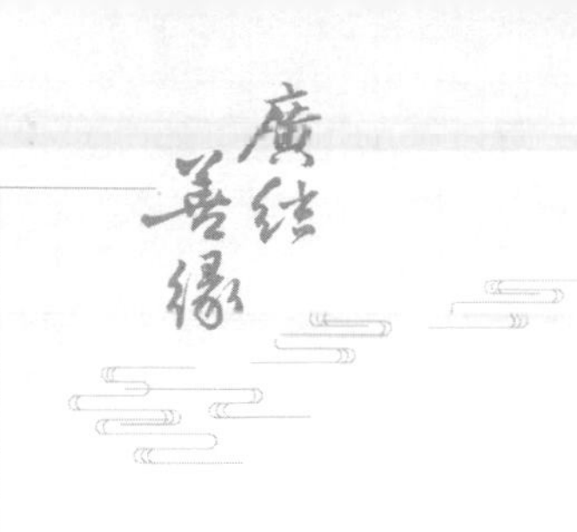

們，取名咪咪和喵喵，從此，精舍成了牠們的家。

陶慈坊志工陳貴珠回憶：「剛來時，兩隻貓咪體弱多病。高齡八十多歲的慈師父不顧自身病體，親自帶去看獸醫；精心準備適合的食物，用心照料牠們的生活。看著小貓一天天長大，師父開心得像個孩子！可惜有一天咪咪走失了，師父為此難過不捨了好久。」

靈巧的喵喵，與慈師父建立了深厚感情。「自從師父生病後，傍晚時常看見牠靜靜蹲臥在慈師父寮房外，像個稱職的守衛，時刻保護著主人。」陳貴珠說，即使後來慈師父住院，「牠也一如既往的在這裏等候老主人回來，直到如今。」

原來，這就是佛陀所說「眾生皆有佛性」。

原來，這就是上人所講「人人都有清淨無染的愛」。

慈愛一切有情

慈師父對人慈愛有加，連蟲蟻、貓狗都愛護。兩年前，出生不久的兩隻小花貓被帶回精舍，慈師父收留了牠們。剛來時，兩隻貓咪體弱多病，在慈師父用心照料下健康成長。

五月二十三日慈師父從醫院回到精舍，喵喵靜靜蹲臥，彷彿和常住一起迎接久違的慈師父回家。

（攝影／江淑怡）

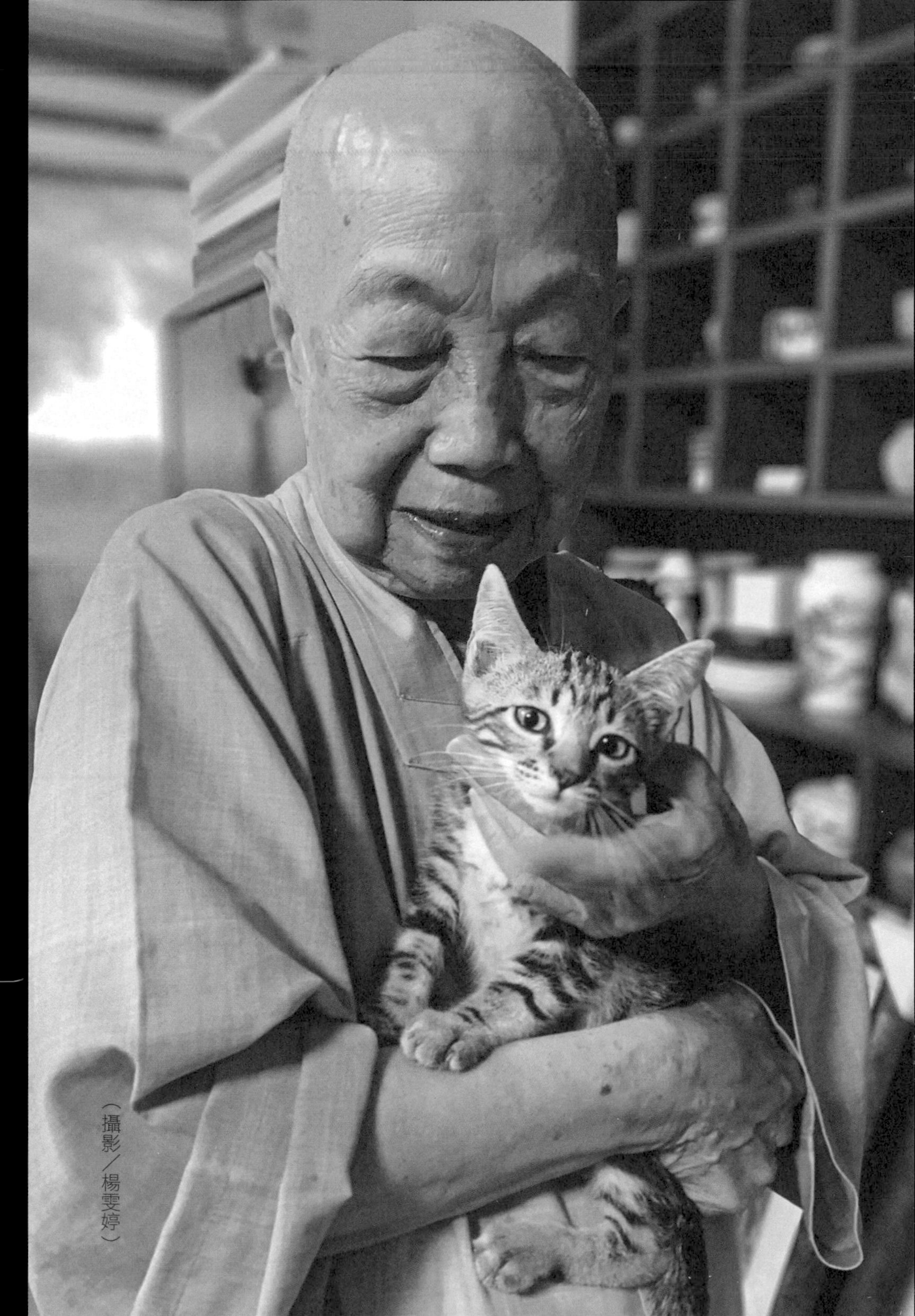

（攝影／楊雯婷）

是諸眾生　不請之師

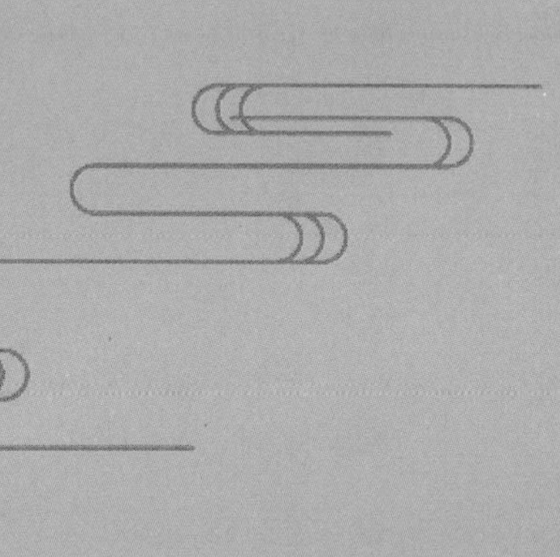

平凡中的不平凡

撰文／郭漢崇（慈濟醫療財團法人副執行長）

寧可自己吃苦，也不願見到別人受苦；永遠謙沖有禮、永遠體貼待人。他的慈悲與善良、仁德與寬厚，真正是平凡中的不平凡！

去年十月，我因攝護腺癌住院開刀，病癒出院後，我到精舍拜見上人。慈師父見到我，慈藹地問：「身體好了點沒有？要多注意、多休息。」就像一個慈母對待子女那般愛護。

半年後，一個星期五的早上，精舍師父來門診跟我說，慈師父又住院了，因為頻尿且排尿疼痛，請我方便時過去看一下。門診結束後，我立刻

去看慈師父，他見到我第一句話便是：「你最近身體有沒有好一些？要注意不要太累喔！」

慈師父這次住院，是為了裝置人工血管，以便進行化療。住院前他就有尿路感染，而兩個月前我開給他的抗生素早已吃完，期間因為手術後追蹤，也沒有開新的抗生素。我為慈師父做了檢查，告訴他我會調整藥物，並在他住院期間每天來探視，希望他能盡快好轉。

他年紀大了，化療有一定的風險，我嘴巴雖說應該沒問題，請師父放心；但內心卻忐忑不安，很擔心他的身體狀況難以承受化療的副作用。

上人賜予慈師父法號「德慈」，我第一眼見到他，就想到「慈悲」兩個字。他很早就跟隨上人苦修，後來功德會成立，他與幾位常住眾及早期一些會員，在沒有資源下，默默地行善。過去我曾經訪問他，請他談早期創辦慈濟醫院的艱辛。他最常講的一句話是：「上人很慈悲、很慈悲！」

他說功德會成立之初，每當上人看到附近有窮苦人家缺米無炊，就會叫他送一些米、油、鹽過去。「我們自己米缸也快沒米了，上人卻叫我去向鄰居借米，送去給他們。」儘管自身也難以過生活，上人仍堅持要做濟貧工作，慈師父說：「如今想起那段艱苦歲月，有時我還會忍不住流下眼淚！」

一九七二年，慈師父俗家母親提供仁愛街的住家，給功德會作為貧民義診所，當時幾位省花和開業醫師都定期在那邊看診，讓窮苦人可以得到醫治。後來決定籌建醫院時，他們憂心忡忡，但骨子裏仍相信上人，一定有辦法把醫院蓋起來。當年，常住師父們每天都煮點心到工地慰勞工人，希望他們用心把工程做好，讓醫院成為百年基業，穩穩矗立在花蓮，幫助偏遠地區民眾解除病痛。

跟隨上人修行很辛苦，但也有歡喜時候。慈師父說，知道建院申請通過了、聽到哪一位醫師願意到慈濟服務，他們都會跟著上人高興，多年的艱辛也都在瞬間化為喜悅！

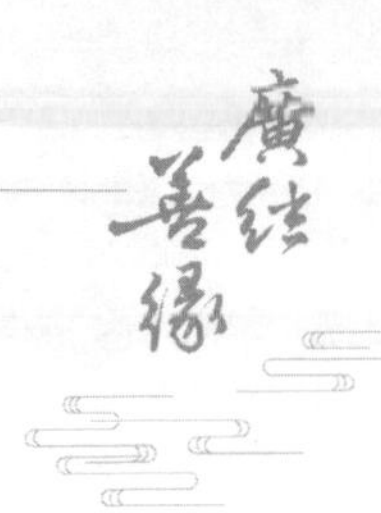

慈師父很慈悲也很可愛，他說，醫院啟業後，上人就告誡常住眾：「看病一定要先掛號，不能插隊，也要自己付錢。不能因為醫院是慈濟蓋的，就不付費。」有一次他發燒了，坐在耳鼻喉科候診區，等了好幾個鐘頭才輪到看病，他也不以為意。就是這樣慈悲為懷、言行合一，所以受到大家敬重。

從慈師父口述歷史中，得知過去精舍真的很艱苦，但他們都很信任上人，願意跟隨吃苦，而且奉行上人的原則：既然出家，就要忍受一切苦，永遠與苦難同行。秉持這樣的信念，再怎麼辛苦，他們都撐過來了！

我因到院服務得早，慈師父與我們早期一群醫師有深厚的革命情感，當中許多人也是受到精舍克勤克儉及無私助人的精神所感召，而決定留在花蓮一起奮鬥。我們真的捨不得上人和出家眾為了花蓮、為了臺灣，那麼孤單、辛苦地奉獻，如果我們這群醫師不幫忙，他們一定會更加辛苦、更加無依靠。

那時我們常去精舍走動，遇見慈師父，他總是熱情招待，就像對待家人一樣，會對我們說精舍自力更生所做的一切，最後還不忘拜託我們：一定要照顧好病人，這是上人與他們最大的心願。

在他心目中，一直認定上人不是平凡人，而是聖人；覺得能跟到上人，是這一生最大的福報。他常說自己很平凡，不會講話，也不會寫文章。但追隨上人這五十多年，他的一舉一動、所作所為，早已不是一個凡人能達到的境界，令我深深折服；他默默地在上人身邊做他的分內事，無怨無悔地全心奉獻給貧病苦難的人，也早已是人上之人了！

五十多年來，慈師父與常住眾，靠著務農、製作嬰兒鞋、工廠代工、蠟燭、手拉坏、五穀粉……奉行不受供養、自食其力的出家決心；同時，他還是天生的藝術家，對於繪畫、雕塑都很有天分，所做的陶藝品精巧典雅，令人愛不釋手！

在他住院期間，病況轉趨惡化，我仍每天去探望，他有時昏睡，有時

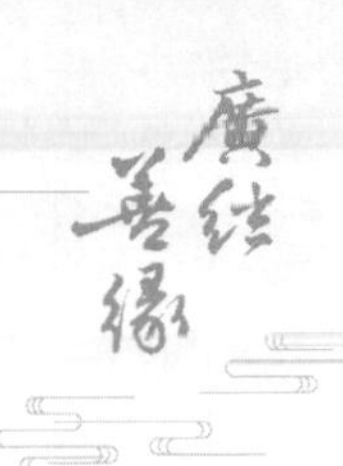

清醒，我叫他，他會睜開眼，輕輕握住我的手。那溫暖的手掌，讓我感覺眼前這位偉大的尊者，是如何用自己的生命和堅強意志在護持上人和慈濟志業！我們這些被稱為「大醫王」的人與他相較，真是太渺小了！

去年底他第一次住院時，一個週末早上我穿著便服去探望他。他見我穿短袖衣服，便問我：「你不會冷嗎？要多穿件衣服。」我望著這位年邁的長者，身體日漸衰敗，內心實在百感交集！我在心底吶喊著：為何老天總讓善良的人提早離開，是為了結束他的苦難嗎？還是希望他早日乘願再來，用健康的身體回來接棒做善事？

他住院的最後日子裏，我見他面容日漸憔悴、皮膚漸顯枯黃，導尿管內的尿液也逐漸減少了，可他精神和毅力卻十分堅定。我對他說了聲：「我是郭醫師！」他還會睜開眼，嘴裏說出幾個字。雖然我聽不太清楚，卻可感受到他在對我問好。我對他聊起一些醫院草創期的往事，他有時嘴唇會顫動，應該是這些故事激起了他心中的漣漪。縱然他彌留之際，我想他心中還是回味著與上人走過的艱辛歲月及師徒相伴之情吧！

來花蓮三十五年了，跟慈師父見面的機會不多，但從他慈愛的眼神和言談中，總能感受到那分慈悲與善良、仁德與寬厚。將近一甲子的時間，追隨他所景仰的上人，把一生都奉獻給了精舍、慈濟及社會，甚至照顧到全世界的慈濟人；寧可自己吃苦，也不願見到別人受苦，永遠謙沖有禮、永遠體貼待人；這樣一位長者，真正是平凡中的不平凡！

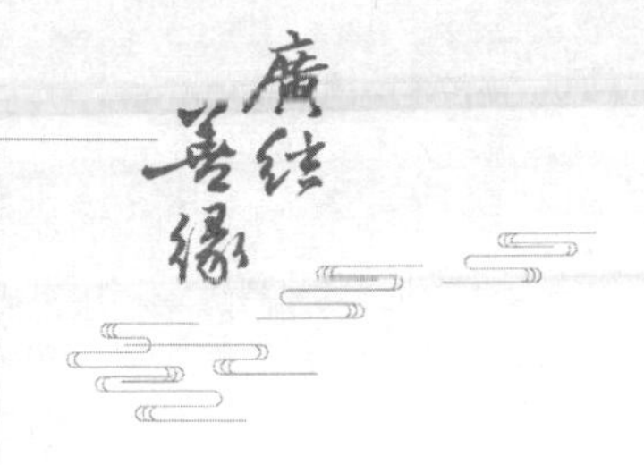
廣結善緣

溫潤清明的慈藹之師

他那一握、那一聲請託，我瞬間明白了，那蘊含著很大的尊重與期許：期望主管們守好志業，一如他守護精舍這個大家庭般。

撰文／劉怡均（慈濟大學校長）

五年前的十二月，冬日暖和的午後，慈濟大學創校校長李明亮教授夫婦回到了學校，和我們一些舊部屬敘舊。李教授夫婦提起想回去精舍走走，師母更雀躍地說：「我好喜歡精舍的師父，他們都好善良！」

彼時上人行腳在外，我陪同李校長夫婦前往，慈師父親自出來迎接。李校長雖離開花蓮多年，與熟識的師父見面，一點都不陌生，主堂外，彼

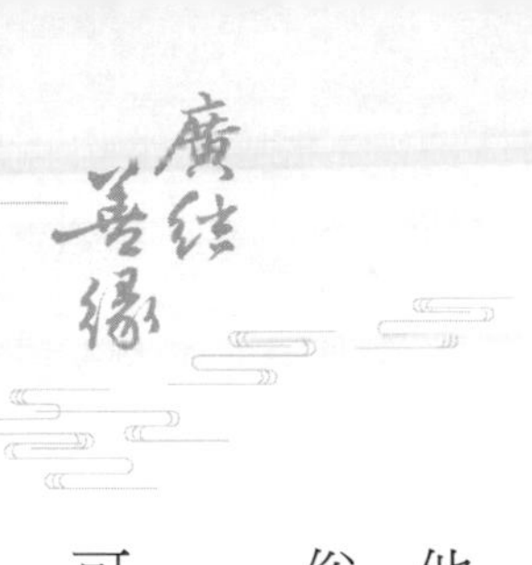

此熱絡地話當年，回顧許多創校時的艱辛趣事。慈師父一再感恩李校長從美國帶一批教授回來花蓮，協助上人從無到有創辦醫學院。

看見主堂翻新，李校長止不住讚歎：「好莊嚴肅穆！這是我離開之後才改建的吧？時間過得可真快。」言談中有幾分感慨。「李校長，您們要常回來喔，常回來看我們！」慈師父語調懇切，像是殷切企盼遊子歸來一般。

雙方道別時，李校長夫婦仍依依不捨，師母回想起當初在精舍協助翻譯的日子，受到慈師父很多照顧，至今仍銘感五內。

二〇一六年，我接任慈大教務長兩年多，每次回到精舍看見慈師父，他總稱呼我「教務長」。翌年，我接任副校長，看似安住在陶慈坊、不問俗事的他，竟然改口叫我「副校長」。

我幾番忖度，莫非師父不知我的名字？於是請師父叫我「怡均」即可；師父卻溫厚地笑稱，他知道我的名字，但還是要稱「副校長」。

一回，我請購陶慈坊的作品，作為中研院李小媛教授來慈大演講的感恩禮。李教授是位傑出嚴謹的科學家，她回臺北後，發現一盞小夜燈的燈泡不亮，便寫電子郵件給我。她說，陶燈捏得十分樸實優雅，想必是手工製作、獨一無二的，小燈泡比較特別，希望我能幫她換個新燈泡。

我把燈泡拿回去陶慈坊，委婉說明，希望慈師父幫忙換燈泡。慈師父一看，不停地道歉：「真歹勢，嘸用心！怎麼燈泡不亮，我沒檢查出來。」

慈師父泡了茶，拿出一些點心，請我坐下來享用。接著，他戴起眼鏡，細心地更換燈泡；我點心才吃幾口，燈泡就換好了。

「副校長，您慢慢吃，我再去拿一個新的夜燈出來。」我看著桌上修好的小夜燈，不太明白師父為何還要再拿新的燈給我。那緩步行走的身形、體態與氣質，像極了我過世的祖母，是那樣親切又和藹。

慈師父把新的燈泡裝一袋，修好的另裝一袋，將兩袋交給了我，又再次道歉：「副校長，歹勢，我們沒用心啦，害你跑一趟。」並囑咐我：「原

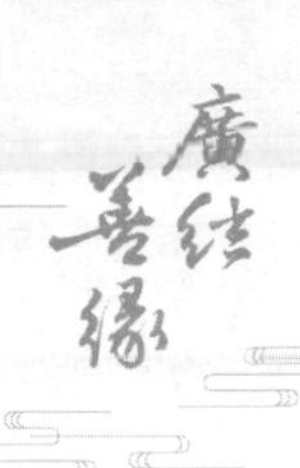

來的燈，你自己留著，新的燈就幫我給那位教授。喔，你們都好厲害，好會讀書，念到博士；我沒讀什麼書，以前上人很用心教我們讀四書、念佛經，我都聽得兩眼無神……呵呵。」

聽見慈師父如此說，塞得滿嘴點心的我，差點說不出話來。我望著神似「阿嬤」的他，如此真心誠意待人，又是如此嚴謹地對待每一件作品，他雖自謙書讀得不多，卻展現了德香風範，是晚輩們的好榜樣。

「幫我跟那位教授說歹勢，真歹勢！」慈師父又塞給我好幾包點心，還一直稱我「副校長」，我說：「師父，叫我怡均就好了，『怡均』……」慈師父微笑，送我離開時，他再次叮嚀：「副校長，大學就拜託你了，很感恩你們，身體要照顧好喔！」

二〇二〇年春節前夕，我剛接任校長半年，與慈濟科技大學謝麗華老師在精舍的走廊上遇見慈師父，麗華拿了一小幅字「佛心師志」，說：「來來來，這幅最適合你，幫你跟慈師父照一張！」旁邊一群師姊們看到了，也都圍過來要一起拍照。

凡事都有先後順序，慈師父的眼神望向前面的照相機，輕輕、淡定地說：「先讓我和校長合照。」過後，大家又一哄而上，紛紛要求與慈師父合照，他來者不拒，很是親和。

向慈師父恭賀新年平安後，他牽起我的手，還是再次說：「校長，大學要拜託你了！感恩，要把自己的身體照顧好。」他那一握、那聲請託，我瞬間明白，慈師父堅持對志業體主管禮貌的尊稱，其實是蘊含著尊重與期許，他期望主管們能把志業守好，就像他守護精舍這個大家庭一樣。

慈師父以身示教，溫厚有禮、如規如儀，令人難忘！今年四月某一日，我在精舍的齋堂看見他出來用餐，許久未見，他消瘦很多。我上前抱住他，向他問好：「師父，您真元氣喔，很高興見到您！」「多謝啦，感恩校長。不過，我還是沒什麼胃口……」依然是那樣溫暖的回應。

接任校長這兩年多，我沒太多事煩心、情緒波動不大。但是，五月

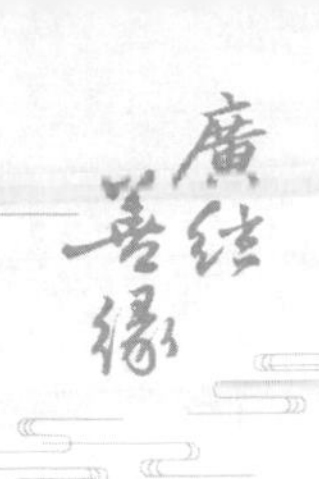

二十六日下午，我心底卻生起一股深深的哀傷，如潮水般無法止住；那感覺就像當年阿嬤要離世時的那個下午，悲傷得難以言喻。

晚上八點鐘，準備離開精舍前，有常住師父問我要不要去探視慈師父？我搖搖頭，因為鼓不起勇氣，我不能在師父身旁流淚不止。於是，我開車回家了。

不到一個小時，精舍傳來消息，慈師父圓寂捨報！忽然間，我那深沉而莫名的哀傷有了解答，我對慈師父的情義如此深長。

那一夜很漫長，凌晨四點，我們打開了慈濟大學的大門，維持著防疫期間的距離和人數，恭敬地迎接慈師父大體來到大捨堂，不久後他就將成為醫學生的無語良師了。

聲聲佛號中，悲欣交集！感恩慈師父，為我們上了最寶貴的生命教育課，就在這佛吉祥日、華開滿枝之時，慈師父這一生，高風亮節、以藝煉心、悲憫濟世，猶如那夜空中高掛著的大圓明月般，是那樣的溫潤清明。

慈悲與溫暖的化身

撰文／林欣榮（花蓮慈濟醫院院長）

每次聽他老人家講古，不僅可感受到功德會草創時期的艱辛，更令人感動的是，由他口中道出那「苦中帶甘」的滋味，讓我們深刻領會到第一代弟子的修持與智慧。

客廳裏的一尊小沙彌陶塑雕像，是慈師父所贈予。「這給你作紀念！」那聲音在我耳邊清晰響起，彷彿不久前才剛發生。但其實已是十多年前的事了，它一路從花蓮跟我到臺中，再從臺中跟回花蓮，我好喜歡好珍惜。

每次回到精舍，他總熱情招呼我吃這個、喝那個，就怕我餓著了，那

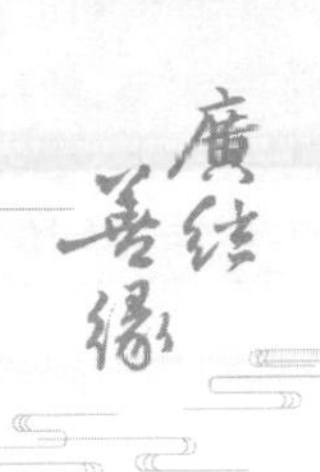

分慈愛和溫暖，永駐在我心中。慈師父住院治療那段日子，我時常去病房探視，每問及：「您感覺怎麼樣？」他總是正向且用力回答，再三肯定醫護同仁對他的照護。即使臥病，他仍然很體貼和鼓勵人，多麼慈悲且令人尊敬的長者啊！

追隨上人五十七年，慈師父堪稱是一部活歷史。每次聽他老人家講古，不僅可感受到功德會草創時期的艱苦，更令人感動的是由他口中道出那「苦中帶甘」的滋味，讓我們深刻領會到了第一代弟子的修持與智慧。

特別是借住普明寺時，師徒幾人生活非常拮据，沒有錢、吃不好、睡很少，上人仍然堅持「救人的工作不能停！」於是鼓勵弟子們要「徹底犧牲」，吃人家不能吃的苦、忍人家不能忍的事。從物資匱乏的年代走至今日，我從慈師父身上，看到了「慈悲」與「溫暖」的化身。每回去精舍看見他，一定會上前跟他老人家請安，而他總關切我穿得暖不暖？工作忙不忙？細心地關照我生活中的點點滴滴；有時還能吃到他親手做的小點心，吃在嘴裏，內心也盈滿幸福。

慈師父和醫療的淵源，應溯自一九七二年，他俗家母親提供了位於仁愛街的住家，作為「慈濟功德會附設貧民施醫義診所」；後來上人發起建醫院，包括覓地、募款、招募人才等艱苦，慈師父也都點滴在心頭，因此對於慈院有著深厚的感情與期許。每次花蓮慈院有新單位要啟用，慈師父也常來為我們祝福。

這幾年因為參與營隊，有機會多次聽到「慈師父講古」。「我們的生活，從沒有做到有；慈濟功德會的成立，也是從無到有。」「沒錢、沒菜不要緊，拿鹽炒油，拌稀飯吃也是一餐。豆腐醃久一點，拿來煎得酥酥的，只要配上一小片，就可吃一、兩碗飯，一塊五毛錢的豆腐，我們可以吃一個月」……上人與第一代弟子樹立的「靜思家風」，克己、克勤、克儉、克難的精神，深印在我腦海。

近日展讀《慈師父講古》一書，更是充滿感恩與敬佩。字裏行間，讓

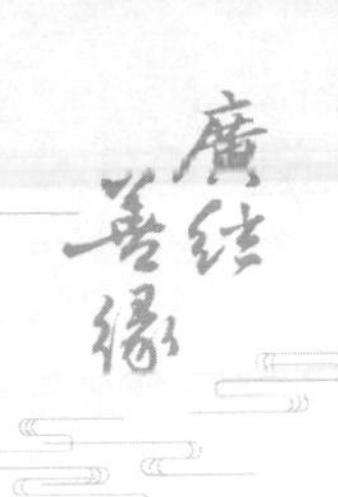

我看到修行人的堅持、相互友愛及疼惜，是何等珍貴。而慈師父真誠親切的面容、純樸的言語、時而幽默的口吻……一切的一切，都在我腦中重複播放，歷歷難忘。

我想對慈師父說：「您所創作的『無量心燈』，好美、好莊嚴，我請購了多座放置於協力樓的宇宙大覺者前，也供奉在家中客廳，並贈予親朋好友。每每凝視這些作品，都能讓我心神安定。」

在慈師父捨報前幾天，我在他耳旁請示：想對上人說什麼？他聲音微弱但堅定地說：「生生世世追隨上人……」讓我非常感動且震撼！他一生守志奉道，堅定跟著上人成就「為佛教、為眾生」的大願，為慈濟四大志業盡心盡力、鞠躬盡瘁；捨報之後，還將大體捐給慈濟大學當「無語良師」，實在令人敬佩。

我相信，慈師父始終如一的慈悲與大愛，已深植在每位慈濟家人的心中。我們相信他必然很快乘願再來，回到慈濟世界！

總是看見眾生需要

撰文／洪靜原（慈濟基金會編纂處主任）

他時時觀照著別人，
總是看見他人的需要、看見眾生的需要；
而我們卻常常只看見自己的需要。
那是一顆多麼堅韌與柔軟的心，
應該就是常不輕菩薩的胸懷吧。

我們非常敬愛的慈師父圓寂了，心裏有萬般的不捨。五月二十三日我去探望他時，還跟他說：「師父，您放心，我們會把喵喵照顧好的。」

慈師父努力睜開眼睛，彷彿有一種欣慰的表情。那一刻，我的心無比柔軟，體會到慈師父的慈悲是「連一物都不捨」的寬大心量。

喵喵是一隻從出生就被拋棄的貓，慈師父慈悲收養在陶慈坊，我們都稱牠是「阿嬤的金孫」。因為牠很皮，偶爾會踏破一些陶藝作品，慈師父總是輕聲唸牠，或用手輕拍，很少大聲喝叱。精舍的同仁常會去協助餵養、或散步、或洗澡、或逗弄。總之，精舍所有空間都是喵喵的家，多麼愜意、快活。

但慈師父的健康每況愈下，大家都很不捨，也想到喵喵要何去何從？有師姊表示願意收養，但喵喵能適應嗎？沒想到師父在醫院裏清醒的時候，竟特別交代：「喵喵不能送走，精舍是牠的家。」我們好多人都哭了，慈師父竟然連一隻貓都為牠設想到。這就是慈師父的大慈悲，平等的愛普及眾生。

慈師父總是看見大家的需要，一九九〇年八月二十日，我回到花蓮，住進精舍。九月中旬五專學生來報到，十五歲的孩子從各地來，住在宿舍，上人不放心，問我：「你要不要也去住宿舍，照顧一下這些年輕的學子們？」

初來乍到，我對花蓮一點都不熟悉，要搬到宿舍住，連棉被都沒有；正苦惱時，慈師父非常用心體貼的綁了一床棉被，讓我帶著。我到現在都還記得，那是一條粉紅色的棉被，很小，蓋得了脖子，就沒有辦法蓋到腳；蓋到腳，就蓋不到脖子。可見彼時精舍的生活仍很克難，但這條被子的愛與關懷，卻永銘我心。

因為對花蓮不熟悉，所以我的活動範圍只侷限在三個地方——靜思精舍、靜思堂，慈濟護專。有一天我想將車開遠一點，去冒險一下，哪知從中山路開到中正路口的時候，突然不知道路要怎麼走？到底是左轉還是右轉，怎麼街道如此陌生，心裏有點猶豫，會不會離慈濟太遠了？

我把車停下來，回頭一望，就看到靜思堂在前方，突然覺得好有安全感，我知道向著那個方向，就可以回家了。我已回到花蓮，為什麼對這個地方這麼不熟悉？因為沒有時間出去玩啊！沒有時間出去到處亂逛啊！我跟慈師父說：「師父，花蓮的路我都不認得耶，只認得靜思堂、認得精舍的路。」師父說：「認得回家的路，就不用擔心了；生命一定要有一個座標，才不會亂掉。」

一九九一年春天，我跟著慈師父、張芙美校長、林碧玉副總，還有一些師姊，去日本看茶道教室、花道教室，還有織錦藝術。那是我第一次出國，因為搭飛機會暈吐，所以非常侷促不安；慈師父看到我的窘境，就關懷我：「你怎麼了？」我說：「我會暈機，我怕我會吐。」師父說：「你把兩個耳朵摀住，然後用力深呼吸、慢慢的吐氣。」在那兩個多小時的飛行裏，慈師父不斷的回頭看我有沒有很平安；我也用著他教的方法，一直撐到飛機落地，真的一路平安。

慈師父總是看見我們的需要、看見眾生的需要；而我們卻常常只看見自己的需要，這就是偉大與平凡的差距吧。師父怎麼能有這麼寬大的心胸，不是先看到自己再看到別人，而是時時觀照著別人，那是一顆多麼堅韌與柔軟的心，這應該就是常不輕菩薩的胸懷吧。

後來我們在做經藏結集試讀、還有靜思法髓溯源時，每一次老人家都會很慈悲的來陪伴，他總是說：「我都不會，我都不懂。」總是這樣一分謙遜的心。我們會問：「師父，您覺得這樣整理對不對？當時是這樣的情形嗎？」當師父說，「對！是這個樣子。」我們就會信心大增，有繼續前進的動力。

慈師父每次看到我，都稱我老師。他總是說：「老師啊，很感恩喔！你幫上人做很多，你要好好保重自己，要吃乎飽、穿乎暖，要多承擔喔。」我們所做的一切，跟慈師父相比，怎麼能比呢？師父為什麼要感恩我們，我們是為他做嗎？不是。我們都是為自己做，是在增長自己的慧命；但是師父卻不斷感恩每一個人，彷彿是替上人感恩我們，共同來成就慈濟志

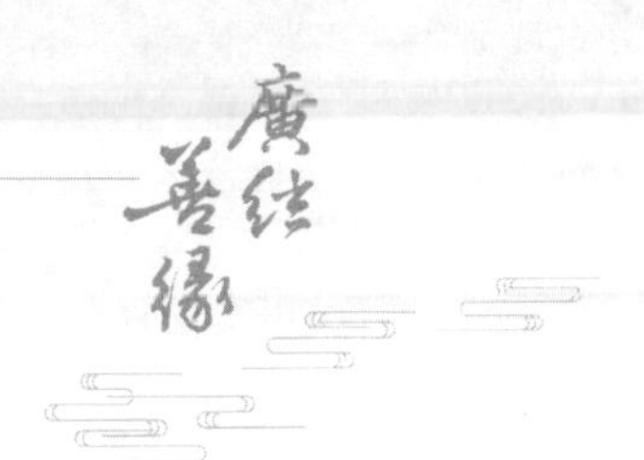

業。

慈師父講古，最後總不忘叮嚀：「大家要用心喔！要跟上人走。」這樣的叮嚀留在心裏，此生不管面對多大的災難，總有力量可以度過。因為我們「同命相連」，這個世界沒有人能獨自尋求生存；只要大家把心安下來，手牽手、心連心，沒有過不了的苦難，沒有盼不到的陽光。

感恩慈師父以生命行誼教育我們，不論山之巔、水之涯，唯有德馨遍滿，才能慈愛天下、慧命永恆。

菩薩日亦遠 典範日益增

撰文／何日生（慈濟慈善基金會副執行長）

二十八歲那年，我在中視擔任晨間新聞主持人，認識了曾慶方師姊，她負責主持晨間新聞的氣象及外景生活新聞採訪，同時擔任「愛心」節目主持人。一九八九年「愛心」團隊到花蓮採訪證嚴上人，拍攝期間，慶方與德慈師父結下很深的緣；慈師父帶他們去探訪照顧戶、採訪精舍自力更生的農耕生活。

依著這個因緣，慶方皈依了上人。我經由慶方介紹，讀了《靜思語》及陳慧劍居士寫的《證嚴法師的慈濟世界》，深受感動。在此之前，我已讀過陳居士著的《弘一大師傳》，很受震撼；而居士筆下的證嚴上人，更

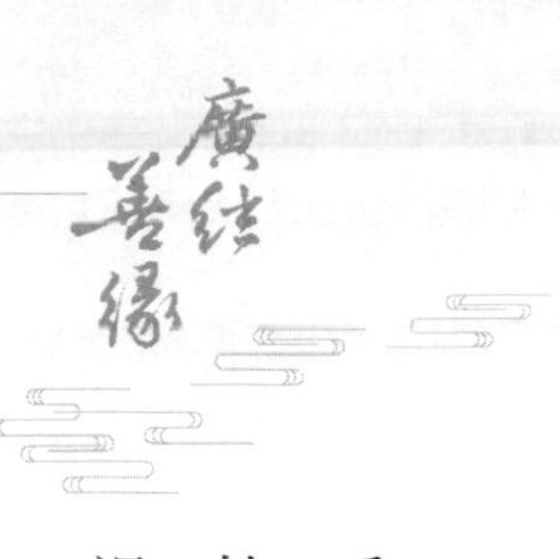

令我深深敬佩與感動。

一九九〇年初，在慶方引薦下，在臺北拜見上人。那一次會面，我忘了談過什麼，但始終記得上人深邃、寬博與柔和的特質。從事記者多年，我從未如此緊張，當上人眼神注視我，深深被震懾，也同時深深被吸引。這是他既剛且柔的人格特質，具備了一個偉人的風範。

我就這樣皈依了上人。後來常跟慶方去花蓮。慈師父很慈悲，他帶我和慶方到佳民村去拜訪照顧戶，那是一位精神異常的女孩，家人照顧她很辛苦，慈濟人常會去探視這個家庭、關心這女孩。他也帶我去花蓮市區訪視照顧戶，簡陋的房舍，起居相當困窘，慈濟也是長期濟助。

慈師父對待照顧戶，如同自己家人，相當親切、自然地話家常。我也看過他對牛說話。他說：「牛是有靈性的，牠能理解人類的話。」師父教牠要乖，那頭牛似乎聽得懂，駐足在那邊，很乖巧。這就是慈師父柔和、溫暖、慈愛的特質。

一九九一年初，我和慶方前往美國留學。我們從美國帶了電視團隊到花蓮拍攝紀錄片，這是洛杉磯一家電視公司華裔負責人謝媽媽及其公子謝以倫贊助拍攝；時任美國分會執行長的黃思賢居士也贊助經費。我與慶方則是志工，我們利用回臺灣準備結婚不到三星期的時間，拍攝了七輯、兩百一十分鐘的《慈濟世界》節目，想起來很不可思議。而當我們向上人報告即將結婚的消息，一旁的慈師父馬上說：「請上人為日生與慶方證婚！」我們推說不敢當；但片刻後，上人慈允了。

一九九一年一月二十六日，我們在靜思精舍完婚。那是一個非常特殊的婚禮，兩家人搭同一班飛機抵達花蓮，來到精舍門口時，常住師父們及好多志工排成兩列迎接，我們當下感動極了！慈濟人熟知的李宗吉爺爺、李憶慧師姊、黃錦益師兄、慈暘師姊等多位法親也蒞臨參加。我沒想過會辦佛化婚禮，但與上人因緣如此殊勝。上人證婚時，說了一段話，我至今難忘：「以後你們不能再說『你的媽媽、我的媽媽』，兩家人都是一家人、

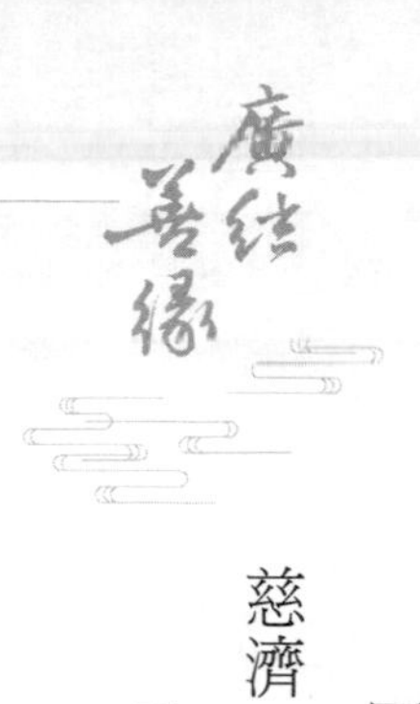

不分彼此，都要盡孝道。」上人還送我們一個「母雞帶小雞」的大理石雕，很精美，很有意義。

因為慈師父一句話，讓我們與上人的緣深深地維繫著。午宴，由德恩師父親自掌廚。想起來，我們福報真大，實在愧不敢當啊！

曾有一次，慈師父對我說：「何居士，你的聲音很好，雄渾厚實，這是前世修來的福。通常有這樣聲音的人，都是做大事的人。」也是吧，我們都是平凡人，但跟著上人做大事。這是慈師父給我的勉勵。

留學期間，慈師父曾託人帶來兩個杯子，上面刻了我和慶方的名字。老人家總惦記著我們、惦記著慈濟的家人，那兩個杯子，緩解了我倆異國遊子的思鄉之愁。

回國後，我繼續在電視臺工作七年。二〇〇二年，上人要我全心投入慈濟，我們全家搬到花蓮定居，開始了新的生命之旅。

二〇〇二年八月，我與文發處同仁賴睿伶懷著使命，到豐濱部落採訪

「一灘血」的故事。找到當年難產原住民婦女陳秋吟（原住民名為「理性」，意思是豐收的季節）的家人林世妹和李烏吉女士，以及當年協助抬去診所的族人陳文謙先生，訴說當年送醫求診的過程。之後，長達一年多時間，我們持續求證一灘血的所有細節。

這期間，也不時向慈師父請益。慈師父訴說當年如何認識上人。已現出家相的他，在慈善院聽了上人講經，就立志要追隨；當時還未出家的德融和德恩師父也同時皈依。上人自離開普明寺旁的修行小木屋，到慈善院講《地藏經》和《阿彌陀經》，有七個月。一九六四年五月，他決定到基隆海會寺結夏安居三個月，師徒四人因而分離，融師父隨同上人去基隆，慈師父和恩師父則留在花蓮，他們兩人每天都煩惱上人回來後，要住哪裏？但上人並不煩惱自己，反倒寫信給他們，分享法益並鼓勵他們精進。

有時，慈師父也會說一些趣事給我們聽。他說，上人教導他們很嚴格，包括晚上睡覺要「臥如弓」；可是他總睡成「大」字形，常被上人用小棒

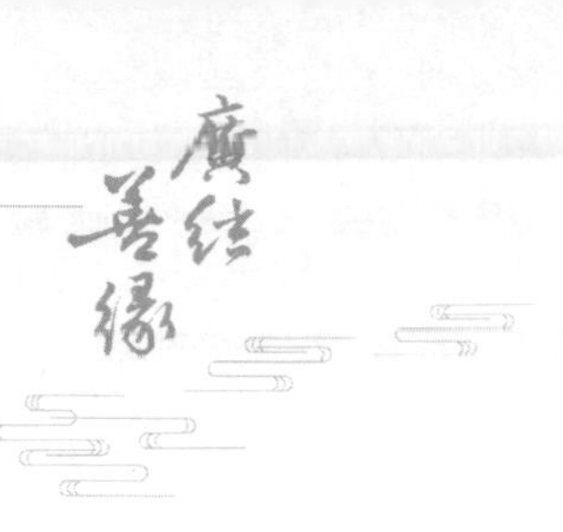

子打醒。後來，他想出一個方法，把自己手腳捆綁起來，臥如弓；沒想到半夜又被打醒，原來是睡夢中繩子鬆開，又變成大字形。這聽來好笑的軼事，慈師父如實和我們分享。

每年浴佛節，慈濟志業體主管清晨集合在花蓮靜思堂廣場參與。二〇〇七、二〇〇八年，慈師父與一群常住師父在前帶領大眾。從彩排時太陽初升，到正式活動、熱氣漸升，他們依然走得挺拔；看著他們踏出整齊莊嚴的步伐，一時之間，我情緒難抑，鼻子一陣抽搐，隨後淚水汩汩流下！

排在後頭的謝景貴師兄事後調侃：「你不能哭小聲一點嗎？」阿貴師兄當然是開玩笑，我們像兄弟，常相互調侃。不過，那感動是出自於對師父們的崇敬，我企盼自己能像他們一樣，修得清淨莊嚴智慧身。

二〇〇八年，文史處開始進行口述歷史記錄，我訪問慈師父談他的生平，以及追隨上人的歷程。這是一段影響慈濟歷史、甚至影響了佛教歷史的大時代因緣。當年因為慈師父和幾位資深師父協助上人顧家、持家、投入慈濟及關愛各地來的法親，才讓慈濟逐漸蓬勃發展，一直擴展到今日有千萬追隨者的全球慈濟世界。

還記得，二〇一五年，慈濟經歷了大考驗，無明風起，謗言與責難排山倒海加諸於慈濟。那段時間，弟子們無不感到憂慮及壓力沉重。我身為慈濟發言人，但因內部沒有做成對外發言的決議，在那關鍵時刻，我不便對外說明，這是我一生的遺憾。一次志策會結束，慈師父悄悄走到我身邊，跟我說：「何居士，您現在不可以離開慈濟喔，你要幫助上人。上人好可憐、好可憐！」我聽了，忍住了淚水，我知道慈師父的擔心，也了解上人承受巨大的壓力；因此告訴他：「我會挺住！」

慈師父的那一番話語，讓我記憶深刻，始終牢牢記在心底。

這一、兩年，我看著老人家因病折磨、形體漸消瘦，心中極不捨。在他圓寂前，我和慶方帶著家人到精舍探視，表達我們對他的感念與祝福。

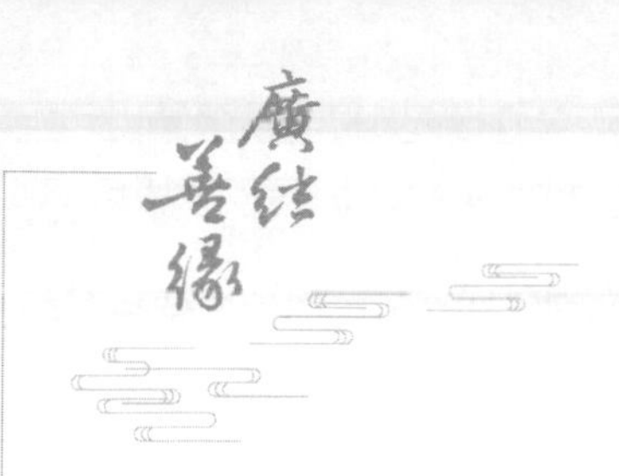

老人家看來很安詳，他聽得到我們說的話。即便他最終離去了，菩薩身影將永駐在每個慈濟人的心中。

「菩薩日亦遠、典範日益增」。懷抱著對慈師父的永恆懷念，我們更應學習他的身行典範，緊緊跟隨上人「為佛教、為眾生」，以「佛心師志」弘揚慈濟宗門，永恆奉獻佛教、奉獻眾生。

我相信，我們與慈師父定會在娑婆世界再度「相遇、相知」，為度化眾生「同師、同志、同行」。

聽慈師父講古

撰文／謝麗華（慈濟科技大學人文室主任）

在那平淡得近乎無波的音聲裏，有著波瀾壯闊的畫面。看師父們可以把苦日子過得這麼好，師兄弟間相互友愛、互助協力，生活中再大的難題，都可迎刃而解，我也彷彿找到了自己在慈濟安身立命的力量。

「聽慈師父講古，見證早期上人和精舍師父，如何把苦日子過得那樣不苦，我們一定會警惕自己：不要把好日子過苦了。聽慈師父講古，瞭解靜思第一代弟子如何自力更生，用誠意變創意；在窮困中，仍然能夠無私付出，將愛分享的『厚度』。聽慈師父講古，看到修行人彼此之間如何互

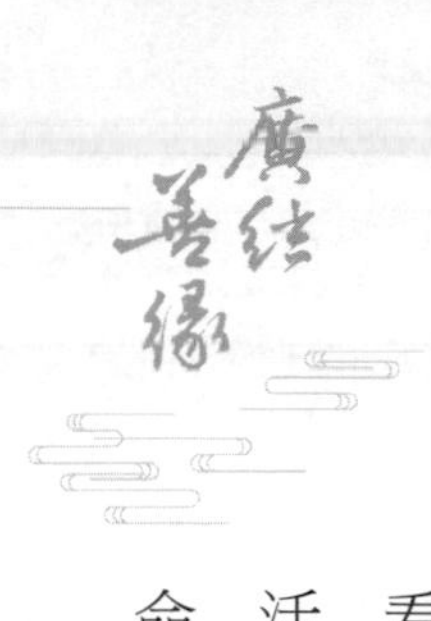

助有愛、相互疼惜，我們必然會明白怎樣的待人接物，才叫做『溫暖』。聽慈師父講古，發現一念心堅持，可以何等珍貴；一念心堅持，又何等不容易。」

這是當年我編輯《慈師父講古》一書時，寫下的心得。現在，慈師父離我們而去了，從大愛電視畫面，看慈師父講古，還是覺得很精彩，只是眼淚不聽使喚地潸潸而下，充滿無限的思念和憂傷。

當年慈師父講古，也不是專門為我一人說，只是我聽著、記錄著，我的心開了，我的煩惱沒有了。可能就像慈師父談「因緣」時所說：「收音機頻率對了」吧？就在師父那平淡得近乎無波的音聲裏，有著波瀾壯闊的畫面，讓我照見，我們凡夫俗子，無知啊！怎麼把好日子過苦了呢？看師父們可以把苦日子過得這麼好，師兄弟之間相互友愛、互助協力，生活中再大的難題，都可迎刃而解，我也彷彿找到了自己可以在慈濟安身立命的力量。所以那時聽慈師父講古，我是一面聽，一面流淚，但又是一直笑不停的。

慈師父和師兄弟之間，經常相互勉勵：「身為靜思精舍第一代弟子，就是要徹底犧牲，能吃別人不能吃的苦，能忍別人所不能忍。」當「辛苦」是生活的日常，但「心不苦」就可以用誠意變出許多創意——就是一根蘿蔔，也可以變成好幾道菜；就是沒有再多米飯了，也可以把一大鍋的粥，加上大量的水，像上人後來常說的「半升鍋裏煮山河」，極盡誠意的招待所有到精舍的人。聽慈師父講這些往事，也讓我熱血沸騰，對於「誠意」有了一個更深刻的印象；這也是「少即是多」的最好詮釋——東西雖少，但因為誠意很夠，讓人感受很多。

秉持靜思精舍「一日不作，一日不食」的家風，慈師父和精舍修行人早期曾經做過二十多種工作，從務農、種花生、做嬰兒鞋、棉紗手套，到蠟燭、玩具代工等。每一種工作的變換，都是隨著因緣變化而不得不調整的，大家「盡心隨緣」，也很自在。反觀我們知識分子，在自己用心或致

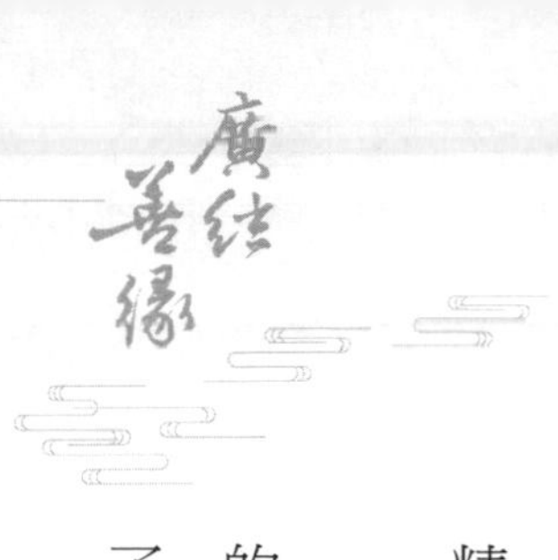

力要完成的工作遇到障礙、阻礙時，總是無限煩惱與懊惱。慈師父敘述每個因緣變化時，聲音既平和又溫暖，至今，這音聲仍然迴盪我的腦海，教導我們「觀因緣」，還要繫緣修心、藉事練心、隨處養心，才能在任何環境，都能隨緣而安。

五月二十三日，聽聞慈師父從醫院回到精舍的消息，我和學校老師陳玉娟和陳皇曄三人即到靜思精舍，見慈師父最後一面。我只說了一句：「師父，謝謝您……」之後什麼話都說不出來，心裏堵得厲害，但很清楚「感恩」，是我發自內心想對師父說的話。

作為教育工作者，我們常說「身教」比「言教」更重要。慈師父在精舍最資深，但他謙卑待人、真誠關懷他人，凡接觸過的人都可以列舉一二。近來大家都在緬懷慈師父，許多好友都跟我分享他們跟慈師父接觸的因緣和感受。英國的第一顆種子，慈華師姊就回憶：「一九九二年我帶了五位英國師姊回精舍尋根。早課時，慈師父發現少了一人，早課一結束，師父即到寮房關心。發現果蘭師姊病倒了，他馬上端來一碗粥湯，讓師姊暖胃。」慈華師姊表示，那樣的溫暖之舉，就是過了將近三十年也無法忘懷，也是那樣的身教，給了他們在海外的弟子「難行能行」的信仰和力量。

陳皇曄老師也回憶，兩年前父親陳紹明副總往生，不久，母親慈暉師姊也相繼過世，那時候，她的心是空掉的，慈師父一直關心她和兩位弟弟。這慈祥的長輩給予他們一家人的愛，她至今感念在心；當見到慈師父最後一面時，她告訴師父自己現在過得很好，也跟師父道感恩。

離開精舍時，我和皇曄老師同車，談起因為疫情關係，我們開始線上教學，師生沒有辦法有效互動，造成教與學的障礙。

「為什麼慈師父講話這樣平，卻能感動人呢？」我們互問彼此。

「因為師父『說我所做，做我所說』，很真實，所以很感動。」

「因為師父很誠懇，待人很好，所以我們都會聽他的。」

「因為師父很謙卑，但很有行動力。他們都是這樣篳路藍縷走過來

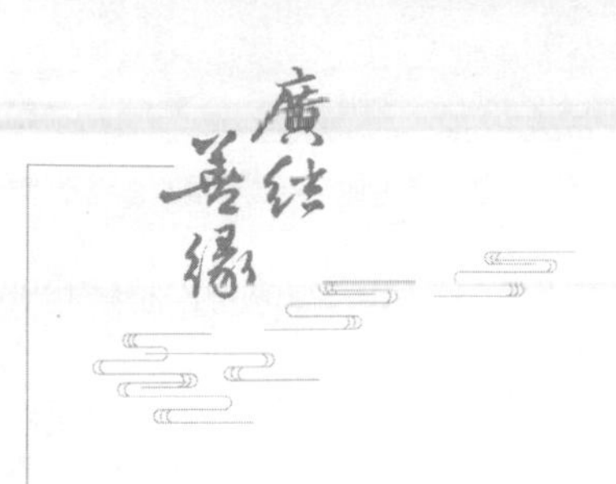

的，我們見證了；我們是『用眼睛聽』的。」

我們得出了一個結論：「大慈悲為室，讓心充滿愛；柔和忍辱衣，心心不打結；諸法空為座，處此而說法」。慈師父為身為老師的我們，做了最好的示範——「慈師父講古」之所以人人愛聽，是因為慈師父這個人，讓人人都愛他、敬他。

德與慈兼具

撰文／靜澄

「要將上人的法拿來運用，不能欺騙上人；如果自己沒有善用，就會對不起上人！」慈師父擲地有聲的話，是發自於「誠」，發自於長年累積的「自省」。

慈師父從醫院回精舍了！乘著早、午時間去探視，想把前陣子沒看到他的身影給補好、補滿。靜養中的他，沒法跟我們對話，但聽到聲音會有反應。怎料，才兩天的踏實感，他還是在這殊勝的佛誕節，離開了我們。

每個人心中，都有屬於自己的「慈師父」。在這個聲聲佛號的夜裏，

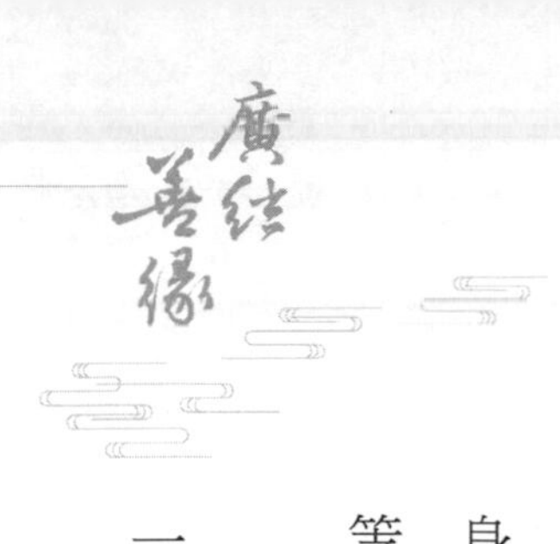

憶念他的行止，也懷念他煮的美味臭豆腐，以及不時從口袋中變出來的餅乾、糖果，滿足每個大人和小孩。

二〇一五年九月，大陸蘇州園區有一場「華東四合一幹部研習營」，由慈師父帶隊，那段日子裏我們朝夕相處，他的長者風範深印我心。自一九九二年參加大陸賑災，相隔二十三年，慈師父再度踏上大陸，到蘇州傳法。出門時，精舍常住們都來送行，形成夾道歡送的溫馨場面，有師父叮嚀我：「不能讓慈師父拿重物！」

言猶在耳，才到花蓮火車站，慈師父一下車，就忙著找行李，他堅持要自己提，我搶都搶不到。見證了他早年克難中磨練出來的修為——以身作則。不只如此，出發前，每個人都收到慈師父裝有餅乾、咖啡、糖果等一應俱全的點心袋。師父貼心對待每個人，看得出他的「慈」。

慈師父的「謙」，更是讓人感佩。在蘇州，連續數日的課程，從早課一直到晚上。每次上課音樂一響起，慈師父就緩步走入講經堂，在前排的旁側入座，從頭到尾陪伴著大家、帶動精進，因此是公認的「全勤獎」。

那時我分享的講題是「培訓本願」。慈師父問我：「培訓本願」講什麼？我用破破的閩南語大致解釋一番；師父說：「我平常很少出門，比較封閉，也沒有讀什麼書，不太會說話，很多都跟不上了，但還是要把握機會，多少學一點。」看著他坐在臺下全神貫注專心聆聽，沒有一絲閃神，才疏學淺的我心中好忐忑，除了感動外，還有更多的戒慎，提醒自己要學習他的「謙遜」，始終如一的修行意志。

那次課程中再度聽到「慈師父講古」，也加深了第一代弟子的責任和使命。慈師父用全部時間和精神陪伴這些新發意菩薩，培養他們的道心，使其充完電後，能自行發電而且照拂別人。他更叮嚀眾人：「要將上人的法拿來運用，不能欺騙上人；如果自己沒有善用，就會對不起上人！」擲地有聲的言語，傳達了第一代弟子「徹底犧牲」的精神，那是發自於「誠一」，發自於長年累積的「自省」；期許人人都能做上人的好弟子。

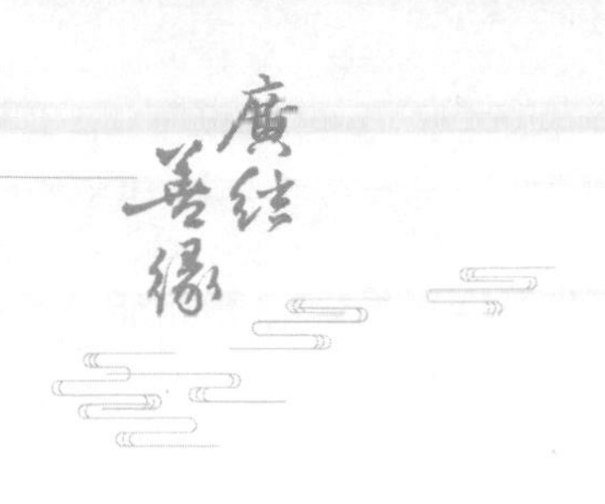

早年師徒幾人生活困苦，他曾因生病沒錢不肯去就醫，惹得上人一生氣，把他的包袱丟出去；但打不退的他，還是拍下了灰塵，又自己撿回來了，當然也沒有離去。慈師父認定這一輩子就是要跟隨上人，一路跟得很緊。

感恩他示範的德行、身教，惕勵我修行要盡本分付出，才能累積自己的「德」。

最好的回向

撰文／陳誼謙

「慈師父講古」話當年，克難之中有辛苦、有甜蜜，間或夾帶著幽默，每每讓學員們笑中帶淚、感動入心扉。但幾個小時之前，他身上還吊著點滴……

幾天前，我一邊找資料、一邊回想多年前，經常邀約慈師父去授課，我把每一梯次的授課時間都印了兩份，一份交給慈師父、一份交給他身邊的師父。慈師父怕忘記，不時會問那位師父或我：「下一次上課是不是在X月X日？」其實慈師父記憶超好，有時突然問我：「下一週是不是要

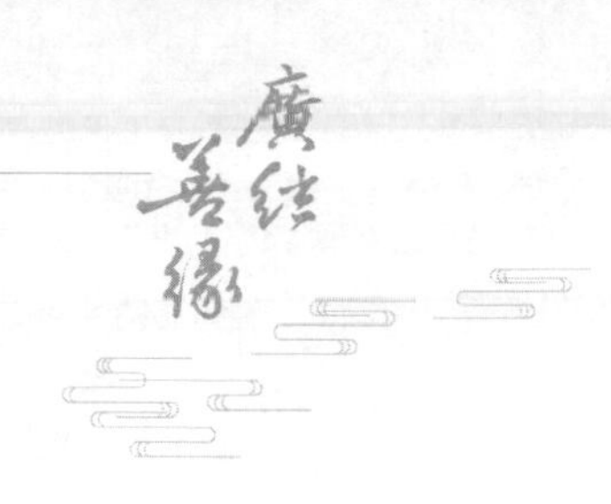

到X區去講課？」我一時之間被考倒了，趕快回去翻筆記、做確認。

曾經慈師父身體微恙，還堅持去上課；為了讓工作人員安心，總是提前抵達會場。講臺上我準備了椅子，想讓慈師父坐著講比較舒服，但是他堅持要站著，一講就是一個小時以上。話起當年來，克難之中有辛苦、有甜蜜，間或夾帶著幽默，每每讓學員們笑中帶淚、感動入心扉。大概沒幾人知道，幾個小時之前，慈師父還正吊著點滴呢！

此刻，一邊聯繫著防疫物資的運送，我一邊看著「慈師父講古」影片，邊看邊流淚。慈師父的德行仰之彌高、鑽之彌堅，我想，最好的回向方式，就是繼續堅守崗位、恆持精進。

踏實走來 真情講古

撰文／林聖玉

曾有人問慈師父：「師父，什麼是修行？」

師父回答：「修行，最簡單的講法就是：修掉不好的習氣、修掉我們不好的行為，專心奉獻給大眾。至於修養，每一個人都要修，不是出家人才要修。」

晚年在修行之餘，全心投入陶藝的慈師父還說：「上人告訴我們要藉事練心。陶瓷是一種藝術，我們不是專業，雕刻一個瓷器要花很久的時間，曾經燒七個才一個成功；工廠做道場，這讓我們的內心能夠發亮發光，也是藉外境來修自己的心。」

就是這樣的修持，讓作為上人第一代弟子的慈師父，具備比別人更多的耐心與毅力。上人常常訓誨弟子：要徹底犧牲，吃他人不能吃的苦，忍

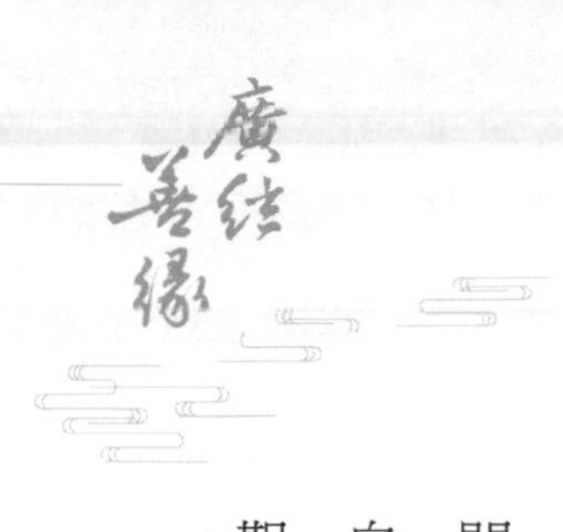

人所不能忍。而在精舍常住師父們的心中，也自許為眾生犧牲到底，雖然大家做得很辛苦，卻無任何怨言。

慈師父身為上人大弟子，在他的心中有一個願——

某次跟隨上人行腳全臺巡視會務，慈師父看著上人每天帶著病體為川流不息的人潮解惑，一刻也不得休息；不捨上人出外行腳的辛苦，為了讓上人能有空閒可稍微喘息，不擅於上臺講話的他發了一個願：「只要有需要，我要不怯場地說慈濟！」

因為心中有願，慈師父鼓起勇氣，克服害怕上臺講演的心理障礙。後來，無論是四合一幹部訓練課程、海外尋根營隊課程，或是面對大愛臺訪問，慈師父都能娓娓道來早期追隨上人修行時，靜思第一代弟子如何自給自足、克勤克儉；如何於困境中用誠意變創意，將大愛分享出去；如何在艱難的環境中，保持心念專一。

「常常口袋空空的，連車錢也沒有。自己一個人騎腳踏車載番薯到市區賣，有時候載太重，連車帶人掉進溝裏……」德慈師父每回分享早期精舍生活點滴、回憶當年慈善路，內容平易近人、語言純樸、真誠親切。師父有時露出淺淺的微笑，有時則用幽默的口吻，輕鬆看待過去的辛酸，大家聽得入神也聽得動容。即便師父已經不知道講過多少回，每一次皆宛如昨日般歷歷在目，想起當年的生活，除了靠意志力外，還有上人的訓誨……

每個人都是一部經典，慈師父更是一部見證靜思精舍生活的大藏經。透過他的口述歷史，見證早期精舍創業維艱、篳路藍縷的點點滴滴，更可感受到上人與弟子間既嚴且愛的情誼，以及上人寬闊的眼界與慈悲心懷。這一分「一日不作，一日不食」——克己、克勤、克儉、克難的精神，奠定了綿延久遠的「靜思家風」。

而上人對早期弟子的期望，不僅止於「創業維艱」，更重要的是「樹立風範」，以作為日後弟子的表率。將近一甲子的修行生活，淬鍊長養了

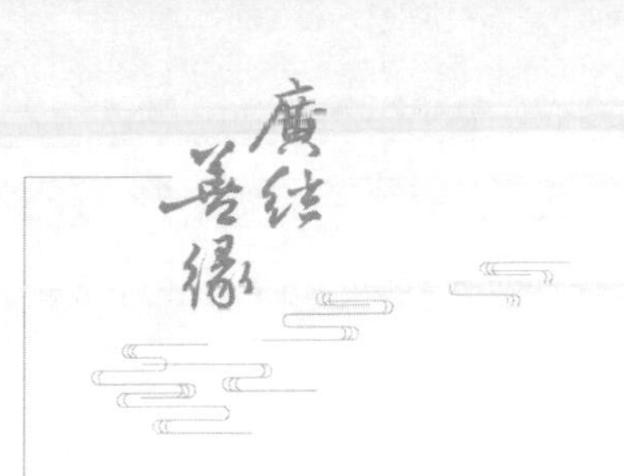

德慈師父清淨的智慧，尤其珍貴的是那真誠、純樸的真性情，以及靜思第一代弟子亙古不變的家風。後來出家的師父，無不以走過艱困創業期的師兄們為模範。

而這股家風在人來人往、科技資訊不斷日新月異下，靜思精舍常住眾，荷擔如來家業的初發心與使命，自始至終，始終如一，不曾改變。（摘自《慈師父講古》編者序）

救處護處　大依止處

既幽默又嚴謹

口述／釋德淵 釋德枀整理

為了加強腿部運動，護理人員推來一部電動腳踏器材。第一天我們設定的速度太快，慈師父踩得氣喘吁吁；我們重新設定，他還是一樣踩得很快。原來，幽默的他是在表演給我們看！

慈師父手術順利，為了讓他早日恢復體力，醫護為他訂了運動功課：每天照三餐下床走路，每次走三圈。

有時慈師父走不到三圈就說：「我昨晚沒睡好，好累啊，想睡一下。」我們就開始和他展開柔性協商：「要不然再走半圈？」慈師父停了一會兒

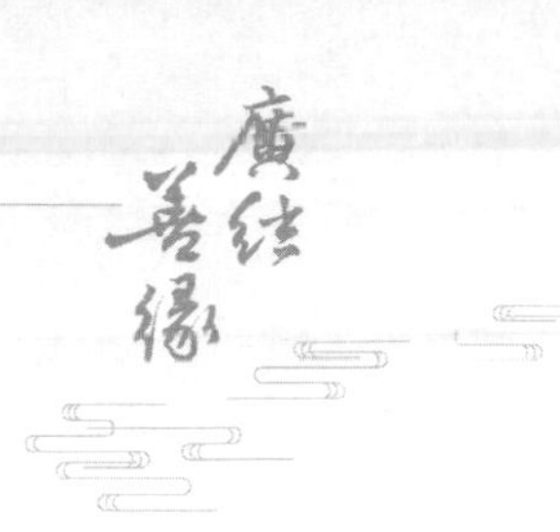

說：「討價還價，討價還價！」到底誰在討價還價？真是有趣。

於是我們和他約定：「那您要睡多久？」

「二十分鐘。」

「好，一言為定！」

時間一到，我們就逗趣地學公雞啼：「咕！咕咕！起床嘍！」因為他很信守諾言，就笑著下床了。

有時候慈師父白天睡得很熟，叫不起來，我們只好向醫護人員求援。慈師父一聽醫護來關心，二話不說，立刻下來走路。一來他感恩醫護人員對他的照顧，二來認為專業就是要尊重。

幾天後，護理人員推來一部電動腳踏器材，要慈師父每天加強腿部運動。第一天對機器不熟悉，我們設定的速度太快，慈師父踩得氣喘吁吁；我們趕緊重新設定，慈師父還是一樣踩得很快。

「奇怪！速度已經設定慢下來了，怎麼還是那麼快？」就聽到慈師父笑著說：「剛剛就是這麼快喔！」原來，幽默的慈師父是在表演給我們看啦！

雖說「病苦」是人生八苦之一，對於頻繁扎針的疼痛，慈師父輕安自在地說：「隨緣消舊業。」因此在旁陪伴照顧的我們，也學會放鬆心情；這是慈師父的好榜樣。

他的貼心與感恩心，也令我們感動。因為治療的關係，慈師父胃口不佳，但是只要食物送到面前，他一定吃完，因為要感恩料理元氣餐的師父，煮得這麼用心，做出這麼豐盛的菜色。後來病情變化，讓他胃口變得更差，他還是勉強吃下去。我看了很不忍心，安慰他盡量就好，不要有壓力。「沒有人願意這樣，我看到您很努力，沒有胃口也勉強自己吃，您已經很棒了！」人家對他的好，他都感恩在心，總是想辦法回饋。

所謂「君子慎其獨」，慈師父是一位真正的老實修行者。每一次他下床如廁，總是把棉被摺疊整齊，回來再攤開使用。我曾不解地詢問慈師

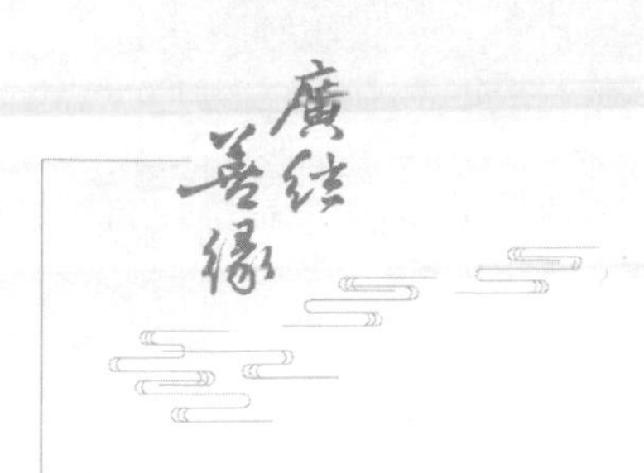

父，為何要這麼做？他只是淡淡地說：「要整齊，要整齊！」一絲不苟的生活態度，是我們修行的典範。

在外科病房那二十一天

楊卿口述（花蓮慈濟醫院護理長）　採訪整理／陳美羿、鄭善意

慈師父記憶力超凡，能記住每位照顧過他的護理人員；我們找他拍團體照，他還語出驚人地說：「這電火不夠光啦！」後來我才知道，他是慈濟最早做活動記錄的「真善美志工」啊！

我是慈濟大學護理系第三屆畢業生，認識慈師父快二十年了。求學時，每當學校有活動回去精舍，慈師父總笑容滿面地對我們噓寒問暖，同學們都說：「慈師父好溫暖喔！」

記得他第一次來住院，是在去年底跨年的那一天。那時，他剛動完腹

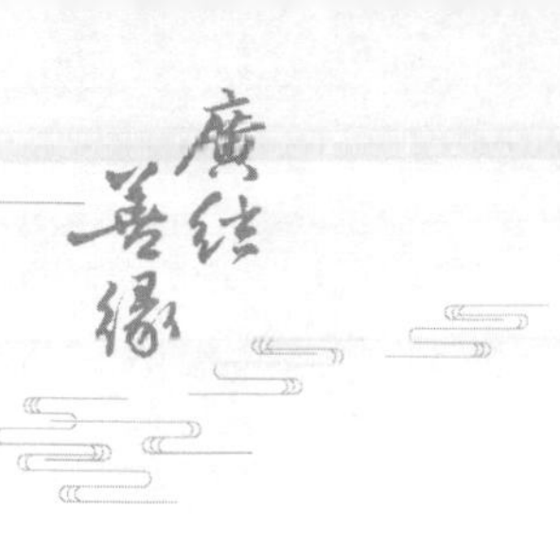

部微創手術，從加護病房轉上來。前三天因為疼痛，他看起來有點累，隨著疼痛獲得控制、傷口引流管拔除，食欲、精神都明顯好多了，傷口也復原良好。

慈師父的三餐都由精舍常住師父送來，身邊也一直有德禰師父、德劭師父等輪流陪伴。素聞慈師父「吃苦耐勞」的功夫一流，陪伴的師父擔心他太體貼人，不時會對我說：「慈師父比較聽醫護人員的話，請你們告訴他，痛了一定要說出來！」其實，我看著他忍痛不說，也感到心疼，這樣會影響到醫療上的判斷。所以，只要我當班，一定會去看看、陪陪他，問他有沒有哪裏不舒服。

慈師父配合度很高，我們曾給他一項功課，每天要下床三次，每次二十到三十分鐘動一動，活動筋骨。剛開始，他身體虛弱，我們也怕他受到感染，只讓他在病房內踩電動腳踏車。他很認真地做，不僅訓練腳也訓練手力，他說，這樣拿起四腳杖走路時，手腳就比較有力。

偶爾，他也因身體不適，不想下床。這時我就會對他撒嬌：「師父，不可偷懶喔！我們下床動一動，好嗎？」他會輕聲說：「好！好！」

天氣晴朗的時候，我們會用輪椅推他到三樓的空中花園，讓他站一站、走一走，最遠還曾去到了靜思堂。出外活動，他顯得特別高興，精神也特別抖擻。

又有一次，我們推他出去散步，途經剛啟用的中醫病房，問他想不想進去看看？他說：「好，我還沒來過呢！那是上人心心念念想要成立的。」

他住院那段期間，正逢上人到各地歲末祝福，慈師父每天都有掌握上人的行蹤、做了些什麼；因為陪伴的常住師父，會把他的近況轉達給上人，也會把上人關心的話帶給慈師父。有次無意間，我聽到他對身旁的常住師父說：「我還有好多事沒幫上人完成，不知道還來不來得及？」這分師徒間的情誼，令人動容。

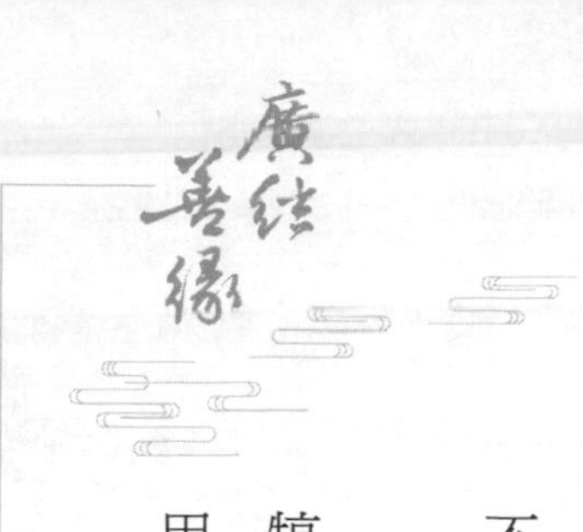

慈師父記憶力超凡，他不但能記住每位照顧過他的護理人員，我們找他拍團體照時，他還語出驚人地說：「這電火不夠光啦（閩南語，意為光線不夠亮）！我早年拿相機，光圈、焦距都會調到……」拍完團體照，展示給他看時，我們故意問他：「師父，您看這樣及不及格？」惹得全部人笑成一團。後來我才知道，他是慈濟最早做活動記錄的「真善美志工」啊！

慈師父很有親和力，住院期間，常會將點心、蘋果、小禮物等分送給護理站同仁。有時一連好幾天都送蘋果，我們拿得都有點不好意思；他會緊迫盯人地問：「你拿了嗎？」我趕緊回答：「師父，我拿了！」可卻瞞不過他的記憶力，「沒有，你今天沒拿！」最後仍堅持將蘋果遞到我手上。

為了表達感恩，有一回，護理部鍾惠君主任向小農訂了一大箱木瓜來犒賞大家，慈師父也吃得很開心，直誇：「這木瓜很大很漂亮，種的人很用心！」他過去有務農經驗，真心讚賞果農。

林俊龍執行長、林欣榮院長、王志鴻副院長、羅慶徽副院長等人常來探視。羅副院長有次跟我們分享，慈師父三十多年前在精舍創立陶藝坊時，就常把回收來的環保廢棄物，做成一個個巧奪天工的陶碗、罐等藝術品，化無用為大用；另外如竹節壺泥杯、無量心燈等璞玉般的作品，也栩栩如生、典雅出塵。

終於，到了今年一月二十日，慈師父可以出院了！出院前一天，主治醫師、護理團隊為他舉辦了慶生會，祝福他平安健康；院長、副院長等人都來了，場面溫馨感人。

回到精舍月餘，聽說他吃得少、活動量也變少，身體顯得虛弱，所以二月二十六日又再住進醫院打營養針，一直到三月四日才出院。四月下旬聽到他再度入院打化療，由於不在我服務的單位，加上新冠疫情升溫，院方對訪客、探病者多所管控，因此我也只能堅守在自己的崗位，默默祝福慈師父。

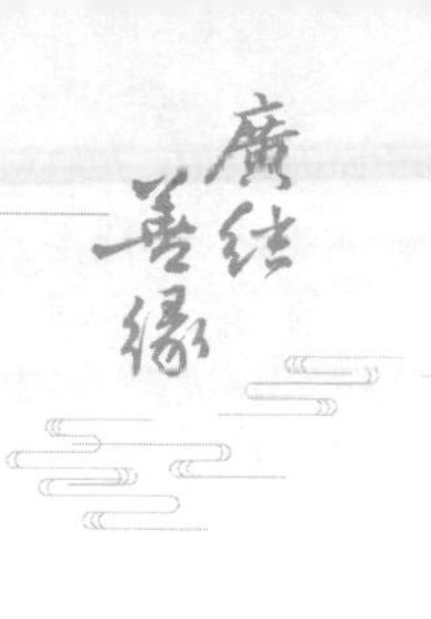

如今他已捨報、遠颺佛國淨土，不再受病痛所苦了！他這一生，活得踏實又有意義，也為靜思精舍常住眾樹立了勤儉固本的家風，這些風範，都將永遠為人所敬仰。我也感激他以身示教，教會了我們要勇猛精進。

一碗白米粥湯

蘇筱雅口述（花蓮慈濟醫院副護理長）　採訪整理／陳美羿、郭寶瑛

小時候有一次回精舍，身體不舒服，慈師父特地熬煮一碗白粥給我喝，叮嚀我，粥上那一層白白濃稠的米湯最有營養，還體貼地說：若吃不下稀飯，那層米湯一定要喝完……

去年底，慈師父因黃疸到醫院接受治療，做完手術後，來到外科加護病房觀察，由我和幾位護理師輪流照顧，並觀察生命跡象。開刀部位在壺腹，位於膽管與胰管前端交會處，使用內視鏡手術雖然傷口不大，但術後身上有許多管子，想必一定很不舒服。

許多插管的病人，因為身體的不適，時常會激烈掙扎，但慈師父很能忍，只是稍微掙扎了一下。我安撫師父：「嘴裏的管子不會放很久，擔心您麻醉還沒退完全，會被口水嗆到，等您完全甦醒後，就可以拔掉了！」他點點頭，代表意識清楚，表情也漸和緩；此時身上還有其他引流管、尿管及中心靜脈導管等。

約莫過了十分鐘，師父完全醒後，我們就移除氣管內管了。我們擔心他傷口會痛，請他服用醫師開的止痛藥，但他忍耐沒吃。我解釋說：「一點點止痛藥，可讓身體舒服一點，之後的復健和恢復都會比較好！」他才接受止痛藥，但也只吃了兩、三次而已。

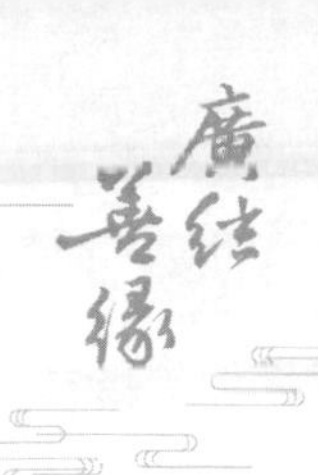

八十七歲的他，身體已經很不舒服了，還一直關心我們每一個人。他能記住每位照顧過他的護理師名字，關心我們累不累？才剛接班，師父就問我是上幾點到幾點的班？我說八點到四點，慈師父看我到五、六點還在，就一直問我：不是該下班了嗎？吃飯了嗎？「這麼瘦，師父拿精舍的高蛋白給你吃好不好？」

他臉上總是笑盈盈的，什麼事都說好，雖然躺在病床上，依舊儀容整齊。有一次，他要我扶他坐起、幫他穿上襪子，是為了要持誦經文。他慎重告訴我：「誦經時，衣冠要整齊。」真是修行者的典範！

「你手怎麼那麼冰冷？」加護病房內的冷氣很強，我雙手容易冰涼，幫慈師父做護理前，我會先搓一搓手，讓手暖和一些，但細心的慈師父還是察覺了，他貼心地一再囑咐我要用保溫杯裝溫開水喝，不要喝冷水。兩天後，他轉出加護病房，為我們每個人準備一份結緣品，還念著每一位照顧過他的護理師，一份一份裝好，請我一定要帶回轉交。

五月二十六日上午，我回精舍照護慈師父，明知師父已近臨終，一如往常照護著臨終的病人，但病榻上的，卻是最熟悉不過的身影啊！每一分鐘的陪伴，都象徵著與師父離別的時間愈來愈近，能好好告別的時間愈來愈短。腦海中飛逝的，是師父點點滴滴的慈愛與和藹的笑顏，似乎醒來，就會再招著手，喚我過去，拿點心給我吃……

我不斷告訴自己要謹守專業，卻仍掩飾不住心中的悲傷；那時師父的身體已不太能動，需要協助翻身、口腔照護。沈邑穎中醫師、慈大蔡娟秀老師及隨侍的師父等幾人，一起幫他按摩、舒緩。慈師父的血壓有降下，排尿量卻減少了，但是我感覺他好像能聽懂我們的話，只是沒辦法回應。

這一天，陸陸續續又來了許多人探視。一位陶慈坊的師伯來看慈師父，講完祝福話後，慈師父的精神竟然大好，睜開了眼睛，手也微微動了一下，好像有聽懂、很歡喜。隨後更多陶慈坊的志工，一一進來請安，看得出每個人都強忍住淚水，離去後就在外面痛哭！

德昭師父一天來探視六次，用過早餐、吃過午餐後，他都會來，如常對慈師父說話，叮嚀他：要午休。這麼深厚的師兄弟情誼，真令人感動！還有許多精舍的師父，也都來真情道別。無量的道謝、道別、祝福聲波縈繞著整個房間，在翠巒疊起的山脈間迴盪著。直到晚間八點多，我告別慈師父，離開精舍；沒想到，不久就接到慈師父捨報的消息！我很難過也很不捨，雖然我照顧慈師父的時日並不多，卻是從小就認識他。

十幾歲來到花蓮，在陶慈坊見到慈師父，師父就帶著我去吃東西，什麼忙也沒幫上的我，每每回精舍總是吃得很飽。慈師父領著我慢慢地走，我跟在他身後，看著步履緩慢的師父，一步一步往前，只為了要讓我吃飽——他總擔心我吃不飽。要離開精舍回學校時，袋子裏裝著滿滿的食物，也永遠都有一份用精舍的碗裝滿的晚餐……這就是我認識的慈師父，慈祥和藹，總是以誠待人，每一個身形都是身教。

我是屏東人，從小在慈濟家庭長大，嬸婆吳清美是早期的委員，與慈濟的因緣，便從出生那年至今。我就讀慈濟中學、考上慈濟大學護理系，這期間也常回精舍，畢業後在花蓮慈院服務已是第六年了。

我記得小時候有一次回精舍，身體不舒服，慈師父特地熬煮了一碗白粥給我喝，叮嚀我，粥上那一層白白濃稠的米湯最有營養，還體貼地告訴我：若吃不下稀飯，那層米湯一定要喝完。

萬萬沒想到十多年後，當慈師父臨終時，精舍師父也熬煮一樣的白米粥湯，給慈師父喝。那幾天，他消化一直不好，後來情況有轉好，我便小心翼翼、恭敬地，將白米粥上的糜湯灌入鼻胃管裏。當下心裏有種暖暖又酸酸的愁緒。

不捨慈師父承受那麼多的病苦，更不捨他的離去，虔誠祝福慈師父解脫病痛後回到佛國；更要乘願再來，繼續救度眾生。

努力到最後一刻

陳文香口述（花蓮慈濟醫院副護理長）　採訪整理／陳美羿、林淑真

化療對於老年人而言，非常辛苦，但慈師父仍堅定表示：「我想試看看！」他還有很強的求生意志，一心想把自己治療好了再回家，不要讓上人擔心。

早在就讀慈濟大學護理系時，我就知道精舍有一位慈師父，每次和同學回精舍，就會跑去觀賞他的陶藝作品。今年四月二十六日慈師父住進五東病房，我才有進一步親近他的機會。

慈師父是在純賢師父和德霈師父陪伴下住進來的，八十七歲的他精神不錯，非常客氣，看起來就是一位慈祥和藹的老人家。我們去病房服務時，他會跟我們說說話、關心我們，還叮嚀我們「不要太累了！」

為了進行化學治療，二十八日醫師先在慈師父左鎖骨下方裝置人工血管；從恢復室送回病房時，因為心跳不規則，趕緊注射一針抗心律不整藥物。隔天一早我去看慈師父時，發現他的手腫了，看起來很痛的樣子，我好心疼，明明昨晚八點左右離開前，跟他打招呼時還很好，怎麼第二天就腫成這樣？慈師父看我含著淚，跟我說：「昨晚夜班的人來的時候，還沒有這麼腫。」他安慰我：「你不要難過，我已經擦藥了，很快就會好的。」

明明痛在他的身上，老人家卻還一直安慰我。那晚下班回到家，我跟家人說：「慈師父的修行真的很好！我在他身上看到了『無我』的大愛。」

慈師父的癌細胞已轉移到腹膜、肝葉，住院時還有嚴重的泌尿道感染問題，因此先治療泌尿道感染。一週後，慈師父身體狀況較穩定，王佐輔醫師和羅慶徽副院長、黃志揚副院長等人討論，評估化學治療的可行性。

主治醫師向慈師父說明，化療有一定的風險，對於老年人而言，非常辛苦。儘管如此，慈師父還是滿心期待，他說：「我想試看看！我還有很

多事情要做，想讓自己在世間有多一些時間，能繼續替上人做更多事。」

於是醫療團隊尊重慈師父的意願，替他進行化學治療，並且慎重地決定用慈師父身體可以接受的最低劑量來施打。五月十一日慈師父的身體狀況比較平穩了，於是在中午前完成化療注射。當天下午，慈師父和上人視訊時，只能躺在床上，掛著鼻胃管和上人說話。

接下來的時間，慈師父愈來愈乏力，大多躺在床上閉著眼睛休息。每天再忙，我都會去看看他，慈師父感覺到我進來，就會張開眼睛，慈祥地對我微笑。早在幾天前，我們就請問慈師父：「您要不要回精舍？」他總是搖頭。我們猜想，慈師父這麼愛上人，大概是認為自己現在的狀態回去，只會讓上人擔心；他還有很強的求生欲，一心想把自己治療好了再回家。

二十三日早上，王志鴻副院長來病房探視，慈師父被叫醒時意識很遲鈍。主治醫師和王副院長商量後說：「如果慈師父要回精舍，是否時候到了？」此時慈師父接受了師兄弟的建議，回精舍靜養。院方立刻聯絡安排，並成立「專門照顧小組」，我也是成員之一，隨時密切關注慈師父的狀況。當天下午，我們護送敬愛的慈師父，回到他所惦記的家——靜思精舍。精舍師父們排著整齊莊嚴的隊伍，以最恭敬的心迎接，似乎是要讓慈師父看到，他們對大師兄一直以來的教導謹記在心，奉行如斯。

做完消毒防疫之後，我們小心翼翼地把慈師父移到早已準備好在一旁的病床上。上人第一時間來看慈師父，我悲傷地看到上人很不捨的神情，聽到他哽咽含淚地對慈師父談起生老病死是自然法則，肯定他跟大家結得很廣的良緣、善緣，對慈濟的貢獻很大……開示約有二十分鐘之久。

本來我隔天還要進精舍照顧慈師父的，但是當天我眼睛不舒服，錯失了機緣。兩天後，二十六日晚上八點十五分，我還在單位執勤時，精舍傳來了觀察報告，說慈師父生命徵象有變化；不到半個鐘頭，就恢復慈祥平靜的面貌；最後一則訊息是：「八點五十五分，心蓮病房醫師宣告慈師父捨報圓寂」。慈師父就這樣走了，如上人所祝福「輕安的來，自在的走。」

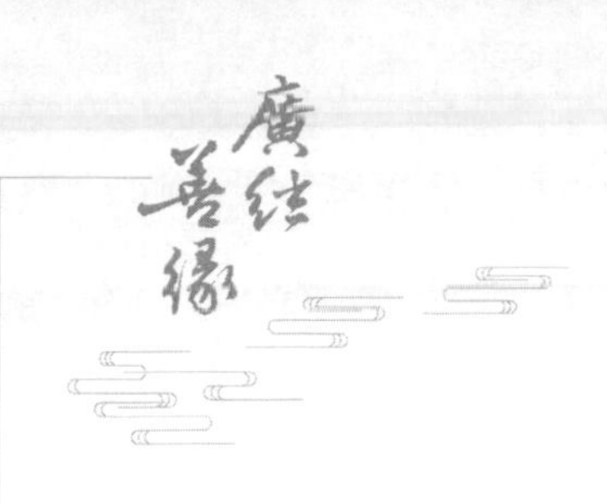

慈師父能夠及早回到精舍，在上人身邊、在許許多多的師兄弟和志工祝福中，自然地走到生命的盡頭，我覺得真的很幸福，很圓滿。

過去我只知道有位「慈師父」，住院這段期間，雖然只有短短不到一個月的互動，讓我看到慈師父寧可冒著生命危險，只為了爭取更多「做慈濟」的願望達成，讓我非常敬佩，他真正是一位大修行者。雖然他離開了我們，但是我知道，他將永遠活在我心中。

生生世世求懺悔

江青純口述（花蓮慈濟醫院心蓮病房護理長）　採訪整理／陳美羿、明含

在心蓮病房服務多年，常看到人生最終的謝幕；慈師父對上人說的話，讓我永生難忘。

慈師父住院期間，因為腹脹水腫，我到血液腫瘤科病房幫他按摩過兩次。五月二十三日慈師父病情急轉直下，下午，我坐上救護車，擔任護送慈師父回家的職責。一抵達精舍，安頓好後，上人第一個進來跟慈師父說話，然後常住師父們分內、外兩圈值班，守護彌留中的大師兄。

白天我在精舍照顧慈師父，為他清潔身體、口腔等。每四至六小時為他按摩腹部、早晚各按摩一次手腳，以及每小時翻身；也噴甘草水、檸檬水，讓他不致口乾舌燥，或用蜂膠、護唇膏、噴霧劑讓空氣溼化，希望讓他舒服放鬆一些。沈邑穎中醫師將磁力貼貼在他幾個穴位，內圈照顧的師父可以直接就著磁力貼按摩；廣師父也用長生學原理，幫忙進行舒緩。

常住師父每天都會打開志工早會的連線，讓慈師父聆聽，他顯得特別安詳；結束後，接著播放「六瑞相」梵音，純賢師父與蔡娟秀老師跟著唱誦經文，氣氛祥和；而上人對慈師父的勉勵視訊，也不斷重複播放。慈師父一直張口急促地呼吸。

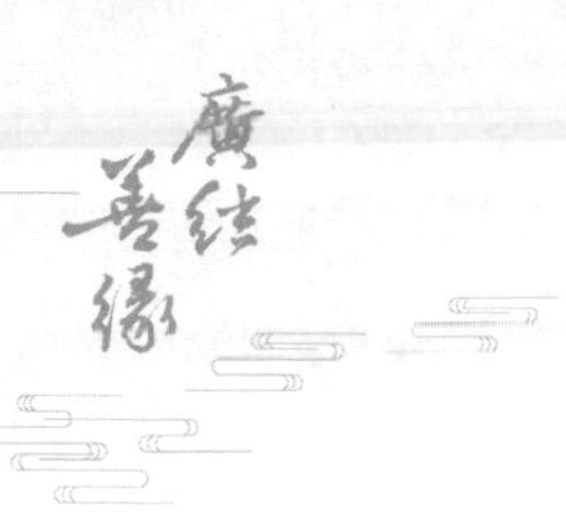

回精舍當天，前後有四次會客時間，慈師父意識不是很清楚。第二天，他的精神變好，很清醒，還會睜眼、點頭來回應訪客，血壓回穩了，並可以排尿，水腫也消了。看到有好轉跡象，我們比較放心，還教導精舍師父們簡單的護理、翻身、按摩，做好中長期照顧的準備。

到了第三天，我準備離去時，慈師父的病情又轉壞了，很喘、嗜睡、呼吸急促、脈搏變弱，因此暫停一切會客。第四天，心蓮病房王英偉醫師來探視，叫喚慈師父時，他還能張眼，發出一些微弱的聲音反應；但王醫師遺憾地判斷：「可能就在今晚了。」果然，當晚八點五十五分，他嚥下最後一口氣。隔天清晨，就被送到慈濟大學大捨堂，成為大體老師了。

我在心蓮病房服務多年，常看到人生最終的謝幕，很多人不一定來得及道謝、道歉、道愛和道別，因為還沒領悟到生命終了前該如何圓滿。而慈師父卻向上人懺悔，說自己做得還不夠，發願生生世世跟隨上人；讓我印象深刻，也永生難忘。

志為人醫的承諾

撰文／吳仁傑（慈濟醫學院第一屆畢業生，現任花蓮慈濟醫院急診主治醫師）

即使您已離去，但無論何時、何地，我會傳承著人醫使命。

驚聞慈師父捨報圓寂，是常，也是無常啊！

二十多年前，我還是小屁孩時，跟著大家去精舍當志工。半夜，您擔心我們一群孩子肚子餓，帶我們到冰箱裏翻找食物，布丁、水果等，您是如此疼愛我們。

敬愛的慈師父，當年的小屁孩，如今長大了！我現在是慈濟醫院的急診專科醫師，執業和能力受到大家肯定；前年，我還帶著慈大畢業的學弟妹，一同到國外參加國際研討會、發表論文，我們的表現不輸於人喔！

慈師父，從精舍康樂村，到整個花蓮，乃至於全臺灣、全世界，您跟

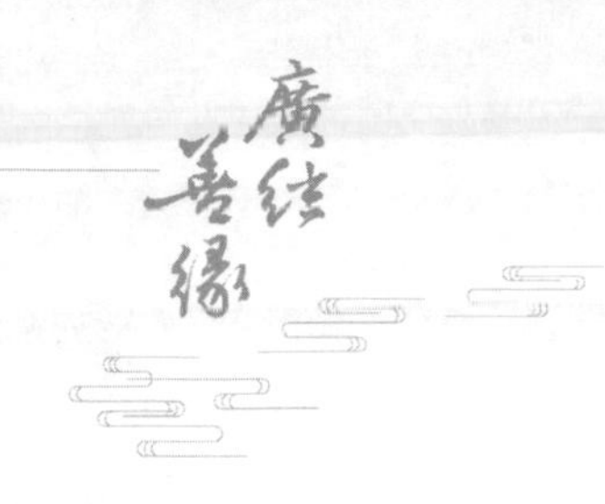

著上人從小小克難功德會從事救濟起，吃盡了苦頭，默默守護著大家庭，是師弟們的好榜樣，也傳承著刻苦樸實的靜思家風。

我何其有幸，能受到您的照拂。記得剛入學時，我不習慣吃素，您循循善導、告訴我吃素是涵養慈悲，對身體健康有好處。您如父如母般對待我們這些晚輩，把我們當成孩子般疼惜。

我現今不算太有成就，但也無愧於您的期望，我在急診室裏救過無數的人，這一些我都來不及跟您分享，只因彼此難得相聚。

但即使我們見面機會不多，您叮嚀過我的話、對我細心的呵護，我永遠都記在心底。即使您已離去，但無論何時、何地，我都會傳承著人醫使命，永遠懷念您！

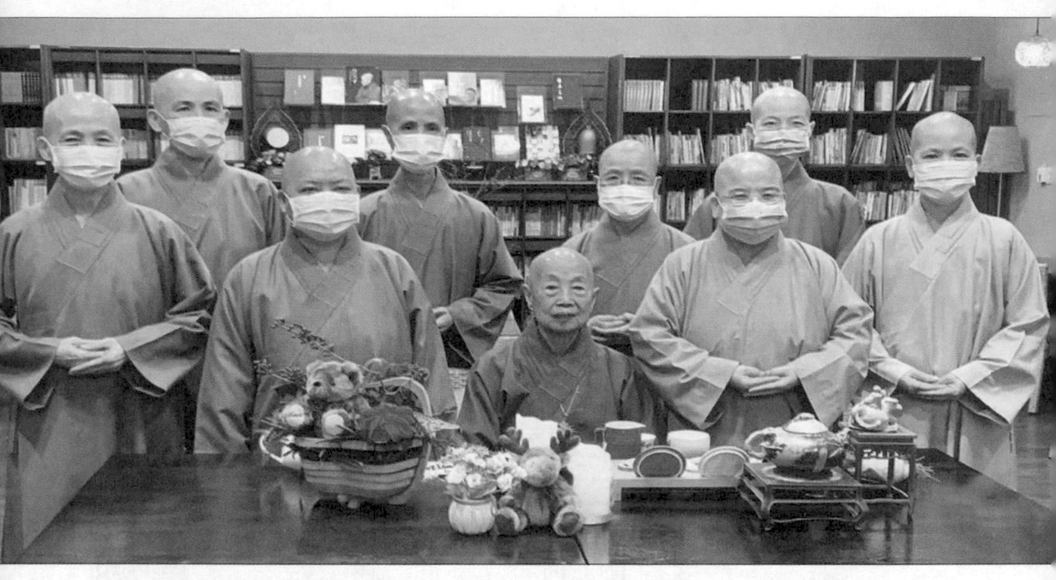

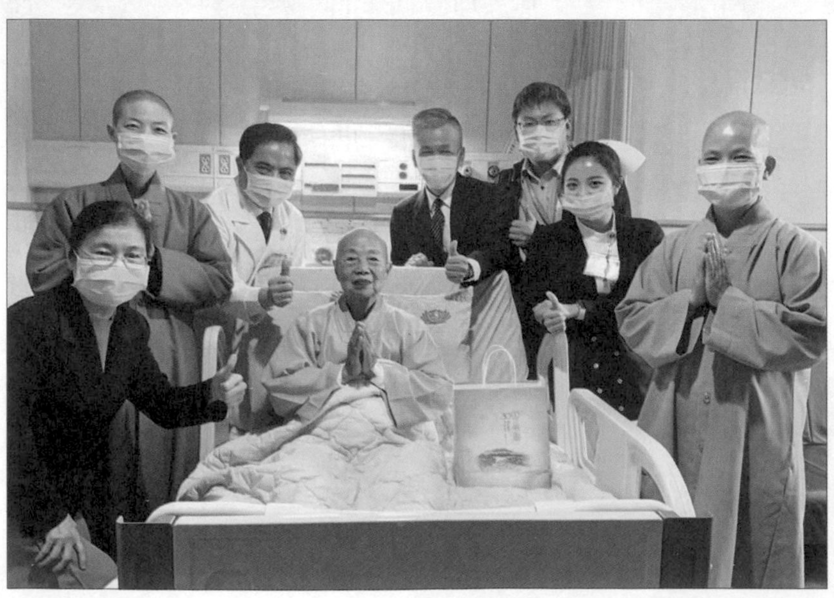

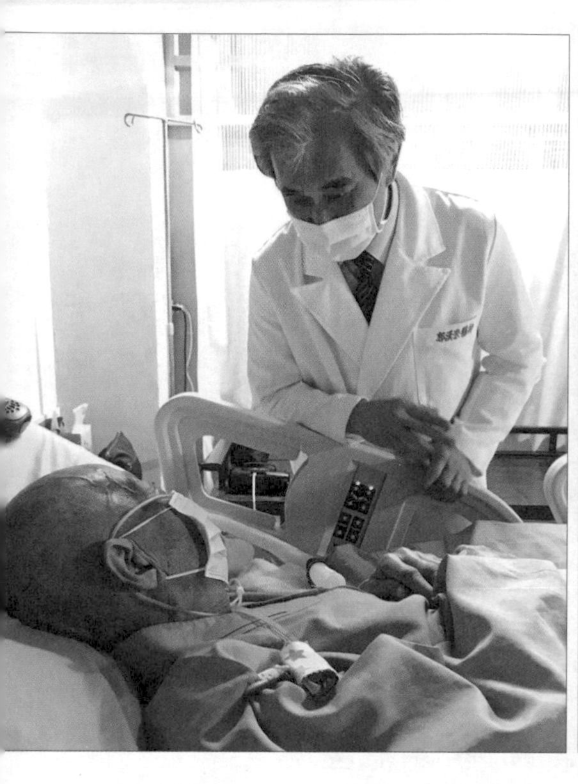

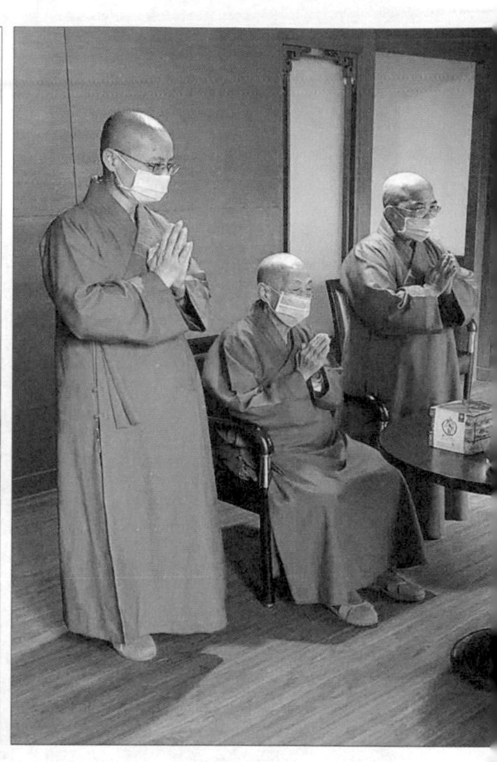

病房即道場

即使住院中，慈師父仍守戒律、護威儀，一如往常體貼、關心周遭人，讓師兄弟和醫護、行政團隊如沐春風。

右頁上圖：二〇二〇年十二月二十九日，慈師父腹部微創手術的前一天，常住師父提前為他慶祝八十七歲壽誕。

左頁左圖：醫療志業副執行長郭漢崇來探視，慈師父記得他半年前接受過手術，關懷叮嚀：「你最近身體有沒有好一些？不要太累喔！」一如慈母對待子女那般愛護，讓郭漢崇無比感動。

左頁右圖：二〇二一年一月十九日出院前一天，慈師父在病房區的佛堂做晚課、施食，感恩三寶恩及眾生恩。

以身示教

「我不能讓上人擔心，不能先走！」一念孝心，讓高齡八十七歲的慈師父決定「再拚拚看！」入院進行化學治療。五月十一日下午，上人與他視訊通話，剛打完第一次化療，說話十分吃力，慈師父仍勉力表白：「生生世世求懺悔，生生世世追隨上人行菩薩道。」

「我們師徒這輩子要做的，就是利益眾生、造福人間；我們都做到了，沒有虧欠！」帶著上人的肯定與祝福，五月二十六日慈師父安詳示寂。二十七日清晨由師兄弟及俗家眷屬護送到慈濟大學捐贈大體。直到生命最後，慈師父仍以身示教——付出所有、盡無保留。真正做到了「徹底犧牲」！

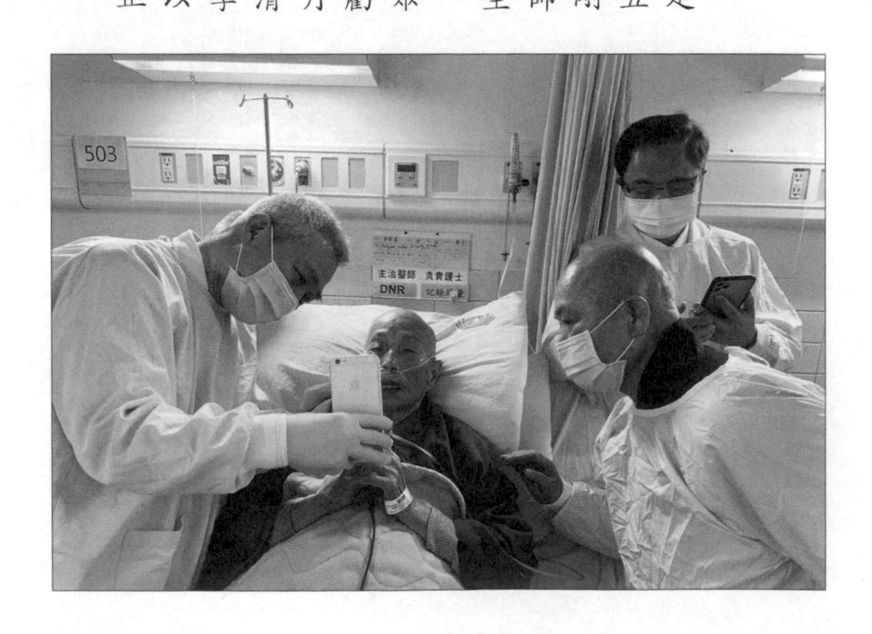

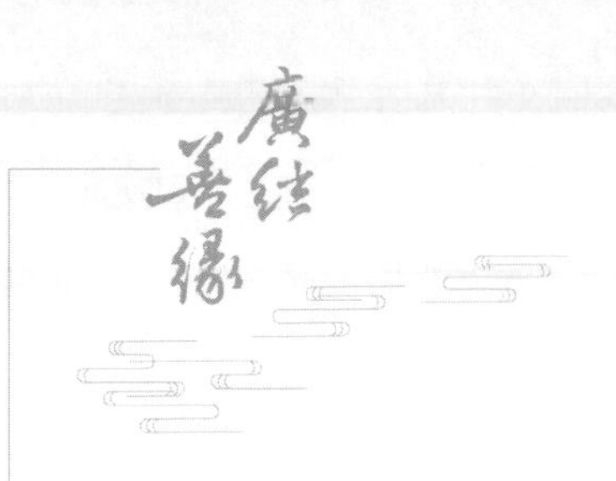
廣結善緣

說我心中最深刻的記憶

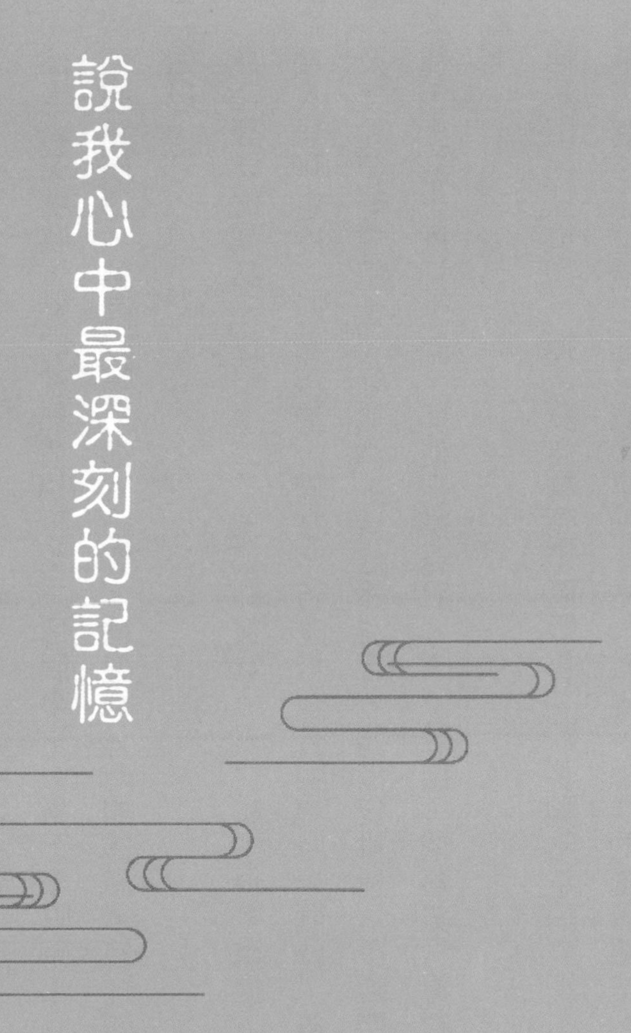

直透人心的溫暖

逢人總笑嘻嘻，開口就熱情招呼：「恁回來了，坐下來喝茶！」一句句慈藹的關懷語，猶同暖陽沁進人心窩。德慈師父一如其名，慈祥如父、貼心如母。

身為靜思僧團第一位出家弟子，慈師父為上人扛起了很多重擔，早年師徒幾人居無定所、四處漂泊，備嘗辛苦；借住普明寺時，開啟了慈善救濟；及至建蓋靜思精舍，師徒們生活依然清苦，靠借貸耕種、不斷變換製作各種手工品來維持生計。即便捉襟見肘、入不敷出，依舊努力籌錢用以濟貧。

他犁田、扛重物、拖載農作物到市區販售，踩著腳踏車的身影、荷重的彎曲臂膀……透過口述、影像畫面，一一重現，那樣的刻苦艱辛、徹底犧牲，忍人所不能忍，為僧團立下了典範，也讓所有靜思弟子深深景仰。

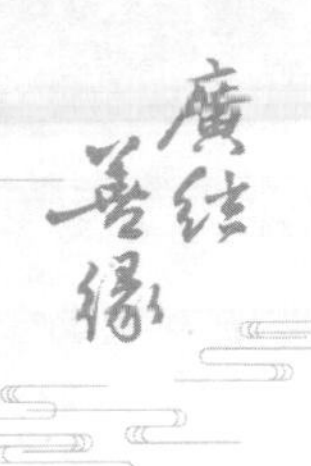

近三十多年來，慈師父發揮藝術長才，在陶慈坊創作中，找到了另一片揮灑及奉獻空間，作品深受慈濟人喜愛。於公、於己，他這一生都活得精彩，也是分秒不空過、步步踏實做的典範，永遠令人敬愛、懷念……

百衲衣

撰文／詹明珠（臺北）

「這件衣服年代久遠了，穿起來很涼快，但因為補過多次，已經參差不齊；老人家穿出去怕引起誤會。你可不可以重新補過？」有次，我到精舍衣坊間幫忙，一位年輕的師父拿來一件中掛，問我是否可以修補？我回答：「師父，沒問題！」

我將二十幾個補丁一一拆掉，找到一塊顏色相近的零頭布，依洞洞的大小方正補上。由於先前的補丁處，車縫得密實又很牢靠，拆掉後要再補得美觀，需要費一番工夫。補完後，師父覺得很滿意，還說：「這樣，一些師姊看到了，就不會以為師父們衣服不夠穿，又跑去買布送來精舍了！」

後來我才知道，幫忙車補的那件百衲衣，正是慈師父所有，因為他專程到衣坊間感謝我。

「師父，這只是很小的事，您真的不必掛心！」慈師父回應我：「喔！你不知道怕熱的人，這一件衣服有多好穿，我穿了二十幾年！只是補得太過明顯，穿出去怕被人誤會，以為上人沒給我們做新衣服。但其實這件衣服雖然舊，穿起來還是很舒服。」

一件百衲衣，讓我感受到慈師父的惜福、愛物，並且處處替上人著想。

讀您千遍也不倦

撰文／黃鳳嬌（西雅圖）

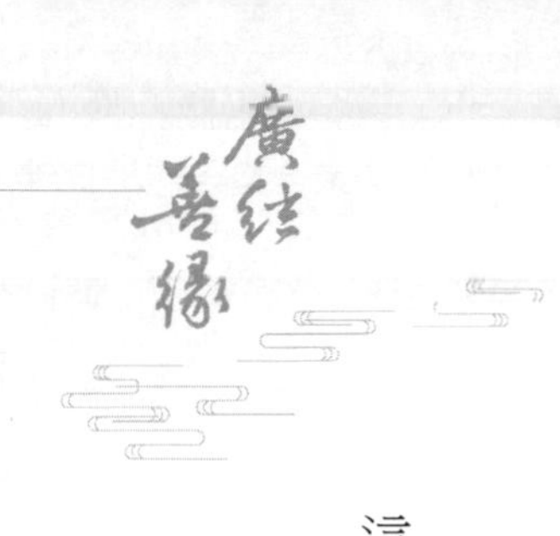

將近三十年了，我每次從海外回來，總要抽空到精舍走走，不管能否見到上人，但一定能看到慈師父和好多師父，在一片祥和氛圍中忙進忙出，寧靜地嗅不到一點外界的紛亂。

「回來喔，這樣很好！」每次看見慈師父的笑容、聽到這句話，就讓我安心、安神不少，來了就不想走，歸期總是一延再延。等到要離開，彷佛又要重回亂世，帶著一顆堪忍的心，入人群中「菩薩遊戲人間」。

印象中，有次回去精舍，訪客不多，我走在知客室的走廊上，巧遇兩位女記者採訪慈師父，我走近附耳聽了一下，聽到其中一位問：「師父，恕我無禮問一個問題。」慈師父說：「沒關係。什麼問題？你說。」

「就是啊，傳說您們師父在早期沒東西供佛時，是用『燃臂』供佛。這是真的嗎？」

「是真的！」聽到這回答，兩位女記者不約而同地驚叫：「真的嗎？」看到她們露出狐疑的表情，慈師父把袖子挽上來，伸出手臂展示——

果真手臂上有好多疤！

「哇！」我們三人齊聲驚呼。兩位女記者更說：「您們真是了不起啊！」

慈師父慢慢又將袖子放回，然後一本正經告訴兩位記者：「沒辦法，那時候太苦了！沒東西禮佛，上人就想出這個辦法，我們也跟著做。」慈師父接著說：「這個，你們一定不能報導喔！」

我一直以為，早年只有上人「燃臂」供佛，原來身為第一代弟子的慈師父，也一樣奉行。念茲在茲「徹底犧牲」，做到這樣的地步！

敬愛的慈師父，對不起！我把所見的這一幕隱藏了多年，在您離開之後，終於表白出來，您會寬諒我吧？凡夫的我心裏所想，是您修行功夫之深、愛上人之心切，更應該讓現今的慈濟人知道而有所省思。

身居海外的我們，超愛聽「慈師父講古」，每一回聽，都讓我們笑聲不斷、淚痕爬滿面！手邊的這本書，我也翻閱過好多遍，就是「讀您千

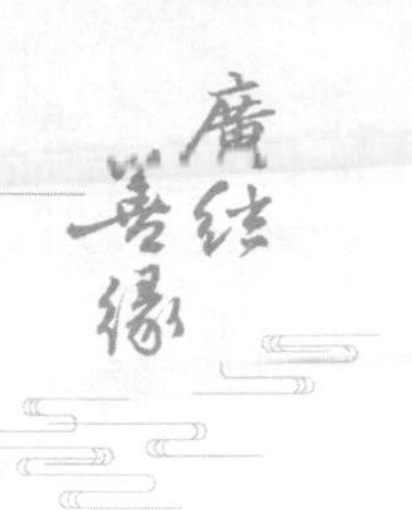

遍也不厭倦」。寄望我們下次再回精舍時，會有個小小菩薩，不但會「講古」，還會「說今」；那就是我們的慈師父回來了！

桂花蜜茶的滋味

撰文／李偉嵩（菲律賓） 翻譯／蘇芳霈

一九九六年，我與一群菲律賓志工一同參訪靜思精舍。那時，我們對慈濟還相當陌生，而且對歷史、信仰及一路走來的艱辛，仍一無所知。

我清楚記得，第一次和慈師父相遇，他用一壺熱茶招呼我們，親切謙虛地說：「請享用，這是用我們自己栽植的桂花浸泡在蜂蜜中製成的。」那是我一生中，喝過最好喝的桂香蜜茶！桂花的香氣和蜂蜜甜味充分融合，我的味蕾瞬間被馴服了，一杯接著一杯。師父開心殷勤地不斷斟茶，我們不僅解了渴，也感受到了他的德香。

我們請師父也一起喝，他說：「我很高興為大家服務！」直到那壺茶沖泡多次已淡然無味了，他才喝上一杯。當時，我年輕又傲慢，心想：「師父太笨了，如果是我，一定是喝第一杯最香了！」

多年後，經過證嚴上人調教，我的想法有了一百八十度轉變，為自己過往的無知感到慚愧。我體悟到：慈師父是如此偉大、如此自謙，總是把最好的給別人，而犧牲了自我；而我，才是那最愚蠢和自大之人啊！

後來，我受證成為委員，有一年，帶著菲律賓的醫師回到花蓮參加人醫年會，來自呂宋島比科爾區的杰弗里・洛佩西約醫師（Geoffrey Lopecillo）跟我分享，有一天午膳後，他走去洗滌區排隊等待洗碗筷，輪到他時，打開水龍頭像往常一樣沖洗，旁邊的師父看到了，柔聲告訴他：「洗筷子不需太多水，把水調到像筷子那麼細小，就能洗得乾淨。」他想一想，也對，才一下子功夫，他就用掉了好多水。

自此，這位醫師就意識到，生活中應該要珍惜水資源。「這麼簡單的

道理，我竟然不懂，還要師父來提醒！」而當時，點醒他的人就是慈師父。每當想起那一幕，他就體會到一項人生功課——做人要「言行合一」。

如今，慈師父雖已離開我們，但他的德行典範將永存在我們心中。

那年我聽慈師父講古

撰文／簡淑絲（彰化）

時光倒回十一年前、二〇一〇年六月，我們一群彰化人文真善美團隊回到精舍採訪慈師父。在風雨走廊上，我脫下白鞋、穿上襪套，腳踩木地板，一轉身，遠遠望見他老人家走過來，笑臉說著：「你們回來了，快坐下來喝茶！」

炎炎夏日中，來自全臺的志工正賣力進行增建工程。風雨走廊位於大殿的左側，慈師父由此開始導覽，細說從頭。「上人常給我們心理建設：

第一代弟子要徹底犧牲，吃別人不能吃的苦、忍別人所不能忍。如此磨練自己，將來遇到困難才有辦法接受、才有辦法克服。我們難得能夠親近上人，也難得能夠出家，所以我很珍惜這個因緣，再怎麼苦都心甘情願！」

隨後，他起身帶領大家走入大殿，沿路講古。直到我們走回「慈悲迴廊」後，見他俯身彎腰，伸手觸摸右腳的膝關節。我問：「膝關節痛嗎？師父可有去就醫，是否需要置換人工關節？」慈師父回答：「去醫院看過了，也打過針。但是只要時間一久，關節又會疼痛。我常跟它說：我們要和平共處……」我伸出手來，心疼地在他關節處膚膚、惜惜。

「大家先喝點茶！」慈師父招呼大家。我端起桌上的菊花茶，啜了一小口，那茶香的滋味，滿口甘甜。遙望著窗外，朵朵白雲飄過了藍天，在這慈悲迴廊上，遙想當年精舍的克難生活，感覺自己好像置身在那樣的時空，有種「真空妙有」的如實情境。

回甘的溫茶

撰文／張翎慧（彰化）

「你們回來啦！進來坐，喝一杯茶。」兩年前，因著蔡天勝師兄到花蓮慈濟中學及花蓮監獄進行反毒宣導，我們一行人也跟著回到精舍，探望許久不見的慈師父。

一聽見天勝師兄的聲音，慈師父立刻從工作室走出來招呼大家。我望向陶慈坊的一隅，幾部老舊的拉坏機器，仍擔負著使命在運作；一旁木架上擺放許多成品和半成品，簡易之中保有樸實古風。雖沒有寬敞場地，卻有無邊的寓意，這正是德慈師父固守勤儉風格的堅持。

回到小客廳，一張長木桌擺在正中央，牆上一整列專門訂製的小格子，置有許多慈師父收藏的茶壺，簡潔幽雅。他慈愛地執壺為我們一一斟上熱茶，嘴裏唸著：「你們這幾個少年的，嘛攏住彰化，要精進喔！」

何其有幸，我們能在那樣的氛圍，領受到慈師父的關愛。端起了茶杯，我定睛地看著他，真不敢相信，我們竟能與師父如此靠近！短暫的相聚，親送我們到門口時，他不忘叮嚀：「有空常回家喔！路上要小心，一路平安！」

我回頭看著站在門口揮手的他，和藹如同鄰家長輩般，柔和的語氣有如方才手中的那杯茶，溫暖直透人心。

不要讓上人擔憂

撰文／彭鳳英（新北市）

有一年冬天，我們樹林區園藝志工回去精舍幫忙除草、整理花草樹木。在戶外勞動，最怕遇到溼冷的天氣，尤其是下雨天。為了完成既定的任務，只要雨勢不是太大，我們還是會繼續手邊的工作。

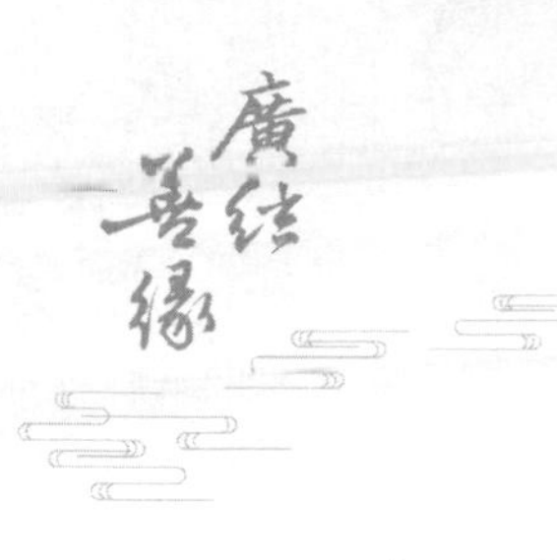

那天志工早會結束後，我們穿好防雨裝備走到陶慈坊斜對面的一小塊土地，兩旁桂花樹下全長滿了不知名的小草。清理工作開始後不久，雨下了起來，每個人加快手上的動作，分秒不停歇。不知過了多久，雨滴仍直直落，眼前雜草卻也一叢叢減少。

「別拔了，你們快進來躲雨，淋溼了會感冒。不要讓上人擔憂！」聽到那句「不要讓上人擔憂」，我循聲望去，原來是慈師父在呼喚我們。原本想把剩下的一點點工作完成，聽到師父這麼一說，領隊阿侑師姊馬上喊停，大家便收拾工具，躲雨去了。

不論因何種任務回到精舍，我總會在這邊、那邊碰到可愛的慈師父；不同的是，這兩年來他行動不便，都駕著電動代步車。即便如此，他老人家臉上的笑容、親切的眼神一如往常，這也是刻畫在我心中最深的記憶。

慈師父的一封信

撰文／游美雲（臺北）

二十五年前、一九九六年，我回花蓮當志工，晚飯後在大殿前的樹下巧遇慈師父。當年我才三十多歲，正在衝刺事業，但是心中一直有疑問無法解開；慈師父當場對我開解一番。沒想到志工勤務結束後我回到家，又收到他寄來的一封信，大意是說——學佛最重要的是「定」；慈濟的志業，既然方向確定，對社會就有一分公信力，如果無法讓他人信賴，如何推動慈善工作呢？

這番話，對事業如日中天的年輕人來說，很具有警惕作用，也影響了我一生的價值觀，更堅定我走慈濟路。

二〇一八年，我和人醫會團隊到約旦義診。當風塵僕僕回到臺灣後，卻收到娘家通知，生父已進入迴光返照狀態。還好我有及時趕到，我跟父親說：「感恩您生給我這麼健康的身體，讓我可以利用這身體行遍天涯，

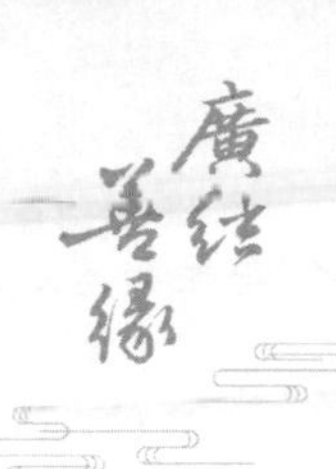

到苦難處去付出，也延伸了父母的愛。」」

見過父親後，我回去精舍分享約旦行的心得；晚上再趕回臺北時，父親已進入了彌留，隔日安詳離去。很多法親來助念，慈師父和如師父也來到臺北，要為我父親祝福。我何德何能啊！

驚聞慈師父捨報圓寂，過往種種記憶又重現，我對慈師父點滴感恩在心頭，祝福他走得安穩、輕安自在。

以身「牽教」

口述／郭曾月卿（澎湖）　整理／陳金國

以往每次回到精舍，慈師父都與我們話家常，他用著不疾不徐的口吻娓娓道來，帶領我們走進時光隧道；更談起早年克己、克勤、克儉、克難生活。如今想來，真有仿如昨日之感。

我與慈師父互動最深，應有兩次。一次是德寧師父的俗家父親往生，慈師父與如師父、安師父三人不辭辛勞，從花蓮來到澎湖西嶼鄉的外垵村關懷。三位師父不只帶著眷屬誦經拜佛，更如家人般親力親為協助各項事宜。譬如壽具入廳後，要鋪放些物品，依照鄉下人習俗，都由俗稱的「土公」來處理，而慈師父卻要我與兩位師姊協助，如同鋪床單一樣，把一條黃色巾的四個邊角拉開，再鋪平在棺木裏；如規如儀地辦理一切事。

一直到出殯後，三位師父又留在澎湖舉辦一場愛灑活動，由慈師父講古、如師父和安師父宣說因緣與生命的無常觀。他們感恩澎湖鄉親及親友們，讓寧師父在靜思精舍修行。

我第二次與慈師父深度互動，是因張莊桂桑師姊住進花蓮慈院。當時我雖身在澎湖，但每天都跟桂桑師姊通電話；當她生命處於危急之刻，女兒小燕告知精舍，慈師父立即前往醫院關心。師姊往生後隔天，我從澎湖趕到花蓮與家屬會合，後事都由慈師父協助家屬操辦。

在火葬場旁邊有一間地藏王廟，慈師父叫我過去，告訴我：「桂桑師姊的心願是海葬，要與大海結緣。你要學起來，以後澎湖法親有需要，也可以幫忙處理。」於是我陪著師父一起將五穀粉搗入骨灰中，然後再去進行海葬。

我何其有幸，能讓慈師父這樣用心教導；又何德何能，讓慈師父如此耳提面命！他一心想著要照顧法親的需要，這正是「視眾生如一子」的情懷吧！而他自己往生後，也捐出大體供模擬手術之用，做了最好的典範。

一輪大圓明月

撰文／林思彣（大愛臺東部新聞中心記者）

對我來說，慈師父就像一位和藹的長輩。記得有一次要採訪他，打手機找不到人，於是拜託別人幫忙轉達，並且約好採訪時間。約定時間到了，師父很準時出現，跟我分享好多過去精舍的生活，也提到希望透過陶瓷藝術讓更多人了解慈濟早年的故事。當時，慈師父還對我說，大愛臺要採訪，一定要把握因緣，乘他還能說時多說一些，留下文史紀錄。

之後，有好幾年我和媽媽都回精舍過年，會幫忙向訪客介紹陶慈坊的作品，也將慈師父的用心轉述給大家聽。每一回，慈師父都會拿出很多好吃的東西招待，讓我們有回家的感覺。後來我結婚了，慈師父還送給我一個玉珮。我覺得自己好有福，能得到師父如此厚愛，也期許自己要為慈濟做更多事。

五月二十三日下午，得知慈師父回到精舍休養，身體狀態不穩定。我天天進精舍，心想慈師父不知會選擇什麼時間跟大家告別。沒想到，就在二十六日晚間安詳捨報了！隔天凌晨，我前往大捨堂送他最後一程，好大好圓的明月也一路相隨；直到師父被送入安置，那輪明月才隱入山下。

這就好像自然法則，一切運轉是那樣自在、自然。祝福慈師父早日乘

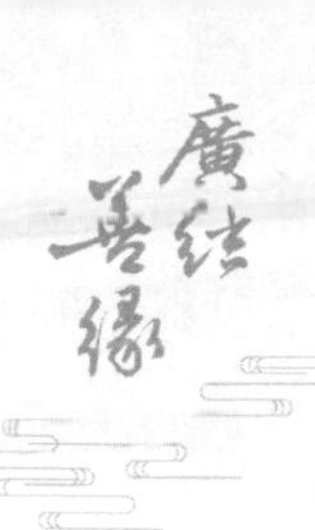

願再來，希望我們還有機會相遇、同行菩薩道。

「如常」的一課

撰文／張榮攀（花蓮）

二十七日清晨四點十分，慈師父被送到慈濟大學大捨堂，要捐獻大體給醫學生和醫師做模擬手術課程使用。正當臺灣疫情嚴峻、進入第三級警戒，必須嚴格維持社交距離，因此只有少數的精舍師父、志業體主管及俗家眷屬來送行。

十多年前，上人的第四位弟子德恩師父圓寂，也是捐獻大體，成為慈大醫學系學生的「無語良師」。若非疫情，慈師父送到慈濟大學大捨樓的追思堂時，當會開放給慈濟法親們來念佛結緣、瞻仰遺容；這次因疫情從簡辦理。上人慈示全球慈濟人：「一切回歸平常，每天該做的事都要正常進行。」上人不是不傷心、不難過，而是提起正念，叫大家「如常」，這就是活生生的生命教育。

人文志業中心即時發布了追思網站，大愛臺更在一小時之內，上傳多部紀念影片。縱然法親們無法親送慈師父最後一程，但當晚很多人都跟著在家中默默念佛；全球慈濟家人們透過 Line、Facebook、Youtube、WeChat 等分享影片與故事，數萬人同時在線上追思與祝福。

無論籌建護專或醫學院時，慈師父都將創作的陶藝品捐出來義賣，作為建校基金。學校成立後，每當校內有園遊會，他也一定贊助作品參與義賣。許多老師、同學及行政同仁們，都能感受到他的德風並受人愛戴。

哲人日已遠、典型在夙昔。慈師父的所作所為，永遠讓人崇敬，也感念在心。

雲淡風輕

撰文／靜淇

細數早期種稻、採花生、借牛犁田，半夜巡田水等種種農作……聽起來備感滄桑勞苦，他卻說得雲淡風輕。

每當抬起頭，看著書櫃中端坐敲木魚的小沙彌塑像，就會想到慈師父，那是他開始展露藝術才華時，用樹脂做成的；小沙彌手中握的木槌，是寓意深遠的火柴棒。「番仔火是生火用的，你擱少年，要做功德會的番仔火，不單是自己發光喔！」這是他送我這禮物時說的話；那草根又親切的閩南語，三十多年後的今天，依然迴盪在我耳邊。

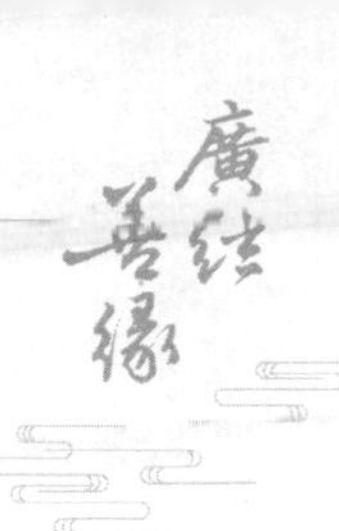

慈師父是我進入慈濟第一位認識的精舍師父，這要追溯到四十六年前。我因公職考試分發，從故鄉臺南翻山越嶺來到人稱「後山」的花蓮，無意中在服務單位看到一本《慈濟》月刊，除了驚訝於在這交通不便的偏鄉，竟然有如此務實救濟貧困的佛教團體；我更是對堅持自力更生的功德會會長證嚴法師，充滿了好奇。

一個初夏的週末午後，我騎著借來的摩托車，一路尋尋覓覓，沿著臺九線前行彎入一條小路，石子路面的寬度僅有現在的一半，我找到了靜思精舍。映入眼簾是被青山綠野環抱的灰色屋頂和簡單大殿，大殿後方有一棟平房，是辦公室同時也是寮房；右側一棟不大的水泥建築，是廚房也是餐廳，再後面有間小小的工作室，是縫製棉紗手套的所在。

不同於一般寺廟，靜思精舍十分靜謐，靜到令人有點卻步。就在此時，一位四十出頭、盈滿笑容的出家人走了出來，他親切招呼我：「師父到市區的義診所去幫忙，等一下就會回來了。你請坐，先喝個水。從哪裏來？

怎麼稱呼？」這是他第一次跟我說的話，至今仍記憶猶新；他還自我介紹，法號是「紹惟」。

這趟路，開啟了我和慈濟的因緣。我後來才知道他就是上人的大弟子，從此隨著眾人稱呼他「大師兄」。爾後，只要下了班或假日，我常往精舍跑，幫忙縫手套、做蠟燭。當時蠟燭是用養樂多的空瓶子裝蠟油，瓶子要洗、要裁；燭心則用香芯，要剪得一樣長，然後把燭心插進底部的鐵片；等蠟燭涼了，也定型了，如何剪開瓶子又有種種技巧。「大師兄」總是和顏悅色、溫言愛語，耐心地教導我。

靜思精舍空間很小，只有幾位常住師父，感覺就像一個溫馨甜蜜的小家庭，每次「大師兄」都會像媽媽一樣，對我噓寒問暖：「吃飯了沒？有穿暖嗎？騎車要當心喔！」

每月逢農曆初一、十五，我所屬的第五組組長靜憪師姊（林碧玉副總執行長），都會開車載著靜憘（林素雲）、靜盈（林慧美）、靜善（鄧淑

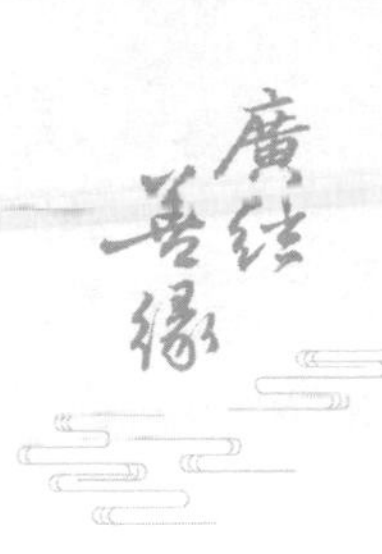

卿）和我，一起進去精舍做早課。印象深刻的是，慈師父唱誦的聲音非常莊嚴、厚實，很有攝受力。

一九八六年秋天，花蓮慈濟醫院啟業不久，精舍與韓國漢城（今稱首爾）的藥水寺締結姊妹寺，住持妙喜法師誓願要將慈濟精神帶回韓國弘揚。五年後，終於建成專收殘障、孤老無依的養老機構——南陽養老院。妙喜法師熱誠地邀約上人前去參加啟用儀式。上人指派德慈師父、德宣師父、林雅美師姊和我四人出席。

三天兩夜，我寸步不離、隨侍在慈師父身邊，聽他細說早期種稻、採花生、借牛犁田，半夜巡田水等種種農作，聽起來備感滄桑勞苦，他卻說得雲淡風輕。更令我敬重是他的敦厚樸實、與人無爭、不論人是非。他總是忍辱負重、孝敬上人，且待人惜情，這是我在慈濟四十幾年來一直想學習的標竿。

猶記得，韓國行將結束，準備返回臺灣，我對隱藏在深山中超過千年的古剎——佛影寺，以及滿山滿谷的楓紅，有很多的依戀。慈師父從我的言談中聽出來，嚴而不厲、溫而不慍地告訴我——上人說過：「前腳走、後腳放」。我聽懂了他的話。幾個月後，我跟他聊起這件事，慈師父一貫慈祥的回應我：「韓國行，我在搭機離開時就完全放下了，你還記掛到現在喔！」當下有如棒喝般，重重敲醒了我。

其後，我又有因緣隨著慈師父去美國，參加美國分會成立周年慶。看著他待人接物的言行、面對繁華豐足的場面，仍不動其內心的淡泊，對於窮困者則充滿了悲憫之心。這在在都令我讚歎，真不愧是慈濟大家庭的長子、長兄！

慈師父捨報圓寂了，令全球慈濟人都悲慟不捨。上人對這位跟隨他吃最多苦、受最嚴厲鞭策的大弟子離去，一定比我們難過百倍。但是，他還是教示慈師父：「千般情、萬般愛，要看開、放下，這條路才會走得輕安自在。」他對慈師父的一番剖白，是那樣情真意切，且深信師徒因緣會一

直延續下去。

走筆至此，淚眼婆娑。想到慈師父的身行典範，想念與他互動的種種，他是那樣的慈祥、清淨及廣結善緣。誠如呂慈悅師姊那天傳短訊給我，寫到：「慈師父，他是一位只會噓寒問暖，從不訓人罵人的師父。只要走進慈濟，就會被他的德行感動。」

是的，這就是慈濟人共同的大師兄，永遠的紹惟師父、德慈師父。我深信，他已經乘願再來了。

靜夜觀月 仁者風範

撰文／慈暘

在這春滿繽紛、皓月當空之際，您瀟灑自在而去。像帶著孩子們在曠野中點放仙女棒，璀璨閃耀；也像帶著孩子們在草原上奔跑，自在放風箏……

德慈師父克紹箕裘，承襲上人克勤克儉、自力更生的靜思家風，惟「佛心師志」為畢生行止，精進不曾懈怠，於法脈宗門樹立典範，其道風德香沁人心田，感念不忘。上人賜予大師兄法號「德慈」，內號「紹惟」，適如慈師父行儀仁愛和善、敬老慈幼，慈眉善目不曾疾言厲色於人。上人

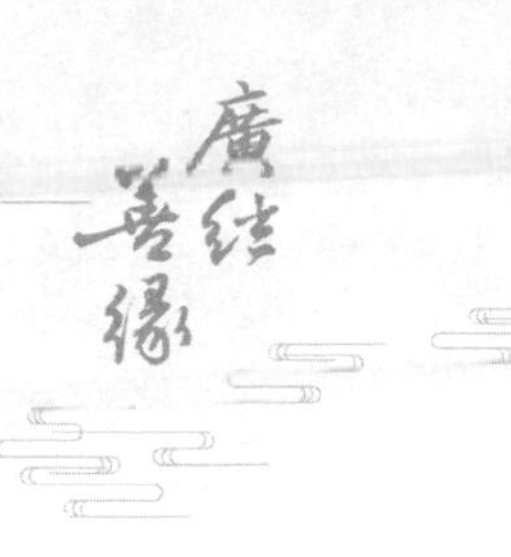

說：慈師父人如其名，慈悲善良！

慈師父不只心胸寬廣，還擁有極高的藝術天賦，精緻手拉坏陶瓷作品不勝枚舉，山水畫更是一絕。二〇〇四年印度洋大海嘯，慈濟到斯里蘭卡、印尼亞齊等地賑災，慈師父捐出數十幅優美畫作義賣。志工們來到上人座前，讚揚慈師父畫風壯麗，揮灑自如、美不勝收，作品全數售罄，所得金額可觀。上人淡然言，是大家給予「德慈」捧場，才有如此佳績，感謝大家對賑災的支持。

日後，上人觀看慈師父的畫作，稱其畫筆下的山巒、瀑布、林木、亭閣、房舍、人物等栩栩如生，清新自然。上人還自嘲自己連五根手指都畫不成形。這是上人對大弟子含蓄內斂的肯定。

慈濟志業由點而面、海外會所陸續成立，蓬勃發展。上人曾指派慈師父、宣師父前往香港、印尼、新加坡、馬來西亞、美國等地關懷會務，我和同修黃錦益也隨行記錄，見證了慈師父悲智雙運的處事風範；而他的言教身教，為海外慈濟人具體展現了靜思家風。他並曾遠赴國際賑災，與大眾廣結善緣。

慈濟護專創校之初，上人指派慈師父與張芙美校長等人赴日本女子學校、天理教會等觀摩學習。那次我家師兄黃錦益另有一項任務，要帶回向SONY總公司訂購的BCT-90攝影機等器材，因為自取時效快，又可節稅。

慈師父得知後，護機心切：「你們花這麼多錢採購，是為了幫慈濟留歷史，理當由我攜帶入關。」我說，這麼大件的攝影器材恐無法順利過關，若海關要扣稅也無妨。慈師父神態自若地說：「那就一切隨緣吧！」

入境時，慈師父帶著攝影器材順利通過了海關，他氣喘吁吁地靠近我耳旁說：「我剛才緊張得心臟都快要蹦出來了！檢查一通過，我就快速推出來，深怕再被叫回去。」慈師父的真性情，純淨如清水，他勇於承擔的精神，可敬可佩！懇切誠意似暖流迴盪我心，我只能對他說：「真抱歉，慈師父，讓您擔心受怕了！」

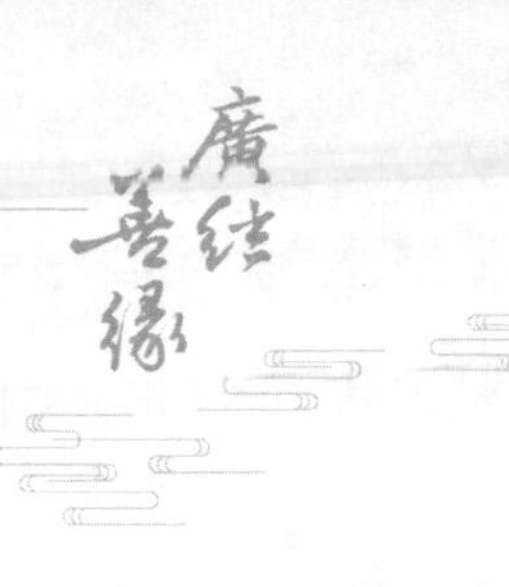

一九九一年中國大陸發生世紀洪澇，慈濟遠赴災區賑災發放，慈師父展現出慈懷柔腸，扶老攜幼、膚慰災黎。時隔一年後，他見到我，還是喃喃地說：「慈暘，你知道嗎，我的心還牽掛著那裏呢！」慈師父情真意切的這段話，令我動容。慈師父得到上人的真傳，懷抱著悲天憫人胸懷，更有著慈悲柔軟的好心腸。

當年製作慈師父「講古話當年」影片，他除了口頭敘述，對歷史的追溯及文物史蹟保存，也極度重視。早年常住師父們刻苦勞動做過的二十多種手工，慈師父都一一模擬操作，以為編撰留史。舉凡，慈師父拜訪農家商借牛及耕田農具。有一幕，慈師父等到黃昏，待那戶人家忙完農事後，他方得牽牛離開。為了還原歷史，又不可能勞動上人，便自個一人拿著甘蔗葉在前頭，誘導牛往前藉以犁田。

他不畏繁瑣，奔走數日找來縫紉機、嬰兒鞋等道具，並請仰師父協助車縫，重現昔日舊時光；也指導恆師父、愉師父等人在青山下農地，一字排開地輕撒稻穀、播種於田中；再如，安排昭師父拔花生、安師父爆米花、常住師父做蠟燭、曬豆子、生爐灶火、洗衣被……等，以及還原各種慈善訪視現場。慈師父稟賦聰穎、才華洋溢，在我們看來，足堪擔任導演、編劇。他不懼驕陽曝曬、汗水淋漓，也不怕大雨打溼衣衫、浸溼鞋襪，總是精神抖擻，孜孜不倦地調度。這是天賦與勤奮的相輔相成，也讓我見識到慈師父無處不顯的真本領與修行風範。

慈師父也有輕鬆的一面。早年常住師父們生活刻苦，但感情彌篤。曾聽他自述，年輕時常與融師父、恩師父比腕力。有一回是我親眼所見，他挽起袖子邀戰宣師父，宣師父年輕、孔武有力，屢屢獲勝；但慈師父也不屈不撓，他再下戰帖給宣師父，相邀下回見真章！而我也跟慈師父比過腕力，卻總是輸得慘兮兮。慈師父會說：「再來、再來，下次再來比一比！」

哲人日已遠。我猶能捕捉到一些往日的歡樂與笑聲，不會隨風而去；而慈師父的高風亮節，將永垂不朽。

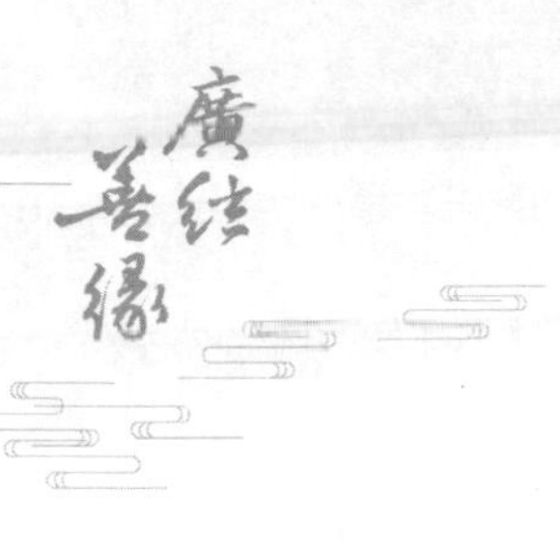

弘一法師有偈曰：

君子之交，其淡如水，執象而求，咫尺千里。

問余何適，廓爾忘言，華枝春滿，天心月圓。

在這春滿繽紛、皓月當空之際，慈師父身心輕安、瀟灑自在地離去。靜夜觀月，月兒裏，彷彿看見了您親切、慈藹地在對我微笑。您像帶著孩子們在曠野中點放仙女棒，璀璨閃耀；也像帶著孩子們在草原上奔跑，自在放風箏……

我會永遠記得，您帶著慈濟的孩子們素烤豆乾、草菇、玉米等，那樣的菜根飄香，令人垂涎欲滴；我也不會忘記您常跟我說：「慈暘，你要好好跟隨上人，留下歷史」、「能跟著上人是你的福報，要精進」、「有空常回精舍，這是我們的家」……這許許多多的叮嚀，言猶在耳，伊人卻不見。淚眼中，我還是要微笑對您說：「慈師父，我都記住了。等您再回到精舍，我們再來比一比腕力吧！」

回家

撰文／靜暘

「路上小心，要常常回來！」每次要回臺北時，慈師父都會慈祥地牽起我的手，殷殷叮嚀。車子啟動，回望著他揮手道別久久的身影，我一路哽咽難抑……四十多年過去，那情景依然歷歷在目。

一九七八年，北迴鐵路尚未通車，好友把我交給陳錦花師姊，請她帶我搭飛機去花蓮，目的地是靜思精舍。好友是一名虔誠的佛教徒，屢次邀我去念經，我隨口說：「念經我不會，我只想做好事。」於是，好友為我找尋可以做好事之路。

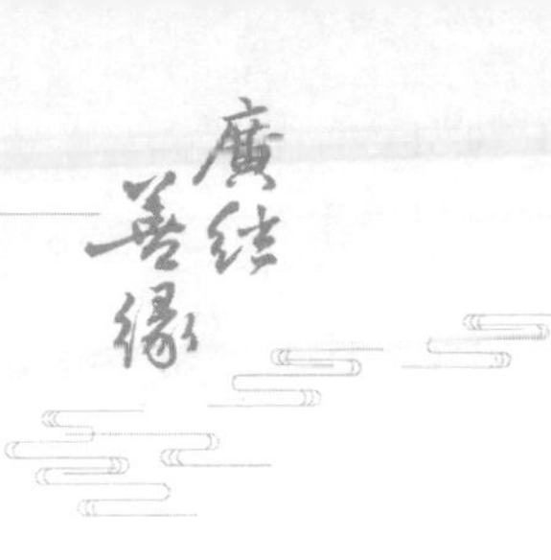

平常我都賦閒在家，每天念著家中那本難念的經。記得，錦花師姊帶著我們六、七人去到精舍，用完午餐後，大家跑去花蓮市區算命，唯獨我不信算命而留下。這時，一位師父招呼我，我告訴他：「我是為了做好事而來！」於是他拿出很多受慈濟幫助的照顧戶照片，一一詳細對我解說。

我是當過老師的人，感受到這位師父對每個貧困者的關愛，以及發自內心的真誠。他藉由窮苦來啟蒙我這頑固的學生，期待我能付出愛心，悲憫眾生之苦。我感動了！內心深處願接納他的啟迪。這位師父正是上人的第一位弟子——德慈法師。

「怎麼樣才能做好事？」駑鈍的我請問慈師父。他和藹地說：「可以當慈濟的會員，每個月捐善款，捐多捐少都沒關係，主要是表達一分愛心。我可以介紹臺北的委員，每個月去你家收，也可以帶你參加活動。」

當天我就加入會員，把一年份的善款都繳了，這是我做好事的開始，是慈師父牽引我踏入慈濟，成就我修行的起步。

上人要度化我們這一群流墮五趣的剛強弟子，也要等待因緣成熟；正如窮子已回到家門口，見到父親卻不相識。我回想自身也跟窮子一樣，剛踏入慈濟、學習勸募時，常帶著會員回去精舍，會員當天來回，我總多逗留一、兩天。上人問我，會做些什麼？我傻傻地回答：「什麼都不會！」上人也由著我閒閒散散，歡喜來去。

每次將返回臺北時，在精舍前庭，慈師父都會慈祥地牽起我的手，殷殷叮嚀：「路上小心，要常常回來，再見！」計程車一啟動，回望著他追著車子跑的身影，揮手道別久久，我一路哽咽難抑。直到上了火車，車子一啟動，我便用衣服蒙住頭，開始痛哭！在精舍，我感受到家的溫暖，感受到家人親切的相待，我，終於找到「家」了！

當年我帶兩個念小學的兒子回去花蓮，愛打電動玩具的他們，經由慈師父帶去參觀如何製作外銷的嬰兒尿片；他們見到做手工那麼辛苦，一打尿布算下來，工資還不到二十元；兄弟倆決定不再打電玩了，把零用錢捐

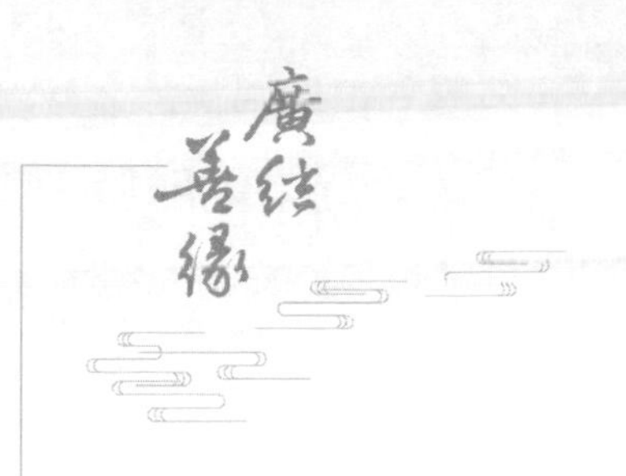

出來做好事。這許多點滴的往事，都深印在我的心田中，難以忘懷。

四十多年過去了，愛我、疼我的慈師父，如今安詳捨報而去，再也見不到他那慈悲的身影、聽不到他關懷的話語……淚水溼滿了衣裳。

慈師父病重住院時，曾與上人視訊對話。上人叮囑慈師父：「千般情、萬般愛，都要看開、放下，這條路才會走得輕安自在。」師徒間那樣真摯相待，令人動容；也教育我要看開、放下，以一念最虔誠的心，永懷慈師父的道風德香。

只有香如故

撰文／寧蓉

跟著上人歷經千辛萬苦，用生命與汗水書寫見證靜思精舍簡樸生活的「大藏經」。而如今，慈師父「零落成泥碾作塵，只有香如故」。

我與春風皆過客，你攜秋水攬星河。
誰共明月赴長生，痛伴思念淚無痕。
——明．唐溫如

五月二十六日晚間八點五十五分，靜謐的靜思精舍不同往常。慈師父休養的房間燈如白晝，莊嚴而宏亮的「南無本師釋迦牟尼佛」佛號，聲聲唱誦著。抬頭望向天空，風清月圓，十五的月亮不時透過飄浮的雲層，將柔和的光灑向大地。敬愛的慈師父安詳捨報，一如天上的明月般，清朗明亮。

猶記得去年底，慈師父第一次去住院前的一個晚上，在知客室。「師姊，你這個杯子好漂亮！」慈師父好像知道我閩南語不太靈光，用著不甚標準的國語說。

「師父，這是我在靜思書軒請購的，我很喜歡，尤其杯上一句『一心一志』，時刻提醒我要心無雜念。」說著，將杯子奉送師父面前。

慈師父很認真地看著杯子，眼睛瞬間亮起來，疲憊的臉上寫滿了笑意。「喔喔，難怪看起來很眼熟！手拉坏手工做的，真的很美、很素雅。」接著嘆了口氣：「老了，記性不好，不好意思。」說完，他摸到我的手冰冰的，就用他溫熱的手握著我的雙手，似乎想要讓我趕快暖起來，一邊關切地叮嚀：「天很冷，你手涼涼的，要穿多一點，有沒有厚的衣服？有沒有吃飽？」

「感恩師父的慈悲關懷，我有吃飽，等一下就去加衣服。」一股被疼愛的幸福感從心底生起，沁入了全身每一個細胞，如同小時候受到媽媽呵護；他無微不至的愛，讓來自大陸四川的我倍感溫暖。鼻子一酸，眼眶瞬間紅了！

慈師父第二次住院的前幾天，有一次從醫院檢查回來，在茶水區，我有幸扶著他一路慢慢走回寮房。師父顯然很不好意思，直說：「對不起，麻煩你了，耽誤你的工作。我現在眼睛模模糊糊，看不太清楚了，腿也沒力，走不動。」聽到那有氣無力的聲音，我心裏好痛！

他示現著病相，印證了佛法所稱「三理四相」——生理有生、老、病、死，心理有生、住、異、滅，物理有成、住、壞、空。而生理的生、老、病、死，稱四苦，其中病苦為最。我看著他被病痛折磨得虛軟無力，非常心疼！

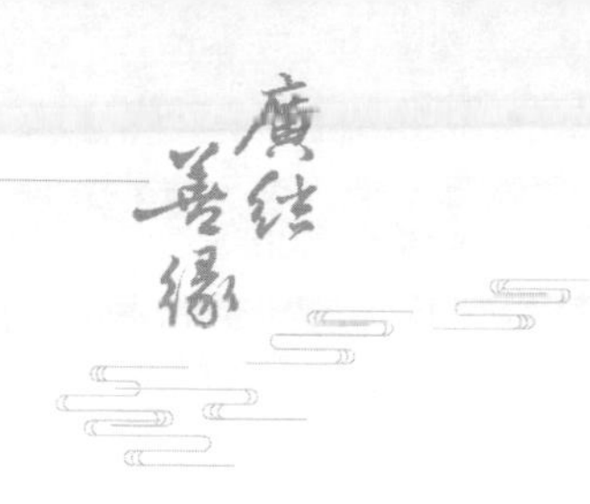

我強忍住淚水，擠出一絲笑容為師父打氣：「那麼艱辛的時刻都撐過來了，相信師父這次也可以，很快就會好起來。我們後輩還需要您帶領，一起追隨上人行菩薩道呢。」

老人家停下腳步，定定看著我，眼中閃爍出堅定的光亮，口中反覆囑咐：「要精進喔！我老了，以後要靠你們年輕人，難得親近佛法，要珍惜因緣。」

我含淚拚命點頭：「我會謹記師父的叮嚀，感恩師父的慈悲。您一定會好起來，我虔誠祝福師父法體安康。」說完後，我背過身去偷偷擦拭淚水；然後再度輕輕牽著師父行走。望著他的身形消瘦，我心裏難過萬分，千萬般的不捨。短短一段路，仿若走過了將近六十年。

我身邊的這位師父，「以佛心為己心，以師志為己志」追隨著上人。「一心一志」為佛教、為眾生犧牲奉獻。用他的雙手、雙腳及堅強毅力，不忘初心，帶領師兄弟們不畏艱苦，「晨興理荒穢，帶月荷鋤歸」，維持常住們的生活。

五十多年來跟著上人，秉持百丈禪師「一日不作，一日不食」的自力更生精神，克己、克勤、克儉、克難，奠定了綿延久遠的靜思家風；以「居之無倦，行之以忠」的身教、言教，徹底落實了無處不修行的風範。

歲月無情，它成就一切、也帶走一切；它阻攔了弱者，也雕刻著強者。文王拘而演「周易」，仲尼厄而作「春秋」，屈原放逐乃賦「離騷」，司馬遷懷揣著書立說之夢，才不懼接受宮刑忍辱負重著「史記」。慈師父也是有這般鋼鐵的意志，跟著上人歷經千辛萬苦，用生命與汗水書寫見證靜思精舍自力更生、簡樸生活的「大藏經」。

而如今，「零落成泥碾作塵，只有香如故」。

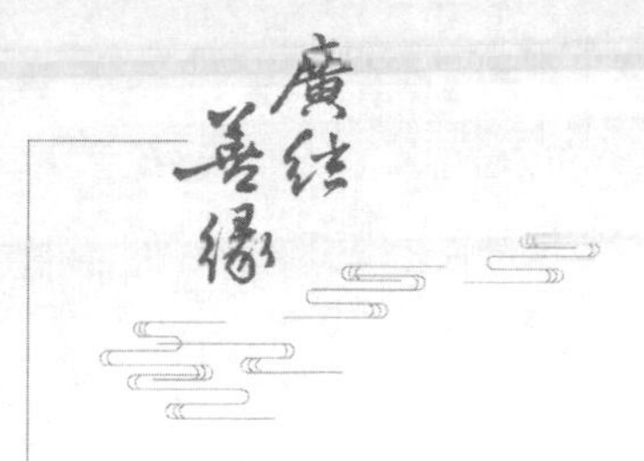
廣結善緣

那些走過的「心路」

撰文／王慈惟（馬來西亞）

慈師父口述歷史的點點滴滴，都像在傳「心法」，也是師徒走過的「心路」。

在難得一見的「月全食」之夜，聽到慈師父捨報的訊息，我的心彷彿也靜息了，靜到連山林地面蟲子的爬行聲都能感覺得到。之前聽到有關慈師父的訊息，每一次都緊急致電花蓮，電話那一頭的回應是「師父在靜養！」然後，我們都鬆了一口氣。但是這一次，理智清楚告訴我，不再有僥倖，慈師父真的離我們而去了。

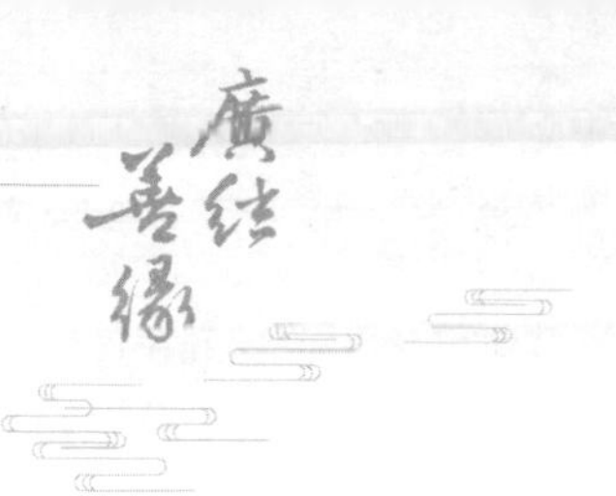

我對慈師父的認識，大多來自書本。在《傳心點滴》一書中，那位在冷風暗夜裏，踩著腳踏車趕回精舍的師父……字裏行間中，可感受到他的孤單；還有在路口等待車班、等著上人訪貧歸來，來回折返的也是慈師父。我腦海中突然湧上一個畫面，柔和月光將師徒幾人的倒影拉得好長好長，就伴著夜色一路走回家。

把慈濟從臺灣帶去馬來西亞播種的葉慈靖師姊，哽咽回憶：「以前慈師父常跟我們提起，早年上人因為營養不良，頻發心絞痛、肋膜炎，經常發燒。這是上人從沒提起過的。」慈靖師姊說，慈師父曾描述，有一次他跟著上人回豐原，返回精舍後卻見準備收成的稻穗全下垂了，原來是出門前施肥太多，真令他欲哭無淚！慈師父還講過，精舍一根白蘿蔔可變出三、四道菜的克難故事……這些點滴都像在傳「心法」，所傳就是慈濟的歷史，也是師徒走過的「心路」。

馬來西亞分會靜思書軒主任劉懿琭回憶，以前她每一年都回花蓮參加慈青營隊，回去精舍時，慈師父總會尋覓馬來西亞的學員在那裏？原來他知道大馬人喜歡吃辣，特地送上精舍自製的辣椒讓他們帶回來。對於這樣小小的事，慈師父都記在心上，令她感動極了！

大家慣稱「葉校長」的葉濟愍說，有一年他參加營隊回到精舍，慈師父逢人就問：「葉校長在哪裏？」當慈師父見到他，遞給他一個大袋子，說道：「你是校長，要和很多人結緣，這些結緣品就讓你帶回去！」

有一回用完午齋後，郭濟緣和劉濟旌師兄提議去看看慈師父。那時正值午休，精舍裏一片靜謐，我們不敢太聲張，腳步很輕地漫步過去。來到陶慈坊外頭，門邊有個身影出現，正是慈師父。「你們吃飽了嗎？」他關心地問：「要回來幾天？什麼時候要跟上人報告？」他陪我們聊了好久，他說的是閩南語，我們講檳城腔的福建話，交談無礙，也感受到他的親切。

有天，我們發現精舍院子種有一片藜麥，大家好奇地問：「這是什麼？」慈師父回答：「尼伯特風災造成臺東釋迦農損失慘重，上人不忍農

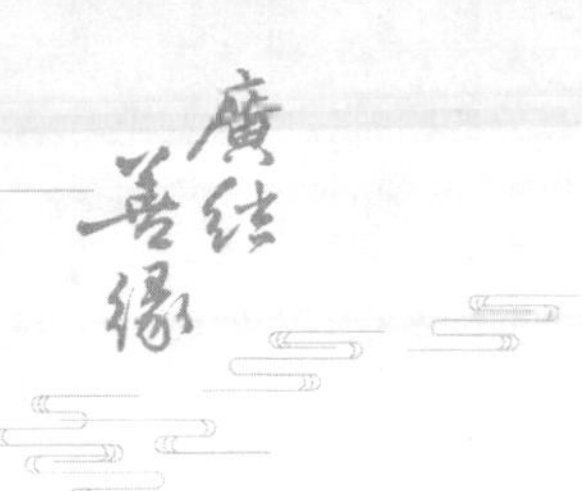

民收成無望，就讓慈濟科技大學的老師研發，教導他們種植藜麥來改善生活。」這時，有人拾起掉落在地上的種子，我口快地說：「按規定，種子不能帶上飛機。」慈師父接話說：「你們要帶慈濟的種子回去撒播！」慈師父就是這麼溫暖、慈藹又柔軟，我聽懂了他的弦外之音，蘊含著深意，露出了會心一笑，也感覺責任重大。

檳城距離花蓮有三千多公里遠，一九九三年八月馬來西亞分會成立時，慈師父曾代表上人來檳城祝賀。就那麼一次，卻留給志工極深刻的記憶——一大清早，就看見他拿起掃帚在大門外掃地。讓大眾見識到師父的不凡、隨和，以及把慈濟的道場都當成精舍那般愛護的真誠。

「南無本師釋迦牟尼佛……」隨著聖號的唱誦聲響起，腦海中浮現的全是他老人家慈祥的面容和溫暖話語，眼淚也不知不覺落下。我堅信不久之後，慈師父必將乘願再來，接棒為慈濟志業努力拚搏，繼續未完了的任務。

「徹底犧牲」的典範

撰文／羅秀蓮（馬來西亞）

沒有牛犁田時，他以「人代牛」來拖犁，這是「承擔」；飢餓的時候，將鹽巴放入油中炒一炒，就是下粥的「菜」，這就是「克服困難」。

《傳心點滴》是我加入慈濟購買的第一本書，也是少數讓我在搖晃的車子上，還能堅持繼續看下去的書。這本書讓我認識了出家的生活，不是青燈伴古佛，而是忙碌且充實——不只要幹活做事、維持自己的生活，還要救濟貧戶，從生活中鍛鍊威儀，守戒甚嚴。

我去靜思精舍的次數，十根手指數得出來，更少遇見慈師父，但他慈

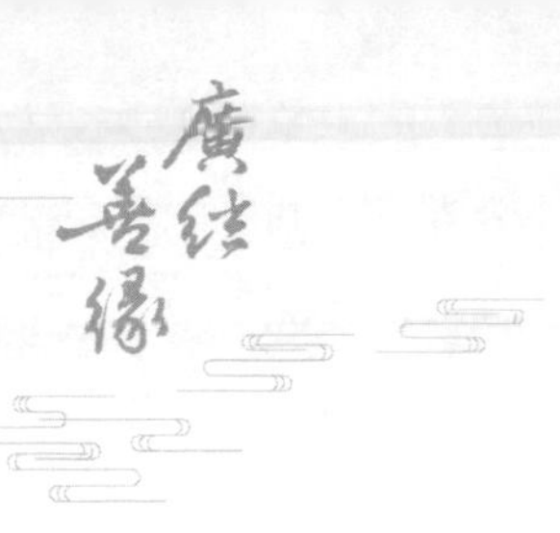

祥和藹的面容，散發著讓人樂於親近的氣場。在寥寥可數的會面中，常有熱情法親圍繞他身邊，我多從遠處觀望，更多時候是從書本、影片中，慢慢體察這位長者、感佩其風範。

嚴師在前，新的茶盤破了一角，很多人想到是為自己洗脫嫌疑，慈師父卻是逕自拿起茶盤走到上人面前懺悔請罪，這就是「擔當」；沒有牛犁田時，也許有人會說隨順因緣，他卻以「人代牛」來拖犁，這是「承擔」；飢餓的時候，只將鹽巴放入油中炒一炒，就是下粥的「菜」，這就是「克服困難」。

早期精舍師父們都很含蓄，慈師父為了不忍上人抱著三分羸弱病體，忙於會務，還要接見川流不息的客潮，於是發願要「說慈濟」，所以有了後來的「慈師父講古」。更令我佩服的是，慈師父還自行摸索錄影、拍照技術，他運用裁縫時培養出的目測經驗、為機器預測好距離，在最短時間內就能拍出一些經典影片和相片，為慈濟留下珍貴影像紀錄。

為了開拓慈濟志業，即使前面一片荒蕪，慈師父都願意去開拓、去斬除荊棘。這些並沒有前人教導、也完全不會的事，他卻能從一次次嘗試中累積經驗，將所學的各種本領運用於當下；若非用心和長期涵養的智慧，如何在一朝一夕融會貫通呢？

居家工作的日子裏、衛塞節之時，傳來了慈師父捨報的消息。我重新閱讀《傳心點滴》，又見臉書上法親們緬懷的字句，縱然我不曾近距離靠近慈師父，但他平易近人的形象卻深印在我腦海。從影片中，聽著慈師父講古，雖然他說的閩南語我聽不太懂，但只要一提起上人，總感受到一股很強的力量——信為道源功德母，只因遇見明師，就全然相信、以行動拳拳服膺上人，協助開拓出許多不可能的事，跟隨上人勇往直前。「徹底犧牲」彷彿就是慈師父的最佳寫照。

當年剛走出校門成為社會新鮮人，我因著《傳心點滴》這本書，學到很多待人處事及工作態度，尤其喜歡「徹底犧牲」這四個字。因此我為自

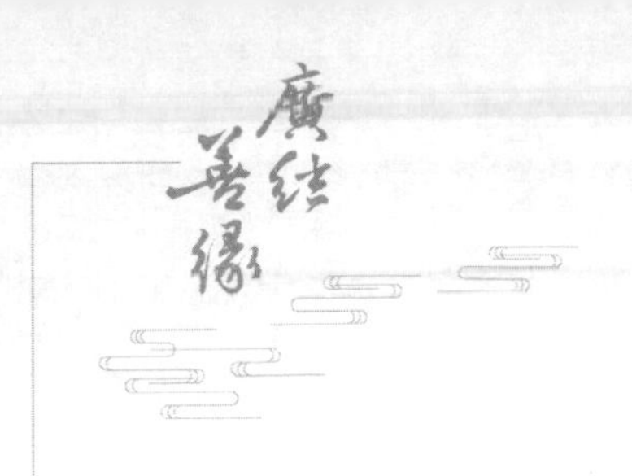

己設立目標，要學習職務上不挑事，下班後全心奉獻、一心一志。十多年過去了，雖然並不如慈師父有那般貫徹到底的意志力，但我還是堅持朝這個目標前進。

不曾離開

撰文／梁玉燕（加拿大）

移民加拿大二十年，二〇一八年底回了一趟精舍，看見久違的慈師父，他仍是慈眉善目，對我們噓寒問暖，就像我們不曾離開一般。

一九九六年賀伯颱風侵臺，從電視新聞看到慈濟志工動員賑災的身影，心裏由衷地感佩。那年底，我首次搭「慈濟列車」參訪靜思精舍，兩天一夜往返，聽聞的每一個真善美故事，都深深影響了我。其中，常住師父對著一張黑白照片話當年，照片上那個「用甘蔗葉引導犁田的牛隻往前行」的主角，就是「德慈師父」。

當年，不諳農耕的師徒，用甘蔗葉吸引、取代對牛鞭笞，這分慈悯心讓我十分感動，意識到教育子女、對待員工，也應該用「愛」來激發。一念心轉，我學著用鼓勵、讚歎方式待人，凡事觀功念恩，調整心態和聲色；也服膺上人的叮嚀語：理直要氣和，得理要饒人。

之後，我一連搭乘七趟慈濟列車，心中的感動隨著所見所聞與日俱增，這也是我後來參加慈濟委員培訓的重要轉折點。「你們回來啦！」每次一到精舍，就能聽到慈師父柔聲的呼喚，如同長輩之愛，充滿人情味，也是我最溫馨的記憶。

一九九九年慈濟三十三周年慶，花蓮靜思堂連續展出為期三個月的「高古佛雕展」，先生陳文和與中區師兄一起前往清理慈誠樓，抵達當晚，他就病倒在靜思堂的寮房。先生在慈濟醫院住院十四天，我因為要照顧工廠營運及三個年幼子女，每天從臺中搭早班飛機到花蓮，當晚再搭夜班飛機返家。心神無靠、獨飲生命苦汁之際，常無語問蒼天。

直到他出院後不久，我們回精舍知客室遇到了慈師父。慈師父柔聲關懷，告訴我要相信醫師：「你師兄只是生了病，你要安心，不要太操心，他可能是壓力太大，讓他回來精舍靜養、聽經聞法。」

慈師父說話時，目光柔和、語氣不疾不徐，很有安頓力量。因此我們住進精舍，讓師兄安靜調養身體。逐漸地，他的病體康復了，走向培訓之路；我也改掉經常到宮廟求神問卜、花錢祭改以求消災解厄的習慣。二〇〇〇年因緣具足下，我們倆授證成為委員、慈誠。

我們舉家移民加拿大，迄今已經二十年，每次只要返臺參加全球海外營隊，緊湊的精進課程中，最開心的就是聽到「慈師父講古」。他說起慈濟事如數家珍，就像一位慈悲的長者，娓娓訴說我們不曾參與的往事，點點滴滴揉雜著無數甘苦，造就今日的慈濟世界。

慈師父的記性很好，每次見到我總會關心問：「師兄好嗎？他有和你一起回來嗎？」無論在知客室、廊道、菜園或園區一隅，只要碰了面，

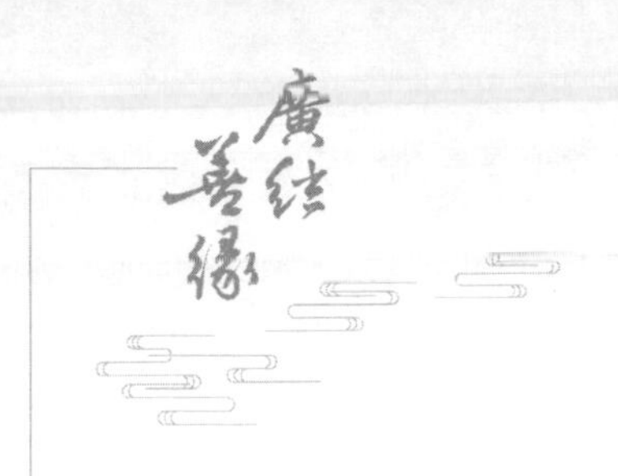

他的愛和關懷，永遠都在、溫馨難忘。

二〇一八年底，我們回臺探親，女兒和篤信佛法的法籍女婿也同行。我們把握短暫時光，十二月十八日回到精舍，走進陶慈坊，看見久違的慈師父，他仍是慈眉善目，對我們噓寒問暖，又帶我們參觀許多陶藝作品；過後，大家坐下來喝茶，敘說慈濟事，親切依舊，就像我們不曾離開一般。

沒想到那是我們與慈師父最後一次見面、最後一次交談。拿出我們唯一的合照，睹影思人、憶昔顧往，留下無盡的感念與追懷。

德風一直都在　慈語不忘初心

撰文／鄭誠凱

慈善院 地藏經
普明寺 靜思因
四書 法華 法髓緣
慈濟 人間 菩薩情

刻在瓷杯的名字
寫著慈悲的故事……

感恩您——傳燈續法脈
義無反顧，堅定出家

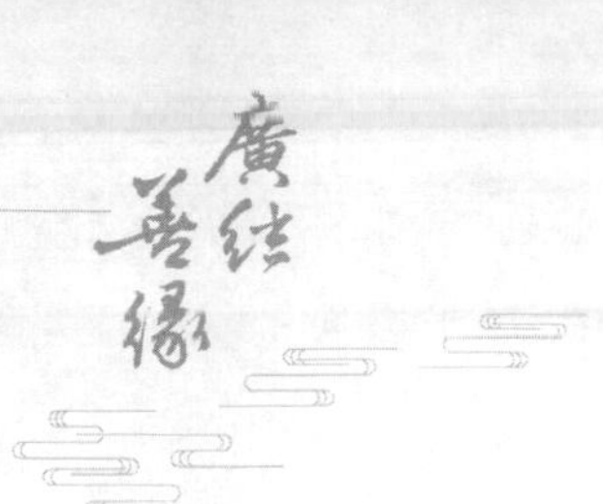

師徒相遇，克難相依
如是我做，草創艱辛
守志奉道，堅定不移

感恩您——講古話當年
胼手胝足，歷歷分明
農場工場，無處不是道場
自給自足，無時不獻道心

感恩您一門深入，守護「陶慈坊」
廣結善緣，以陶傳愛
藉物攝眾，以藝傳法
自覺覺他，以墨傳心

感恩您慷慨指導，開引「智慧門」
譬如山崖瀑布坐
流水磅礴心靜寂
念念如松 不動自勵
時時身教 慈悲護惜

感念有幸親近德慈法師——

師 謙和內斂，慈愛相待
師 善慧無相，長幼無別
師 戒定功深，以禮服人
年高德劭長老尼
未恃首座居高臨

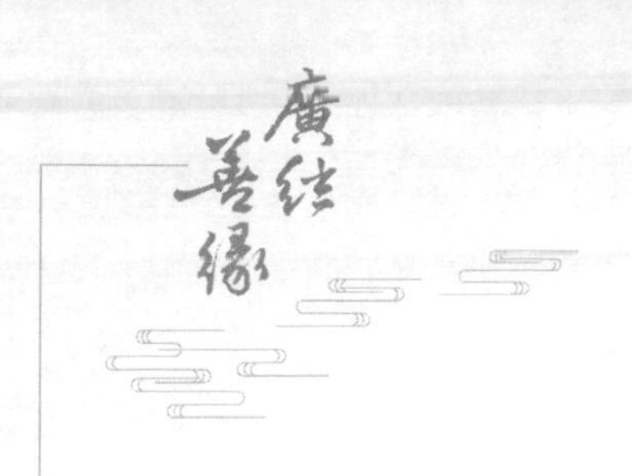

道風德香普薰習
不輕末學難，典範在夙昔
親近者，福報矣

印證法源續，被護宗門法親
靜思法脈傳，誠情鋪路慈濟

菩薩心如清涼月
紹惟出家莊嚴現
悟雲長老比丘尼
眾人齊喚您的名
德風，一直都在
慈語，不忘初心

人間菩薩鐫史跡
大體老師教育情
萬言送別，育才無語
回眸一九六四
莫忘昔日身影

當瓷杯上的名
化作心版上的印
依舊訴說著　慈師父與慈濟路

聽啊　故事未完
盼乘願再來

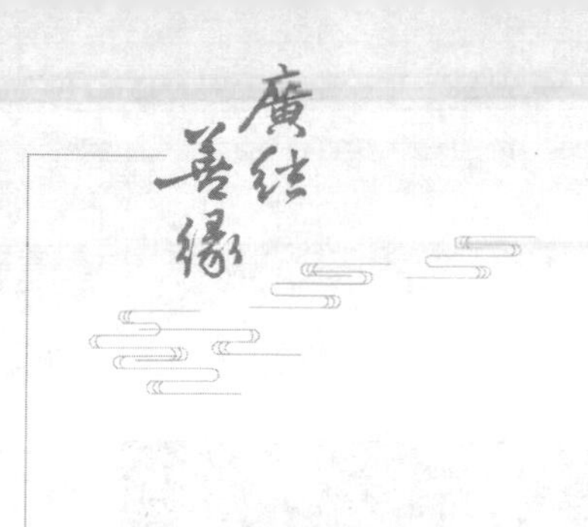

（攝影／黃秀花）

（攝影／黃錦益）

德香遍滿，慈悲無量

慈師父對上人，徹底實踐了「華嚴九心」——孝子心、金剛心、大地心、輪圍山心、僕使心、除穢人心、乘心、犬心、船心。對大眾，更是德香遍滿，慈悲無量，令眾歡喜。

（攝影／陳正忠）

靜思書院
釋證嚴題

一九九三年八月馬來西亞分會成立，慈師父代表上人到檳城祝賀，一大清早就拿起掃帚在大門外打掃，把慈濟道場當成精舍般愛護。（左頁上圖）

一九八六年韓國藥水寺與靜思精舍締結姊妹寺，住持妙喜法師決意弘揚慈濟精神，歷經五年終於建成專收殘障、孤老無依的養老機構——南陽養老院。慈師父代表上人前往參加啟用儀式。（左頁下圖）

二〇一五年「慈師父講古」首次在蘇州園區登場。高齡八十一的慈師父老當益壯，在緊湊的研習課程上，是早到晚退的代表。獲工作團隊頒發「全勤獎」，感恩他為大家立典範。（右頁圖）

（上圖／馬來西亞分會提供）

（攝影／黃錦益）

我的漫長出家路

有出家因緣，冥冥中就有護法成就。

釋德慈

我出生於一九三四年十二月二十三日。先祖從宜蘭武荖坑遷來花蓮新城鄉新田村。七、八十年前的後山很荒涼，祖父帶著一大群家族來此開荒闢園，相當辛苦。

父親曾去參與蘇花公路坑道開挖，那個工程非常危險，但為了養家活口，也只能忍苦耐勞。工程結束後，父親做小工、種田，祖母和母親則飼養雞、鴨、牛、豬等貼補家用，每天從早忙到晚，不得清閒。

家貧自幼送養

我是這個鄉下貧窮家庭的第二個女兒。我出世時，父親很苦惱，因為他正忙著把荒地開墾成農地，很辛苦；媽媽很會做事，挺著大肚子都快生了，還能繼續幫忙。父親覺得多生個女兒是負擔，提議將我送人。那時是日治時代，很多人會把女兒送人扶養；但是母親捨不得。父親想到自己的妹妹沒有生小孩，就送給妹妹吧。

我剛出生時又黑又瘦，而且皮膚粗糙，頭髮也只有兩、三根。姑姑嫌我太醜，沒中意，她比較喜歡我姊姊。但依習俗長女不能送人，這件事就暫時擱置了下來。

到我五、六個月大時，變得白胖好看一點了，母親帶我去花蓮市區買東西，順道繞去姑姑家。姑姑看我不怕生，在床上手腳亂踢、很可愛。祖母就鼓勵她：「既然是你親哥哥的女兒，就領養吧！」姑姑這才說好。

我的親生父母，生活過得很艱苦；約定以後，我的奶粉、棉被等全由姑姑包辦。剛開始，她不會帶孩子，阿嬷就幫忙帶。那時我跟阿嬤住在新城鄉下，阿嬤有裹小腳，她要養豬、養鴨、養雞，還要剁豬菜、打掃房子，也是很忙碌。姑姑領養我之前，已收養一個女兒，當時大約七、八歲，姊姊有點智能不足，沒上學，姑姑就叫她來幫阿嬤照顧我。

我還記得，大約三、四歲時，有一天聽到養母要來，很歡喜，早早就跑去大馬路等。她一下車，我連喊著：「阿母！阿母！」養母聽了很高興，感覺我雖沒跟她住在一起，卻很親。於是在我四歲時，帶我回花蓮市區一起住。

養母很有威嚴。隔壁的孩子不怕自己媽媽，卻怕我媽媽；因為她不用罵人，只要用眼睛瞪，就會讓人害怕。我只能稱呼自己親生父母「二舅」、「二舅媽」，有時他們來家裏，我很高興卻不敢表露出來，也不能和他們太親近，怕養母會生氣。在我小小的心靈無法理解——我雖被收養，但他們總歸是生我的父母啊！喜歡他們卻不能親近，很無奈。

後來養母又抱來一個弟弟，對我們姊弟三人管教更加嚴格。養母極愛乾淨，每天都給我們三人穿戴得很體面，衣服都是漿過、直挺挺的。我怕弄髒衣服，不敢出去跟鄰居孩子玩，總是站在窗邊看他們玩捉迷藏、踢空罐子。他們玩得開心，我也跟著笑，有時還會跟著手舞足蹈。雖然身在這個家庭衣食不缺，但我很怕養母，不敢違逆她。

在我小學四年級時，為了躲空襲，全家疏散到富里。後來日本投降、臺灣光復了，我已經十二歲，直接上小學六年級，從讀日文書變成學ㄅㄆㄇㄈ。每天上學前，我要掃地、生火煮飯，弟弟要切好餵雞的菜，因此我們常常遲到。有時，家裏柴火沒了，養母會叫我去撿柴，別去上學了。我百般不願意，但母命如山，不敢不從。到了學期末，因為我缺課太多，老師把養母請到學校，這才了解我不是逃學；老師跟養母懇談過後，我才能繼續上學。

悲憐親生父母

我的生父年少時學過武術，身體一向健壯，但因長期投入開路，拿鋤頭敲石塊、做小工，經年累月下來，身體承受不了。就在光復後，他得了肺癆，經常從新城來花蓮看病；然而病情卻是一天比一天加重。

生父自知醫不好了，有一次來養母這裏，囑咐我：「你要乖一點，要聽你阿母的話！」他知養母若生氣就會修理我，當父親的人自然捨不得親生女兒挨打，即使是自己妹妹，也不便介入管教。這讓我感受到父愛的溫暖。

他最後一次來，病得更嚴重了，可能自覺時日不多，要我陪他回新城。那天他騎腳踏車出門，車子寄放在花蓮朋友家；等看完病要回去時，腳腫脹得厲害，無法騎車，只好讓朋友的女婿載他回家。我一路走回新城，一進門，看見阿嬤端著一面盆的水在幫他洗腳，老人家看著兒子腳腫得那麼大，邊洗邊掉淚。看到阿嬤和爸爸相對而泣的場面，我心裏很難受，知道他不久人世了。

果然，我回到花蓮沒幾天，就接獲通知——生父過世了！當時養父人在瑞穗，他與我生父感情很好，因此養母要我趕去瑞穗通知他。

還記得，那天養父帶著我回到花蓮已經傍晚了，公路局的最後一班是五點發車，整輛車滿滿都是人，我們擠不上去，我一直哭，還是沒辦法。養父趕緊從花蓮騎腳踏車趕去新城，我只能第二天搭早班公車回去。

只是沒想到，我到家門口時，父親已經出殯了！只見抬棺的杉木還留在原地，草鞋擺在外面，客廳裏安奉著靈桌，生母哭到肝腸寸斷……我很自責，沒見到生父最後一面，也無法送他最後一程。

那是光復第二年，他才四十二歲，生母也才三十六歲。當時大姊十七歲，三個弟弟分別是十歲、七歲、三歲，么弟不懂喪父之痛，穿著孝服還跟人家玩陀螺……想到往後生母要扶養三個年幼孩子，還有田裏的工作得擔下來，稻子上百斤也要扛……我心很酸。

我很想留在鄉下幫忙生母，無奈當天下午養母就要我跟她回去花蓮。一直到做「三七」時，阿嬷說女兒一定要回去祭拜，養母於是讓我回家住一晚。

生父過世後，他們兄弟分家了，生母要自己犁田，天還沒亮就背著么兒、牽著牛下田去。冬天裏，北風呼呼地吹，天黑了，旁邊的莿竹發出刷刷聲，生母很害怕，嘴裏念著，希望「好兄弟」不要來嚇她，因為她是「歹命查某」……我聽她敘述這一段，心好痛，一個女人家要耕一、兩甲地，實在太吃重了！

滿七和對年，我都有回家，每次要離開時，就很煎熬。生父往生一年四個月後，我又回到家，發現田裏一整片大豆都被雜草覆蓋——生母做不動那麼多，又沒錢請幫手。於是我跟弟弟兩人就下田徒手割草，拚命做了一個早上，草還是沒割完。我一邊割一邊哭，因為沒準時回去養母家會被罵，心裏難過又著急。

後來，生母騎著腳踏車來找我，催促我趕快回家。我告訴她，割完才會回去。她聽了直掉淚，哀嘆造化弄人。

為出家而逃家

養母家生活條件好，我小學畢業後，整天在家燒飯、洗衣，很忙，但人生沒有目標。十五歲那年，我咳嗽不止，養母聽說隔壁阿桑要去東淨寺拜拜，要我跟著去，看能否求得健康。

一到寺裏，看見大殿上供奉的三尊大佛像閃閃發亮，我整個人空掉，好震撼！心中湧上無比的歡喜，「我要住在這裏！」我在心底吶喊著。

我永遠記得那一天，是農曆十一月十五日，因為那是我學佛的緣起；我開始認真思考「出家」之事。

我十七歲時，開始有人上門說親事。我總對養母推辭：「我個頭小，長得又瘦，像個小孩子，還沒長大啦！」到了二十幾歲，我還在家忙著煮飯、洗衣服、打掃房子等。過年時，我整整清掃了一個月，用灰刷、用刀子刮，把被炭火燻黑的牆壁刷洗得乾乾淨淨，廁所也洗得白白的好像抹粉。當年衛生所有舉辦清潔比賽，每次來檢查，我都拿到甲等；就連姑姑從臺北來花蓮，也連聲讚美：「打掃得這麼乾淨，錢掉下去都不會沾到沙呢！」

我多次跟養母提起，想吃素、出家，她以為我是說著玩的。到了二十四歲，這念頭依然沒變，養母就來硬的，要幫我招贅。她是個很積極的人，一直託人物色對象。我對她說：「我們家有房產、有土地，不愁吃穿，根本不缺一個人幫忙賺錢。萬一招贅進來的人品行不好，請得進來、卻辭不出去，可怎麼辦？」養母聽了覺得有理，也就不再勉強。

後來，輪到我生母急了，她對養母說：「你把她養到二十五歲了，怎麼還沒有打算？」養母聽她這麼一講，告訴我：「你生母好像在怪我把你留在家裏當奴婢，不讓你出嫁。」我回答她：「是我自己不想嫁人。」我表明等弟弟畢業娶媳婦後，讓我「出家」就好。

可是，養母仍不死心。我二十九歲時，弟弟大學畢業了去當兵，並且訂了婚；養母再次催促我要結婚，並已找到一位合適對象，藉由看電影的名義，把我騙去臺東相親。我從臺東回來後，還是不肯答應；養母卻要弟弟寫信去給臺東的介紹人，回覆說好。我二十四歲那年她看中的對象，抽籤一問，結果不是很好；這一次她抽到上等籤，所以決定非成不可。

一日，她午睡時做了一個夢，夢到自己從臺北回來，看到家裏很熱鬧，辦了四、五桌在請客；她非常生氣，是誰膽敢未經她同意就辦桌請客？此時，一位老伯走過來告訴她，是一位姓江、排行老二的人要來爭財產。她一覺驚醒之後，便不再提這門親事了。

其實在這之前，養父過世時，養母對我好言相勸，說等養父滿三年後，她會給我二十萬元，親自送我去出家。我知道那只是拖延之詞；我想自己已經快三十歲了，若不趕快出家學習，會來不及。所以當養母又提起結婚之事，我堅決不肯，就回嘴了一句。養母覺得我忤逆她，當下賞給我一個耳光。就這樣，我離家出走了，跑到一間寺廟自行剃頭，並決定不再回家。

為了讓養母死心，我寫了一封信回家告訴她，我已經出家了。結果，親友們聚集到我家，商議著登報尋人，並且要分頭去把我找回來。不得已，離家才一星期的我只好回家。半途遇到了生母，她看到我現出家相，跪地痛哭！我請她別這樣，她就先騎腳踏車回去通報我養母，說我回來了。

一跨進門檻，養母正在氣頭上，我下跪向她請罪。養母見我真的出家了，當下放聲大哭！我對養母說，我要去臺南讀佛學院。她聽了大怒：「那你先殺了我吧！」我只好乖乖待在家中。但半個月頭髮就慢慢長了，我不想還俗，又不能去剃頭，心裏很是煎熬。

後來，我藉故跑去王母娘娘廟學念經，養母沒有阻止，我就每天都去；有一天我把長衫藏在腳踏車上，決定不再住家裏了，晚上再託人把車子騎回去。這一次，養母了解我出家心意已決，就不再找我了。我落腳在花蓮禪光寺，幫忙到全臺募捐建寺院。

東奔西跑了半年，過年時回到俗家，養母沒再要求我留頭髮，也讓我可以吃素，表示願意成全我了。於是我就在家住了八個月，也算了卻一樁心事——因為在服兵役的弟弟請求我留在家照顧母親，等他退伍之後、成了婚，我再去出家。我也很懺悔自己之前逃家，讓養母焦急擔憂，因此答應弟弟暫時留下。

佛誕日皈依三寶

我天天去王母娘娘廟學誦經，聽他們說，慈善院來了一位年輕法師很會講經，於是我好奇地跑去聽。那是一九六四年農曆三月，初次見到上人，心裏有說不出的歡喜；也因為去聽經，認識了尚未出家的德融、德恩。那時我對上人既崇拜又敬畏，晚上聽經聞法很歡喜，但白天卻不敢單獨靠近他，每次都是和德融或德恩他們結伴，才敢去找上人。

有一回，上人親切地問我：為何剃度了還住在家裏？我誠實以告，是因逃了家自行剃頭。上人對我溫言軟語，讓我感受到一分未曾有的關懷，很感動。

或許因緣到了，就在農曆四月初八佛誕日，融師父與一位女居士跟上人請求皈依，上人要她們燒三炷香，拜過佛祖後再頂禮師父，就算皈依了。我到達時，她們已上過香，我來不及拜佛祖，就跟著一起頂禮上人。完成了皈依，上人賜予我法號「紹惟」。

兩天後，上人離開慈善院，去基隆海會寺結夏安居。我才剛皈依師父，就要跟上人分離，很難過、淚流滿面。我天天想念上人，終於在六月中說服了養母，答應讓我去海會寺見上人，但約定三天後就要回家。

到了海會寺，上人要我把握因緣，留下來聽經聞法。我左右為難——師命不可違、母命也難抗拒。最後決定留下來，但還沒解夏，又因為母親一再催促，提前回去花蓮。

中秋節後上人回到花蓮，沒有地方住，只好暫時去住許聰敏老居士家，上人說我是出家人，不宜繼續住在俗家，要我去住地藏菩薩廟（普明寺）。一直到農曆十月底，上人也住進來；之後融師父和恩師父陸續來了，師徒四人終於得以團聚，開始了自力更生的修行生活。

（二〇〇八年十月二十九日，何日生採訪，林如萍、黃秀花整理）

編按：佛教克難慈濟功德會成立後，慈師父養母黃阿乃和弟弟黃坤山，都加入長期護持行列。一九七二年慈濟成立義診所需要場地，黃阿乃居士更提供在花蓮市仁愛街的住家一樓，無條件讓慈濟使用。黃坤山的太太吳月桂是慈濟第八十二號委員，法號靜璿。

靜思精舍永遠的大師兄

德慈法師，生於一九三四年十二月二十三日，農曆十一月十七日阿彌陀佛聖誕日。一九六四年農曆四月初八佛誕日依止證嚴上人，法名悟雲，字德慈，號紹惟。二〇二一年五月二十六日，農曆四月十五日南傳佛教衛塞節，圓寂於花蓮靜思精舍。世壽八十七，僧臘五十七載，戒臘五十五載。身為靜思大弟子，上人肯定他「守護家風，樹立典範」。

大愛電視臺「懷念德慈師父」

大愛電視臺【證嚴法師菩提心要】

「你比師父更有福——德慈師父人間造福事典」

「靜思立宗風 展演無量義——德慈師父人間造福事典」

大愛網路電臺「慈師父講古」

國家圖書館出版品預行編目(CIP)資料

一蓑風雨任平生：樹家風 立典範 守志不動的德慈師父／
靜思僧團、葉文鶯、陳美羿等著；王慧萍總編輯 — 初版
臺北市：經典雜誌，慈濟傳播人文志業基金會，2021.07
586 面；15×21 公分
ISBN 978-986-06556-4-3（平裝）
1.釋德慈 2.佛教傳記
229.63　　　　　　　　　　　　110010274

人文系列 041

一蓑風雨任平生 樹家風 立典範 守志不動的德慈師父

創 辦 人／釋證嚴
發 行 人／王端正
平面媒體總監／王志宏
作　　者／靜思僧團、葉文鶯、陳美羿等著
總 編 輯／王慧萍
責任編輯／黃秀花、蔡嘉琪、高怡蘋
圖片協力／慈濟基金會文史處圖像資料組 蕭惠如、沈冠瑛
釋德懋、黃筱哲
執行編輯／涂慶鐘
美術設計／色相聲劇企畫設計
發 行 者／經典雜誌
慈濟傳播人文志業基金會
112019臺北市北投區立德路2號
編輯部電話／02-28989000分機2065
客服專線／02-28989991
客服傳真／02-28989993
劃撥帳號／19924552　戶名／經典雜誌
感　　恩／新豪華製版印刷股份有限公司免費製版
印　　製／新豪華製版印刷股份有限公司
經 銷 商／聯合發行股份有限公司
231028新北市新店區寶橋路235巷6弄6號2樓　02-29178022
出版日期／2021年7月初版一刷
2021年8月初版三刷
定　　價／新臺幣520元

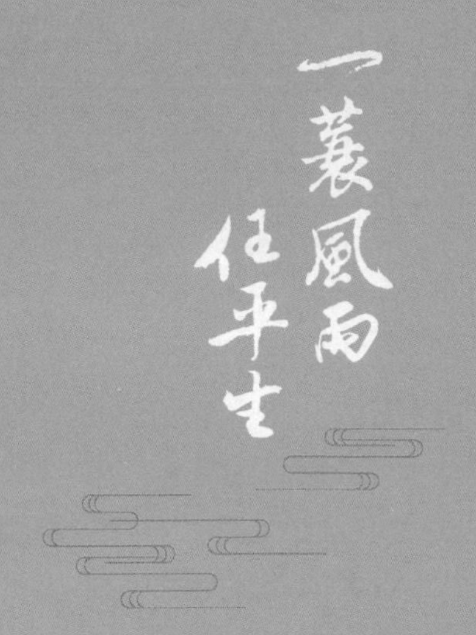
一蓑風雨
任平生